全球史讲稿

DIE FLUGHÖHE DER ADLER
HISTORISCHE ESSAYS ZUR GLOBALEN GEGENWART

JÜRGEN OSTERHAMMEL

〔德〕于尔根·奥斯特哈默　著

陈　浩　译

创于1897　商务印书馆　The Commercial Press

DIE FLUGHÖHE DER ADLER

Historische Essays zur globalen Gegenwart

by Jürgen Osterhammel

© Verlag C. H. Beck oHG, München 2017

根据德国 C. H. Beck 出版社 2017 年版译出

目　录

中译本序

　　我的这部学术文集能够译成中文出版，对我来说是一份莫大的欣喜和荣幸。[①] 我真诚地感谢陈浩先生，是他筹划、翻译并出版了这本书。他本人既是一名历史学者，又通晓德语，无疑是翻译此书的合适人选。

　　中国是对全球史具有强烈兴趣的国家之一。中国有着自身的世界史书写传统，可以与全球史相衔接。同时，许多来自欧洲、北美、澳大利亚或者日本的全球史著作被译介到中国，并引起讨论。因此，在中国有一个广泛的读者群，他们对于一部新的全球史著作的出版抱以很高的期待。

　　由于当下的全球史在世界范围内呈现出不同的形式，所以有必要简单阐述一下本人对于全球史的理解。首先，我必须要说，全球史无疑会受到特定国家和文化背景的影响。但是，我认为这种影响并不强烈。因此也就很难说存在某种美国的全球史，或者德国的全球史，抑或是中国的全球史。当人们在不了解作者背景的前提下阅读本书时，很难觉察到作者是一名德国的历史学家。总之，我不认为这本书是一

[①] 译按：本书德文版原名是 *Die Flughöhe der Adler: Historische Essays zur globalen Gegenwart*，直译成中文是《鹰的高度：关于全球化当下的史学随笔》。该书名是由出版社编辑取自原书中的一篇文章《鹰的高度：弗里德里希·荷尔德林（Friedrich Hölderlin）所处时代的空间与视阈》。此文是奥斯特哈默教授受德国荷尔德林学会的邀请于 2012 年 5 月 31 日在图宾根所做的一次演讲的稿子。不过，在奥斯特哈默教授本人的坚持下，中文版未收入此篇讲稿。中译本的书名，则与书的内容更加吻合。

部具有德国特色的全球史著作。

因为民族国家的特殊性在全球史中并不占主导地位，所以相较于其他史学研究领域而言，在全球史领域内更容易促成跨学科的对话。对话的内容并非仅局限于某个国家在国际舞台上的强大或弱小。特定帝国或国家的兴衰，只是全球史学者所处理的主题之一，甚至可能都算不上是最热门的主题，因为其答案显得过于绝对。19世纪的世界霸主是英国，20世纪是美国，如今中国的崛起则是全球观察家们所热衷的一个话题。关于这些国家兴衰的历史背景，已经有大量的作品问世，所以在本书中就不再重复了。

在我看来，全球史不是一个具有明确边界和系统性结构的领域。它更像是一间实验室，新颖的视角能够在里面得到尝试。譬如，人们可以问，当把一个特定的历史对象放置于一个更广阔的语境（甚至是一个全球语境）中时，它会有何不同。最佳的研究手段，是对长距离内两者之间的关系进行比较和分析。在处理此类研究时，最好不要选一段太长的时段。当然，有时候长时段的视角也是很有益的。对几十年或者上百年历史进程的分析，显得尤为重要。在这种情况下，最好不要企图去顾及整个地球，而是选择一些有针对性的区域。于是，在一种以空间为主和一种以时间为主的历史视角之外，全球史提供了另一种选项。

在这本书中，我就采用了不同的方法来拓展历史的语境。由于我将全球史视作一个开放的领域，并将其比喻成实验室，所以我无意去撰写一部全球史的教材或者导论。本书由若干涉及各种题材的文章构成，这是我向读者阐释何为全球史的方式。本书将表明，全球史提出了诸多不同的问题，也可以用不同的方法来处理。当然，不是所有的方法都会在本书中有所体现。例如，书中既没有关于计量史学的章节，也没有关于数字人文的内容。我认为这些都是很重要的史学分支，只是自己并没有去实践而已。甚至书中也没有一篇讨论著名的"大分流"的文章。关于"大分流"的论著，已经汗牛充栋了，包括在中文学术界亦是如此。

对于我来说特别重要的是，我们所使用的概念一定要有明确的定义。这一点在本书中的许多章节都有所体现。在第一篇文章中，我阐明了我所理解的全球化是何物。在第二篇文章中，我提出了一个新的概念——"全球化的实现"。它指的是全球化思维方式在不同学科内的引入。在书中我还讨论了其他的概念，例如公共领域、帝国、内战、革命和保护。子曰："名不正，则言不顺。"对我影响至深的马克斯·韦伯（1864—1920），也对概念（"名"）的精准性有着苛刻的要求，这点与孔子有异曲同工之妙。按照德国著名历史学家莱因哈特·柯塞勒克的说法，对于人们所使用的每一个概念，都要追问它的历史。这种"概念史"，也是全球史的一个重要研究路径。因此，把概念从一种语言翻译到另外一种语言，就显得尤为重要。当然，这也是一项艰巨的任务，因为往往没有现成的和契合的方案。

最后，我想对时局谈一点看法。今天我们陷入了一场重大的历史危机中，我们甚至都不知道它还会有何进一步的影响以及何时结束。对于 2020 年爆发的新冠肺炎，我们尚未找到良方抑制，疫苗也没有研发出来（译按：指当时）。疫情会如何发展，取决于诸多的因素，包括病毒本身（医学研究人员在病毒中不断发现新的动向）、各个国家的医疗资源、政治决策的可行性、民众的理性态度，等等。

全世界的人都在追踪着疫情的数据，并比较着不同国家的伤亡程度。但是，实在没有必要把这种攀比搞得像奥运会争冠军一样。任何一场历史危机都有赢家和输家。对于当下的危机我们唯一能够确定的是，从全球范围来看，真正的赢家是凤毛麟角，而输家则多如牛毛。

或许，现在我们也可以从这场危机中得出另一点教训：我们所谓的"全球化"，并不是历史的自发进程，或者说它并不是不受人为抉择和政治影响的历史进程。我们在 2020 年目睹了各国政府的决断能够多么迅速地瘫痪全球交通。但是，没有人敢说，现在全球化就终结了。在我看来，就像我在本书中的一篇文章中所讲的，我们要把全球化理解成复数的全球化。生态全球化、通信技术全球化等，它们处于不同的层面，向不同的方向延展，也有着不同的节奏。这些不同类型的动因，应引起未来全球史家的特别关注。

于尔根·奥斯特哈默
2020 年 7 月于德国弗莱堡

前 言

历史学家能够以不同的文体进行创作，这是何等的幸事。一个
长时段的叙事、一个时代的肖像描摹，或者深入细节的一部传记，都
要写成厚厚的一本书，甚至是分成好几卷的大部头书 —— 无论如何，
它的篇幅是不受外力左右的。小而精的论辩性文体，则与此完全不
同。学术论文有其固定的框架，这是刊物和文集的出版者所坚持的。
对公众演讲的讲稿，或者给篇幅有限的报纸专栏撰稿，它的要求就更
琐细了。因此，短文比长文难写。作者必须要恪守的那些条条框框，
还不是最重的包袱，更难的是要做到言简意赅、微言大义。

本书收录了笔者自 2004 年以来陆续在不同场合所做演讲的讲稿
和报刊随笔。其中，有一半的文章系首次发表，即便是已发表过的文
章此番也进行了较大幅度的增订。这些文章并不是冲着著书去写的。
它们是从笔者的作品中遴选出来的（这本书中的文章尚未涵盖本人的
全部研究领域），它们在本书中的次序也是事后编排的。它们在主题
上有一个共同点，那就是都与全球视野有关。那些时或被称为"全
球性"的事物，最好通过不同的视角来领会。笔者与尼尔斯·彼得
森（Niels P. Petersson）2003 年在贝克出版社推出的小书《全球化的
历史：维度、进程和时代》（2015 年第 5 版），是一部奠基性的著作。
在此基础上，尚需要在一些具体方面推动相关研究。

随笔和讲稿的篇幅有限，它要求作者言简意赅，所以本书中有不
少重要的参考文献仍付阙如。同时，它不允许把话说死，甚至没有最

终结论。所以，如果本书能驱使读者去进一步思考（甚至对话），或者激发年轻学人找到自己的研究领域，那它的目的就达到了。

感谢贝克出版社的总编戴特勒夫·菲尔肯（Detlef Felken）博士通过这部质量上乘的书，推进着我们之间的精诚合作。贝克出版社为之付出辛劳的同事们，始终体现出精湛的业务水准。感谢亚历山大·比绍夫伯格（Alexandre Bischofberger）对本书的校读。康斯坦茨大学"全球进程"课题的研究团队——它的成立得益于德国研究会（莱布尼茨项目）的资助——自 2011 年以来让我受益无穷。海蒂·恩格尔曼（Heidi Engelmann）帮忙审读了文稿，并准备了索引。

谁若是对"全球化"这个学术概念不感兴趣，可以跳过本书的前两章，或者直接把本书束之高阁吧。

于尔根·奥斯特哈默
2016 年秋于康斯坦茨和弗莱堡

全球性概念

复数的全球化[*]

所有人都在谈全球化，并心照不宣地认为，它的所指是明确的。12
这是一个不现实的假设。本文不会再给全球化赋予新的定义，只会给
出一种甚至谈不上颠覆性的建议，即全球化这个词往往要理解成一种
复数。这个观点并不是第一次提出，早在 2004 年就有一份名为《全
球化》的刊物，用的就是复数形式。在那之前不久，学者们在书中也
已经开始使用复数的全球化了。德语中"复数的全球化"自 21 世纪
初开始出现在个别书名中，直到今天才普及开来。^① 这乍看上去像是
后现代拽词的文体特质，[与单数相比] 还是有很大差别的。复数词
尾把一个囊括全人类的广泛世界进程变成了多个相似但不相同的局部
进程 —— 它们在地点和时间、深度和广度上有所差异。从一个历史

---

* 本文是在一篇英文稿的基础上扩充而成的，加了结尾的七点结论。于尔根·奥斯特哈默：《复数
的全球化》（Globalizations），载杰里·本特利（Jerry H. Bentley）主编：《牛津世界史手册》，牛津
大学出版社，2011 年（*The Oxford Handbook of World History*, Oxford: Oxford University Press 2011），
第 89—104 页。

① 德语学术界较早使用复数全球化的有：沃尔特劳德·施莱贝尔（Waltraud Schreiber）主编：《从
罗马帝国到全球村 —— 历史镜像中的"全球化"》，诺伊里德，2000 年（*Vom Imperium Romanum zum
Global Village. «Globalisierung» im Spiegel der Geschichte*, Neuried 2000）（是一部历史教科书）；米歇
尔·泽乌斯科（Michael Zeuske）：《奴隶、解放与大西洋世界史 —— 微观史、奴隶制、全球化和种族
主义论文集》，莱比锡，2002 年（*Sklavereien, Emanzipationen und atlantische Weltgeschichte. Essays über
Mikrogeschichten, Sklaven, Globalisierung und Rassismus*, Leipzig 2002）。到目前为止，对复数全球化宣传
最到位的是安格利卡·艾普乐（Angelika Epple）：《全球化／复数的全球化 1.0 版本》（Globalisierung/
en, Version: 1.0），载《档案百科 —— 当代史》2012 年 6 月 11 日（Docupedia-Zeitgeschichte），网络链
接：http://docupedia.de/zg/Globalisierung。

形而上学的范畴，变成了一种经验主义的范畴。在多元现代性之外，现在又有了多元全球化，甚至后者的多元程度还要超过前者，因为除了典型的西欧现代性之外，毕竟只有有限的几个其他现代性模式。①

　　加了复数，这个概念的政治色彩就削弱了：人们不必再就支持或反对那种具有唯一性的全球化表态了。不过，人们也不会变得完全价值中立。有可能发生的情况是，我们会反对毒品交易的全球化，支持同性恋的全球化。复数形式将一概而论的重负从我们的肩上卸下来了。社会学今天也经常谈论复数的、多视角的或多维度的全球化，但只会进一步强化单数全球化的支配地位。全球化的复数形式让历史学家如释重负，因为当我们直面重大问题的时候，还是存在职业性的纠缠细节和以偏概全的现象。单数的超级全球化仍然会作为一种观念居于幕后，因为不排除一种可能性：在极具综合能力的人眼中，单个的局部进程还是要汇入某种宏大进程的拼图中去的。不过，复数的全球化减轻了整体论的压力，而诊断时代的讨论没有必要在整体论的指导下进行。

13

　　写这篇文章不是为了某种说教或辩护，我将另辟蹊径。② 那些研究对象不限于某个大洲的人，那些作为欧洲人但也重视与欧洲不同的观念和经验（也就是去遏制一种从未完全消除的认知上的欧洲中

---

① 艾森斯塔特（Shmuel N. Eisenstadt）：《多元现代性》，魏勒斯维斯特，2000 年（*Die Vielfalt der Moderne*, Weilerswist 2000），由布丽吉特·施鲁赫特（Brigitte Schluchter）译成德语。根据艾森斯塔特的基本观点，除了欧洲现代性之外，只有一个北美现代性和一个日本现代性。

② 可同时参考迈克尔·朗（Michael Lang）：《复数全球化的历史》（Histories of Globalization[s]），收入普拉森吉特·杜阿拉（Prasenjit Duara）、维伦·穆尔提（Viren Murthy）、安德鲁·萨托利（Andrew Sartori）：《全球历史思想指南》，马萨诸塞州莫尔登，2014 年（*A Companion to Global Historical Thought*, Malden, MA 2014），第 399—411 页。

心论）的人，那些将自身与他者的关系视为高度可塑的人，那些将今天人类的生存问题放在历史问题的层面来对待的人，那些将自身职业（有可能也是一种道德立场）定位成"全球史家"并试图批判性地巩固这一身份的人①，是不会回避全球史与全球化的关系这个问题的。这不仅是一个方法论的问题，也就是说它不是一个在现成的科学手段之间做选择的问题。它是一个更加复杂也更加有趣的问题。因此，我们要做一番彻底的考察。

世界史和它的变体"全球史"在 20 世纪末的走俏，是与一种全新的社会科学框架概念紧密关联的，那就是全球化的概念。历史学家和社会科学研究者拥有同样的代际经验：大家都有一种印象，即上亿的人分布在世界各地，地球上社会生活的互联性以及自身所处生活环境受到来自外部影响的程度，都已经达到了一个新的级别。在 1990 年代，这个世界仿佛与 25 年前相比变"小"了，变成了我们常说的"地球村"，理论上人们在里面可以与任何其他人群联系，或者将其比喻成跨大洲分布的超级城市，对于见多识广的人来说，只需要最低限度的适应就可以习惯了，即所谓的"希尔顿效应"。

从这一诊断结果中，不同的学术领域得出了不同的结论。历史学未必引起大家的关注。社会学、政治学和经济学等学科内早期的全球化理论家，在 1990 年代出版了他们极具影响的著作，无一例外都摒

14

---

① 笔者在这方面的相关尝试，参见奥斯特哈默（Jürgen Osterhammel）:《民族国家以外的历史学——关系史和文明比较的研究》，哥廷根，2001 年（*Geschichtswissenschaft jeseits des Nationalstaats. Studien zu Beziehungsgeschichte und Zivilisationsvergleich*, Göttingen 2001）；以及奥斯特哈默:《全球史》（Globalgeschichte），载汉斯－于尔根·格尔茨（Hans-Jürgen Goertz）主编:《历史的入门》，莱茵贝克，2007 年（*Geschichte. Ein Grundkurs*, Reinbek 2007），第 3 版，第 592—610 页。

弃了史学的视角。全球化这个新概念似乎尤为适合切入当下的时代特征，首先表现在［社会发展］动因界定的经验上。随后便出现了一种观点，认为全球化是历史分期的标志：在"现代"之后出现了一种新的、更高级的形式，也是在批判性上比较晚熟的"后现代"，即人类进入了"全球化"的时代。

一时间，历史学家仿佛变得无用了，他们中的一些人向当下正受追捧的社会科学靠拢。世界史与一种向历史学开放的社会学之间的上一次交锋发生在 1970 年代和 1980 年代，是在"世界体系理论"的号召下发生的。世界体系理论的创立者是美国的非洲专家兼发展理论家伊曼纽尔·沃勒斯坦，他属于当时世界上顶尖的社会科学学者。他通过与法国大历史学家布罗代尔的对话，也获得了较高的历史学声誉。[1] 由于沃勒斯坦的理论比较机械，而且与特定的术语捆绑在一起，所以只有少数历史学者接受沃勒斯坦及其追随者所捍卫的正统形式。

谈论"全球化"，不需要这样一种理论性的信条，而要给个性化和创新性予以更多的能动性。这个术语的魔力在于，它曾经也获得了学术圈外的共鸣，并且侵入了日常和媒体的语言中。在历史学领域内早就存在一个极少数的群体——世界史学者，人们倾向于将其斥为外行，或者是寻找［生命］意义的人和"准神学家"，而对他们不予理会。对于世界史学者来说，全球化的概念不啻为一份大礼。这个

15   概念让他们重回一个新兴的、受人高度尊敬的社会科学的中心舆论阵

----

[1] 世界体系研究的重镇是沃勒斯坦于 1976 年在纽约建立的"费尔南德·布罗代尔经济学、历史体系和文明研究中心"（Fernand Braudel Center for the Study of Economics, Historical Systems, and Civilizations）。

地。它给受到简化叙事和浅易编年威胁的历史学带来了一种新的术语。它也为过时的"世界史"（往往是所有宏大人群和文化的历史）向一种符合时代潮流的发展（即"全球史"）提供了先决条件。只不过，这个"［全球］史"听着太动人，以至于显得不真实。实际上，很多历史学家的兴奋很快就冷却了下来。他们并不能指望获得一种纯粹的新［分析］工具，相反，他们认为自身受到了愈加复杂和学究化的全球化理论的挑战。后来他们也认识到，全球史并不是全球化在历史上的直接投射，它需要自身的知识根基。

历史学家使用的一个社会科学概念

随着"全球化"的概念在 1960 年开始出现，到 1980 年代广泛传播开来，在 1990 年代获得了空前的追捧，它与当下的世界紧密相关，绝大多数使用这个概念的学者都不会涉及历史长河中的叙事（历史学家称之为"长时段"）。全球化概念的拥趸，对于长时段内社会变迁的思考不感兴趣。他们也很少为过去几百年的世界历史提供一种经济学的阐释，不像沃勒斯坦世界体系理论所做的那样。1990 年代早期论辩的重点在于为全球化寻找一种有用的定义，并探究它在概括世界范围内变迁上的用途。这种社会变迁表现为，不同民族国家和区域的经济体系之间最近出现了一种迅速膨胀的一体化，即从早期多中心的"世界经济"向同质化的"全球经济"转变。从一开始，这一诊断就遭到激烈的反对（反对者的动机各不相同，有"左"的反帝国主义，也有"右"的民族主义），但是在思想光谱的另一端有一些重要的学

16

者在为进入新的全球化时代而欢欣鼓舞。① 这是全球化思潮的第一阶段，也是探路阶段。

仅几年之后，便进入了第二阶段。在此阶段内，一个原本只是理论上的观念，进入了实证检验。这一向具体史料的转向，意味着时间视阈会通过向历史深处延伸的史料而不可避免地扩大。如果人们以当时的时代背景来定位自身所处时代的全球化，那么只能把它识别成一种［不同于以往的］新的全球化，就像在 1980 年代末期一样，那时因特网的全球性互联开始出现。在这一背景下，70 年代作为过渡的十年尤其值得重视 —— 对于一些人来说，那是经典现代社会的尾声。如果进一步追溯，全球化作为一种社会转型历史进程的结果，早在 20 世纪上半叶就已经开始了，更不要说 1914 年之前二十年内世界范围内的经济衰退了。

涉及全球化的出版物数量陡增，以及关于摆脱北大西洋社会科学在地理上狭隘性的讨论 —— 它们的程度在此理论阵地内千差万别，以至于单一的模式和倾向很难获得认可了。人们还是可以把 2000 年之后的几年识别成全球化观念的第三次浪潮。② 与早期对跨界迁徙和剧烈变动的狂热有所不同，第三次浪潮期间出版的学术作品，强调

....

① 对全球化概念的分类比较好的研究是威廉·罗宾逊（William I. Robinson）:《全球化的理论》（Theories of Globalization），载乔治·里茨尔（George Ritzer）主编:《布莱克韦尔全球化指南》，莫尔登，2007 年（*The Blackwell Companion to Globalization*, Malden, MA 2007），第 125—143 页；关于全球化兴起过程中的政治纷争，参考那彦·昌达（Nayan Chanda）:《绑在一起 —— 商人、教士、探索家和战士是如何塑造全球化的》，纽黑文，2007 年（*Bound Together. How Traders, Preachers, Adventures, and Warriors Shaped Globalization*, New Haven, CT 2007），第 245—269 页。

② 大卫·赫尔德（David Held）、安东尼·麦格鲁（Anthony McGrew）:《全球化理论：路径和争议》，剑桥，2007 年（*Globalization Theory: Approaches and Controversies*, Cambridge 2007），第 6 页。

制度、社会环境和本土传统对全球化的反抗和惰性。这一点，短暂地为［对全球化的］反思赋予了一种深度。全球化的阻碍因素，表现得比以前更强势了。第四波浪潮从"建构主义"的角度切入当时的人文和社会科学领域，更关注交流、感知、世界观、话语和如何对全球化在规范上打牢基础。从作为一种社会进程的全球化，向一种作为文化和认知状态的全球性的转变，绝非凭空而来的。就像许多技术革新一样，因特网也不仅是创造了某种在当年尚未可知的需求，其本身也是对某种早已存在的社会需求的回应。

在 2008 年 8 月全球金融危机爆发以前就开始了新的讨论，即全球化的第五次浪潮，不仅关涉真真切切全球化所带来的政治后果，而且涉及全球化这个概念作为理论工具的有效性问题。① 个别学者怀疑，"全球化"是否真的能够彻底取代社会学的金科玉律 —— "现代性"。第六个阶段就是我写这篇文章的时候（2016 年夏），回应的问题是：碎片化和去全球化趋势，民主的倒退和世界上许多国家新出现的强势的民族主义。对新信息技术是否能够带来包容、促进富裕和增进和平的质疑声音，在学术界也开始增强并留下痕迹。更多的人会提出这样的问题：全球化本身是否减弱了？全球化是否会终结或失败？有没有可能，全球化像经济形势、技术创新或帝国和世界霸权秩序的权力曲线一样，会循环发展？

面对头绪繁多的理论需求、快速变化的知识模式，以及变幻莫测的现实问题，历史学者很难从全球化中找到一种注解，从容地用于研

----

① 大卫·赫尔德、安东尼·麦格鲁：《全球化与反全球化：超越大分流》，剑桥，2007 年（*Globalization/Anti-Globalization: Beyond the Great Divide*, Cambridge 2007），第 2 版。

究。[①] 对于迄今我们所涉及的这一口号，人们可以没有争议地将其概念的核心理解为"在全球范围内不断加强的联系"。[②] 所谓"联系"，多数情况下是被理解成"远程联系"在数量上的增长和质量上的增强，但是却没有对这两个维度进行明确的区分。

今天谈论全球化的人，往往都会唉声叹气地发出类似这样的感慨："全球化对于不同的人来说意味着不同的东西，以至于没有必要再浪费力气去给这个概念下一个多余的定义了。"上述引文的原作者认为，在全球化的众多维度中，没有哪一项在理论性上能够胜过其他各项，并因此成为该概念的理论支柱。[③] 人们对这个合理诉求（即超越对"全球性"的干巴巴的舆论造势和印象主义的诊断方式）提出的具体指标越多，就越难厘清它们彼此之间的关系。出口额、网络

......

① 一部比较好的导论是罗伯特·霍尔顿（Robert J. Holton）：《制造全球化》，贝辛斯托克，2005年（*Making Globalization*, Basingstoke 2005）；弗兰克·莱西奈尔（Frank J. Lechner）：《全球化：世界社会的制造》，莫尔登，2009年（*Globalization: The Making of World Society*, Malden, MA 2009）；杨·阿尔特·舒尔特（Jan Aart Scholte）：《全球化：一部批判性的导论》，贝辛斯托克，2000年（*Globalization: A Critical Introduction*, Basingstoke 2000）；大卫·赫尔德（David Held）等：《全球转型：政治、经济和文化》，剑桥，1999年（*Global Transformations: Politics, Economics and Culture*, Cambridge 1999）。早期的讨论，收入罗兰·罗伯逊（Roland Robertson）、凯瑟琳·怀特（Kathleen E. White）主编：《全球化：社会学中的批判性概念》，6卷本，伦敦/纽约，2003年（*Globalization: Critical Concepts in Sociology*, 6 Bde., London/New York 2003）；处理大量局部全球化进程的是布莱恩·特纳（Bryan S. Turner）、罗伯特·霍尔顿（Robert J. Holton）主编：《劳特利奇全球化研究国际手册》，伦敦/纽约，2015年（*The Routledge International Handbook of Globalization Studies*, London/New York 2015），第2版。

② 迈克尔·朗（Michael Lang）：《全球化及其历史》（Globalization and Its History），载《现代史杂志》（*Journal of Modern History*）2006年第78期，第899—931页，引文出自第899页。

③ 萨尔瓦多·巴博尼斯（Salvatore Babones）：《研究全球化：方法论问题》（Studying Globalization: Methodological Issues），载乔治·里茨尔（George Ritzer）主编：《布莱克韦尔全球化指南》，莫尔登，2007年（*The Blackwell Companion to Globalization*, Malden, MA 2007），第144—161页，引文出自第144页。

的覆盖范围、居民赴境外旅行的百分比，这些标准足以界定全球化吗？这些指数之间的关系又是怎么样的？[①] 随着时间的流逝，教科书和导论类著作的作者们也开始心灰意冷了，表现为他们在这些作品开头为全球化下的定义变得越来越简单。这里所涉及的，不是对那些为特定目标服务的特定概念所进行的可控柔焦 —— 就像马克斯·韦伯（他是给概念精准定义的大师）所处理的那样。（译按：柔焦 / Weichzeichnung 是摄影中的一个术语，通过使用柔焦镜头或在镜头前面加柔焦滤镜等方法，使拍摄的影像达到细腻柔和的效果。奥斯特哈默把对概念不同维度的强调或弱化比喻成摄影中的柔焦，十分贴切。）许多使用全球化概念的人，早已向它碎片化的语义屈服了。不过，如果完全屈服于这个概念，历史学家们就失策了。他们只是不应该将全球化理解成日常词汇和科学术语中不言自明的元素，再者，在开放和喧哗的争论面前只能以有限的信任来使用这个概念。[②] 此外，还有以下几点观察：

第一，是一种不太让人吃惊的、确实比较碎片化的事实，即从长

---

① 就单一国家全球化程度的量化指数，参考卢卡斯·菲戈（Lucas Figge）、佩姆·马尔滕斯（Pim Martens）：《全球化在继续：马斯特里赫特全球化指数的修订和更新》（Globalization Continues: The Maastricht Globalization Index Revisited and Updated），载《复数全球化》（Globalizations）2014 年第 11 期，第 875—893 页。结果显示，比利时是全球化程度最高的国家，布隆迪是全球化程度最低的国家（第 887—889 页，表 4）。他们的出发点是没问题的，但是在操作过程中有点荒腔走板。

② 参考全球化最早的代表人物之一的罗兰·罗伯逊（Roland Robertson）对全球化概念滥用的警告，罗兰·罗伯逊、哈比普·哈克·孔德克尔（Habib Haque Khondker）：《全球化的话语：初步思考》（Discourses of Globalization: Preliminary Considerations），载《国际社会学》（International Sociology）1998 年第 13 期，第 25—40 页。从批判性角度讨论全球化的一个经典案例是尼尔斯·彼得森（Niels Petersson）：《全球化》（Globalisierung），载约斯特·杜勒菲尔（Jost Dülffer）、威尔弗雷德·罗特（Wilfried Loth）主编：《国际史的维度》，慕尼黑，2012 年（Dimensionen internationaler Geschichte, München 2012），第 271—291 页。

远来看，世界正在"聚合"，"人类之网"在历史进程中变得更为稠密，而世界人口的增长让这一趋势变得不可逆。[①] 这一观念刚提出来的时候，对于陈旧的世界历史书写来说是一种挑战，老套的世界历史书写是基于彼此不联系的各种"文化"（德语中一般叫"文化圈"）。在一种浪漫化的文化主义持续流行的当前，向强调人性统一的启蒙思想回归（但是，新的碎片化的反作用力，必须要辩证地嵌入），不啻为政治思想上的一记妙招。如果细思的话，从这类老生常谈中可以提出这样的问题：众多（在增长的世界人口内部，互动得到加强的）进程中究竟哪一项，最应从经验主义加以领会。如果"全球化"的范畴无差别地应用于所有远程跨界互动关系中，那它就失去了作为一种分析工具所应有的明晰界定。它也很难摈弃中心和边缘之间的区分——就像沃勒斯坦在世界体系理论中所做的那样。从基于制度性扩张进程（首先想到的是过去几个世纪内帝国的建立）的角度来看，全球化原则上是从中心向外辐射的。它可以理解成是边缘的延伸，并始终与即时的边界划分和边界固定（即所谓的"边疆学说"）捆绑在一起。众多此类的全球化进程可以同时发生。例如 16 世纪的西班牙帝国和奥斯曼帝国，就是平行地进行着大范围和跨文化的扩张。

　　第二，历史学家（也包括像马克斯·韦伯这样的社会学家）对超级进程（对各路进化理论家们来说，它很流行）抱有一定的怀疑。史学家——甚至世界史学家也是如此，很少将人类作为一个整体来进行研究。全球化在历史事实的不同维度中，有着不同的表述，这一点

---

① 约翰·麦克尼尔（John R. McNeill）、威廉·麦克尼尔（William H. McNeill）:《人类之网：鸟瞰世界历史》，纽约，2003 年（*The Human Web: A Bird's-Eye View of World History*, New York 2003）。

对于他们来说是不言自明的。人群的迁徙、市场的开拓、远程的战争、与人类生活方式联系在一起的动植物的传播、宗教和其他世界观的扩张、全球媒体的兴起等，这些进程都遵循着一种特定的逻辑和专门的时空运行模式。"全球化"不是以这些［进程］或者某种纯粹的形式被观察的，而只是作为特定变迁进程的一种属性。一个问题始终萦绕在我们脑海中：究竟什么才可以全球化？还有一个追问行为体的问题：究竟是谁把谁给全球化了？这些个体进程，某种程度上发生在能够确定的时空框架下，理论上可以先单独进行研究。[①]

上述进程之间的关系，例如人群迁徙与民族国家或帝国建立之间的关系，往往都是多变的。因此，一般而言，当把复杂的交互影响简化为单一的因果关系时，全球化理论就碰到它的底线了。例如，我们不能笼统地认为，世界的根本动力总是来自于经济增速或者信息技术的发展。美国历史学家雷蒙·格鲁（Raymond Grew）不无道理地警告道，全球化的概念已经变成一种孤立的理论了。[②]人们应该把全球化理解成一种框架，以此来整合具体的变迁模式并重视广袤的空间语境。一种全球化的视角所具有的解释力越来越小，而对简化因果关系的全球化理论的广泛反对却有一定的说服力。这样一种视角，还是有助于我们重新表述历史问题并找到更好的策略来解决。当然，这些策

20

---

① 譬如可以参考我们康斯坦茨研究团队的成果。鲍里斯·巴特（Boris Barth）、斯蒂芬妮·甘格尔（Stefanie Gänger）、尼尔斯·彼得森（Niels P. Petersson）主编：《全球史的剖析与视角》，法兰克福/纽约，2014 年（*Globalgeschichte. Bestandsaufnahme und Perspektiven*, Frankfurt a.M./New York 2014）。

② 雷蒙·格鲁（Raymond Grew）：《在全球化的历史学研究中寻找边疆》（Finding Frontiers in Historical Research on Globalization），载因多·罗西（Indo Rossi）主编：《全球化研究的边疆：理论与方法路径》，纽约，2008 年（*Frontiers of Globalization Research: Theoretical and Methodological Approaches*, New York 2008），第 271—286 页，引文出自第 276 页。

略必须要吸收具体学科内更精细的理论。这种多元主义，再次指向了对不同类型全球化的假设。

第三，有关全球化的大量社会科学作品的最重要成就之一，就是扩容了历史学家所使用的术语。历史学家们已经习惯于使用诸如网络、流量、循环、转移、移动、流散、杂交和丰富的跨国现象等新式概念。[①] 在人文科学领域内的"空间转向"，使得疆域、景观、地点、

21　远途和边界受到了较多的关注。[②] 人们也不会拘泥于这些理论家。例如，不是所有一眼看上去像是一种常规的关系模式，都能附会成社会学网络理论意义上的"网络"。这些模式中的一部分为了能够成为发挥作用的网络，变得过于松散，或者说在空间上分布得过于稀疏。其他的一部分则是过于复杂的机制，以至于信息流和资源只构成了它们诸多侧面中的一个［，而不能反映其全貌］。[③]

第四，全球化的评论家们一致认为，上述进程应该被视作自反的。也就是说，关于全球化的论述（就像 18 世纪中叶欧洲已经出现的）[④]，已经成为全球化本身的一个组成部分了。它甚至能推导出一种

....

① 前引罗伯特·霍尔顿：《制造全球化》，第 55—80 页。

② 关于空间转向对全球化研究的影响，参考华威·穆雷（Warwick E. Murray）：《全球化的地理学》，伦敦 / 纽约，2006 年（*Geographies of Globalization*, London/New York 2006）。概论性的研究，见哈姆·德·卜雷吉（Harm J. de Blij）：《空间的力量：地理、天命与全球化的粗犷景观》，牛津，2009 年（*The Power of Place: Geography, Destiny, and Globalization's Rough Landscape*, Oxford 2009）。

③ 卡林·科诺尔·瑟廷那（Karin Knorr Cetina）：《微观全球化》（Microglobalization），载因多·罗西（Indo Rossi）主编：《全球化研究的边疆：理论与方法路径》，纽约，2008 年（*Frontiers of Globalization Research: Theoretical and Methodological Approaches*, New York 2008），第 65—92 页，引文出自第 68 页。

④ 哈特曼·特雷尔（Hartmann Tyrell）：《普遍史、世界交通和世界历史——概念史的若干评注》（Universalgeschichte, Weltverkehr, Weltgeschichte. Begriffsgeschichtliche Anmerkungen），载《社会体系》（*Soziale Systeme*）2010 年第 16 期，第 313—338 页。

排他法则：那些对于历史行为体来说仍是未知的关系，只能通过全球化这个关键词来领会。微生物在地球上的传播，在"客观"上是具有全球性特征的，但是直到 19 世纪霍乱大爆发之前，这种瘟疫与地理之间的关系尚不为人知，因此应该被称为一级全球化的一种。不想把这个概念理解得那么实的人，估计会同意下面这种主张——即在对全球化的一种极为狭隘的理解下，在对诸如移民、贸易和战争领域内的关系有所强化的同时，应该伴有一种自我强化的全球意识。[①] 扩张和交换的手段和观念，构成了一枚硬币的两面。因此，全球史家要致力于跨越经济学家和政治学家笔下"真实的"全球化与人文学领域内"想象的"全球化之间的鸿沟。

第五，全球性和本土性之间的联系，被视为一种十分有益的问题视角。[②] 这一点对于历史学家来说，是不言自明的，因为他们的学术训练大多数都是针对在文献中有详细记载的诸多个案的细节研究。他们倾向于从特殊性推及普遍性，不忽视个案，而社会学家则相反。"全球主义"（即"全球化"）在历史学家群体内有许多拥趸，因为在 22 这里，大的、小的、近的、远的似乎都可以一股脑地囊括到一个合成词内。卜正民（Timothy Brook）的书《维米尔的帽子》是众多叙事中比较让人印象深刻的一部，在书中本土的和全球的（卜正民的书中

① 凯瑟琳·怀特（Kathleen E. White）：《什么是全球化？》（What Is Globalization?），载乔治·里茨尔（George Ritzer）主编：《布莱克韦尔全球化指南》，莫尔登，2007 年（*The Blackwell Companion to Globalization*, Malden, MA 2007），第 54—66 页，引文出自第 56 页。

② 稍微变通一下，全球化也可理解为普世化。参考安东尼·霍普金斯（A. G. Hopkins）：《导论：普世化与本土化之间的互动》（Introduction: Interactions between the Universal and the Local），载安东尼·霍普金斯：《全球史：普世化与本土化之间的互动》，贝辛斯托克，2006 年（*Global History: Interactions between the Universal and the Local*, Basingstoke 2006），第 1—38 页，引文出自第 7—9 页。

是画家维米尔所居住的代尔夫特这座城市，以及将代尔夫特与中国和世界其他地方联结的势力）完美地交融在一起。[1] 但值得商榷的是，是否应该以某种"全球的"自我生存空间的存在为前提。根据这一类主张，存在着一种早期的全球性，后来由本土的行为体"侵占"了。还有另外一种选项，就是把本土的和全球的都理解成特定行为体在他们日常实践中行动的结果，并追问"内部"和"外部"、自身与他者之间边界的持续性变动。[2] 本土的生存环境会随着全球化的外力发生什么变化？原始的生存环境何时以及为何不再具有本土性了，究竟是永久的，还是暂时的？在什么情况下会兴起（可以从超民族国家或全球身份的角度来定义的）群体或大型集合体？[3] 这些问题让"全球化"这个抽象的概念变得更便于历史学家使用。

第六，几乎没有哪种全球化的变种在展开时不伴随有冲突或暴力。所有将全球化视作和平演变的理论，在历史学家看来都是可疑的。在对全球化的这一层理解上，存在一种扩张的观念。[4] 因此，"扩张"包括各种各样的深度和强度。从对社会和政治生活方式的征服、臣服和破坏，到对诸如语言、宗教和权力等文化因素的缓慢渗透。所有形式的扩张都会触及特定群体的利益、打破平衡、制造新的权力对

----

[1] 卜正民（Timothy Brook）：《维米尔的帽子：17世纪和全球化世界的黎明》，柏林，2009年（*Vermeers Hut, Das 17. Jahrhundert und der Beginn der modernen Welt*, Berlin 2009），由诺尔贝特·霍夫曼（Norbert Hofmann）从英语译成德语。

[2] 乔纳森·弗里德曼（Jonathan Friedman）：《全球体系、全球化和人类学理论》（Global Systems, Globalization, and Anthropological Theory），载罗西：《全球化研究的边疆：理论与方法路径》，第109—132页，引文出自第118页。

[3] 参考詹姆斯·罗森诺（James N. Rosenau）：《遥远的靠近：全球化背后的动因》，普林斯顿，2003年（*Distant Proximities: Dynamics beyond Globalization*, Princeton, NJ 2003），第80页。

[4] 换句话说，本文中出现的"扩张"，并非特指欧洲的扩张。

称、要求不同立场彼此妥协。全球化是分裂和动乱的根源，全球化带来胜利者和失败者。①

第七，社会科学的理论并不总是能在全球化和现代化之间做明确的分析性区分。这两个宏观进程是一样的吗？全球化是现代化的特例吗？或者全球化是现代化在某个特定阶段（例如在现代化的当前阶段，它的本质转向了全球化）的一个特殊标志吗？或者全球化超越了现代性或现代化的形式，因为后者的界定过于依赖欧洲或某种西方的模式吗？对于非线性的、非延续性的和非持续性的社会变迁模式而言，"全球化"的概念比"现代化"更明晰吗？全球化这个概念可以让人更好地理解边缘区和中间地带的发展，以及边界关系和文化冲突吗？这些问题的答案不能一概而论。在一些具体研究（既使用已有概念，又致力于进一步丰富我们用来叙述和解释政治—社会环境的那套话语）中，上述问题总是会反复地被提出。

全球化与全球史

许多关于全球化的一般性著作都会在最粗糙的轮廓下，例行公事般地提供一种历史学叙事，往往篇幅极短。大致来讲，这类叙事可以分成两种基本形式。②在一种"较弱"的历史叙事版本下，全

① 对这种不平衡的较好解读，见于以下这本书。博伊克·雷贝恩（Boike Rehbein）、赫尔曼·施文格尔（Hermann Schwengel）：《全球化的理论》，康斯坦茨，2008 年（*Theorien der Globalisierung*, Konstanz 2008）。

② 尤尔格·杜尔施密特（Jörg Dürrschmidt）、格兰汉姆·泰勒（Graham Taylor）：《全球化、现代性和社会变化：变迁的热点》，贝辛斯托克，2007 年（*Globalization, Modernity and Social Change: Hotspots of Transition*, Basingstoke 2007），第 4—5 页。

球化让早期长时段的发展得以延续，而全球化是通过"路径依赖"
（即某种已有趋势相对持久的延续）从它们当中产生的。（译按：
Pfadabhängigkeit，英语 path-dependence，汉译"路径依赖"，是指人
类社会中的技术演进或制度变迁均有类似于物理学中的惯性，即一旦
进入某一路径，就可能对这种路径产生依赖。）根据这一观点，长距
离内人群之间持续增长的"互联"，主要是通过技术革新来实现的，
并伴有社会中个别领域的压缩。世界同时在不同层面上变得更为复杂
起来。对于许多人来说，个体经验的视阈得到了扩展。地方性事件和
地方性抉择的后果，会在很远的距离之外被感受到：爪哇的一次火山
喷发，对符登堡的农业产生了消极影响，等等。

24　　　另一种"较强"的历史叙事版本，将世界视作所有方向内交互
影响的唯一体系。大约在 20 世纪末，随着几乎所有事情的发生都伴
有某种程度上的远程影响，[世界]开始按照这种观点以一种体系的
方式运行了。在这一阶段，一种深刻的转型表现得很明显，而且其影
响的程度是史无前例的。它塑造了一种全新的时空框架条件。作为
革命性技术的因特网，摧毁了空间和时间。于是，早期的"历史"思
维也被作废了——要知道，历史人文学科从一开始就是以时空为基
础的。当一切都是新的时候，就失去了对"创世"（Genese）和"成
为"（Gewordensein）的兴趣。（译按："成为"是海德格尔曾经使用
过的一个哲学术语，也译作"已变之在"，与"此在"/Dasein 和"存
在"/Sein 不同。）

　　　较强版本的历史叙事，在根本上让历史书写变得多余了，或者将
其约束成一种对古代景象的好古和品鉴消费的层面。于是，人们对历
史学研究的需求，仅仅停留在造好几座严肃的博物馆上。那么，较弱

的版本是全球史的一个充分条件吗？全球史和全球化的历史之间的区别在哪呢？

第一，全球史是对过去的一个特殊切入。它并不一定处理长时段的发展。相反，全球史的一种富有成效的研究路径是对同时性的关注，即时间上的横切面——它已经从走向"宏大叙事"的必然性中解脱了出来。① 在这种观点下，世界不同地区的社会和文化在同一时刻的差异是很明显的，而且不需要那些（针对世界进程运转的因素）严格的理论。几乎没有什么文学策略比这样一个问题"在同一时间其他地方是什么样的"，更有助于对欧洲中心主义的弱化和克服。例如，可以举一个中世纪的例子，加洛林王朝、唐朝和阿巴斯王朝可以放置于同一个框架内考察。② 当把对整个时代同时性的影响因素都表述出来的时候，全球史在阐释上的水平就达到了一个高度，例如杰弗里·帕克尔（Geoffrey Parker）从气候史的角度对 17 世纪全球危机的解释。③

第二，全球史与全球化的历史之间的差异，在于方法论。全球化的基本理念，即跨边界联系在数量上的增多和在程度上的加深，解构了传统历史学分析所强调的"完整性"。将历史理解成流动和互动

---

① 一个很好的例子是，小约翰·威尔斯（John E. Wills, Jr.）：《1688 年：世界处于全球化时代的前夜》，贝尔吉施·格拉德巴赫，2002 年（*1688: Die Welt am Vorabend des globalen Zeitalters*, Bergisch Gladbach 2002），由尼古拉斯·盖特（Nikolaus Gatter）从英语译成德语。

② 这种大范围的研究，见于帕特里克·柏谢龙（Patrick Boucheron）主编：《15 世纪世界史》，2 卷本，巴黎，2009 年（*Histoire du monde du XVe siècle*, 2 Bde., Paris 2009）。

③ 杰弗里·帕克尔（Geoffrey Parker）：《全球危机：17 世纪的战争、气候变迁和灾难》，纽黑文/伦敦，2013 年（*Global Crisis: War, Climate Change and Catastrophe in the Seventeenth Century*, New Haven, CT/London 2013）。

的大杂烩的人，几乎不会像传统史家那样对地方共同体或民族国家的
［领土］"完整"感兴趣。网络节点之间的关系，比节点本身还重要。
于是，比较也会失去价值，而比较则是早期历史社会学和历史书写领
域内最考究和最严格的方法。全球史区别于全球化的历史的地方，表
现在它不会完全放弃比较的要素。① 全球史还会继续使用一种比较的
方法——与认为存在封闭文明的观念分道扬镳，并将其放置于联系
研究的语境中。②

    第三，全球史与全球化的历史之间的差异，表现在处理差异的方
式。即便全球化的视角并没有完全避免讨论冲突和矛盾，但理论上它
仍然受到"认为（近代）历史上具有某种统一的总趋势"这一看法的
束缚。塞巴斯蒂安·康拉德将其称为"全球化修辞的目的论"。③ 趋
同和集体经验的增加，是某种世界发展总趋势出现的前提。分流和碎
片化，是常态的变异。全球史放弃了这种预设。很有典型性的是，全
球史最重要的一个争论是与"大分流"问题联系在一起的。所谓"大
分流"的观点，是指富裕和贫穷地区之间在生活水准上出现分化，尤
其是在欧洲和亚洲之间，实际上是新近才发生的。参与这场论辩的学
者中只有个别人试图将"大分流"用全球化的范畴来描述。因此，作
为全球史的核心问题之一，是在不关涉全球化的历史和全球化的理论

① 一个很好的例子是吉荣·杜因达姆（Jeroen Duindam）：《王朝：1300—1800 年的一部霸权全球史》，剑桥，2016 年（*Dynasties: A Global History of Power, 1300-1800*, Cambridge 2016）。
② 贝利（C. A. Bayly）：《现代世界的诞生：1780—1914 年的全球史》，法兰克福/纽约，2006 年（*Die Geburt der modernen Welt. Eine Globalgeschichte, 1780-1914*, Frankfurt a.M./New York 2006），由托马斯·贝特拉姆（Thomas Bertram）、马丁·克劳斯（Martin Klaus）从英语译成德语。
③ 塞巴斯蒂安·康拉德（Sebastian Conrad）：《全球史是什么？》，普林斯顿，2016 年（*What Is Global History?* Princeton, NJ 2016），第 212 页。

的前提下进行讨论的。①

第四，当人们关注到与全球化概念息息相关的具体诉求时，全球 26
史与全球化的历史之间的另一点差异就很明晰了。例如，即便是那些
并不期待民族国家即将终结的人（认为全球时代即将来临的乐观派，
相信民族国家会终结），也会同意这样的观点，即全球化会弱化国家
的组织，并导致一种政治上的"去领土化"。② 当全球化的理论要取
得有价值的时代诊断时，它就不可避免地得出上述结论。而全球史则
不必拘泥于此。因此，全球史更加"中立"，为具体事件进行适度阐
释提供了更多的能动性。

总的来说，全球史是一个比全球化的历史更加包容和开放的概念。
不是所有的全球史都等同于全球化的历史，但反过来，全球化的历史
往往是全球史的一部分。它可以缩约为一部有关市场一体化的量化的
和形式化的历史，这种自我约束和狭隘的代价，是一种对历史缺乏多
维度的理解，而这种对历史多维度的理解正是全球史所能提供的。③

....

① 对这一讨论的总结和批判，参考皮尔·弗里斯（Peer Vries）：《关于全球经济史的一项调
查》（Global Economic History. A Survey），载《奥地利历史学杂志》（Österreichische Zeitschrift für
Geschichtswissenschaften）2009 年第 20 期，第 133—169 页。皮尔·弗里斯：《现代经济增长的根源：
近代早期的英格兰、中国和世界》，哥廷根，2013 年（Ursprünge des modernen Wirtschaftswachstum.
England, China und die Welt in der Frühen Neuzeit, Göttingen 2013），由菲利克斯·库尔兹（Felix Kurz）
从英语译成德语。
② 罗格·金（Roger King）、盖文·肯达尔（Gavin Kendall）：《国家、民主和全球化》，贝辛斯托
克，2004 年（The State, Democracy and Globalization, Basingstoke 2004）。
③ 关于全球史与全球化之间的关系，参考康拉德（Sebastian Conrad）、安德烈斯·艾克尔特（Andreas
Eckert）：《全球史、全球化与多元现代性》（Globalgeschichte, Globalisierung, multiple Modernen），载康
拉德、乌尔力克·弗莱塔（Ulrike Freitag）主编：《全球史：理论、方法与对象》，法兰克福 / 纽约，
2007 年（Globalgeschichte. Theorien, Ansätze, Themen, Frankfurt a.M./New York 2007），第 7—49 页，
尤其是第 19—22 页。

作为循环结构的扩张与收缩

我们可以从两层含义上理解复数的全球化：一是将一种高高在上
的超级全球化进程切割成在持续时间和延伸范围上都有限定的若干局
部进程；二是从一种静止的本土生活中扩张性地挣脱出来，就像在人
类历史上一直发生的那样。这里涉及的是第二层含义。至于人群的迁
徙、市场体系的打造、帝国的征服，以及辽阔范围内宗教共同体或其
他形式普世主义的兴起，是否应该放置于"全球化"的标题下理解，
当然是见仁见智的事情。对于或多或少有用的概念而言，其定义没有
明确的标准。毕竟，那些倾向于把"世界体系"这个概念应用于自古
代东方以来的国际关系中的学者们，偏好一个同样包罗万象的"全球
化"概念。[1] 不是所有人都对起源（这正是这类作品的典型特征）着
迷。承认早期文明的复杂性和非原始性，与将这一复杂性放置于某
一时间跨度内（在超过千年之久的时间内塑造了不同的社会）是两
码事。全球化究竟始于何时这种问题，只会对学者的精力进行无端
的消耗，并诱使对一个问题的修正 —— 此问题更多涉及的是一种合
理的"视角"，而不是全球化的"事实"存在。巴里·杰尔斯（Barry
K. Gills）和威廉·汤普森（William Thompson），二人都是偏爱宏观
视角的人，他们提出过"全球视角带来全球史"的口号。[2] 这一点适

---

① 安德烈·贡德·弗兰克（Andre Gunder Frank）、巴里·杰尔斯（Barry K. Gills）主编：《世界
体系：五百年还是五千年？》，伦敦/纽约，1993 年（*The World System: Five Hundred Years or Five
Thousand?* London/New York 1993）；巴里·杰尔斯、威廉·汤普森（William R. Thompson）主编：
《全球化与全球史》，伦敦/纽约，2006 年（*Globalization and Global History*, London/New York 2006）。
② 巴里·杰尔斯、威廉·汤普森：《全球化、全球史与历史的全球性》（Globalization, Global Histories
and Historical Globalities），载杰尔斯、汤普森主编：《全球化与全球史》，第 1—17 页，引文出自第 2 页。

用于任何一个历史时期。因为全球史的概念和方法可以应用于所有的历史时期。不过，不是所有时代都要满足相同的标准，才有资格谈论"全球化"。

在大西洋和太平洋的各自两岸之间常态性往来开始之前，还谈不上有某种整个地球范围内的全球化。传统的观点——即认为自 1492 年伊利比亚"探险者"的海上航行以及接踵而来的殖民化行动以来，一个闭合的世界互联才开始形成——在各种吹毛求疵面前还是能站住脚的，而如果把蒙古帝国称为一种相对缺乏持久性的构造，并不是什么基于欧洲中心主义的错误指责。[1] 这种互联不是在一夜之间出现的。它要求一种复杂的后勤保障，这种后勤保障在 16 世纪已经普遍存在了。有充足的理由认为，一种世界范围内的货物和贵金属流通始于 1571 年，因为那年菲律宾群岛上的马尼拉被建成了一座西班牙港口城市。至此，一个世界市场才成为可能。[2] 跨大西洋和跨太平洋贸易在历史上第一次相遇了，不过距离一种几乎无孔不入的世界贸易一体化体系的出现，还有三百年的时间。

16 世纪以前的世界史，是完全不同的扩张和压缩进程。那时扩张的动力是征服、贸易和宗教的传播。其结果是帝国、贸易网络和广袤的疆域——在其中一种宗教占支配地位，但一般也允许其他小众

[1] 关于 1492/1500 年的争论，已经有人总结过了，见克里斯蒂安·格拉塔罗普（Christian Grataloup）：《全球化的地理历史：世界的长时段》，巴黎，2009 年（*Géohistoire de la mondialisation: Le temps long du monde*, Paris 2009），第 2 版，第 135—154 页。
[2] 丹尼斯·弗林（Dennis O. Flynn）、阿图罗·吉拉尔德斯（Arturo Giráldez）：《再生：全球化的 16 世纪根源（亚洲／全球与欧洲的动因）》（*Born Again: Globalization's Sixteenth-century Origins [Asian/Global versus European Dynamics]*），载《太平洋经济评论》（*Pacific Economic Review*）2008 年第 13 期，第 359—387 页。以及丹尼斯·弗林的其他相关著作。

宗教的存在。同时代的人往往用"兴起—巅峰—衰落—消亡"的循环思维模式来描述这一组织的命运。所有这些组织都会经历不断的变形，它们内外的边界会不停地变动。其中一些组织延续了几百年，一些在几十年内便消失了。一些在混乱中谢幕，一些进行了新的重组，而重组后的结构同样稳固，甚至还会更持久。帝国可以转型为联邦共同体。长时段的历史比较研究，在不同帝国之间发现了明显的相似之处，即这些处于不同文化和生态环境中的帝国面临着相似的挑战，但是学者们却无法找到一体化和碎片化的规律。存续时间较短的个别组织，在世界范围内的横切面上也显示出特别密集的扩张，也就是说，[扩张进程]在前现代的条件下也是很生猛的。但是，这种相对同时性的扩张或局部全球化，一定要从它的推动因素来理解。

如果要为全球扩张的早期形式找一个词来概括的话，或许"古代全球化"这个概念会有所帮助。此概念是由安东尼·霍普金斯（Anthony Hopkins）和贝利（Christopher Bayly）在他们讨论全球化的分期时提出来的。他们将 1600 年至 1800 年的这段时间称之为"原始全球化"。他们搜集了大量扩张和体系的早期形式，这些扩张和体系还没有遵循某种统一的或中控的逻辑：例如，在跨大西洋奴隶贸易扩建的背景下一种新贸易网络的兴起，欧洲特许公司（国家操控的贸易公司）在亚洲的活动，阿拉伯和中国商人在印度洋及周边海域的深耕，还有在欧洲、亚洲和非洲部分地区出现的新型国家权力组织。[①]在今天

29

---

① 安东尼·霍普金斯（A. G. Hopkins）：《导论：全球化——历史学家的一项议程》（Introduction: Globalization—An Agenda for Historians），载霍普金斯主编：《世界历史中的全球化》，伦敦，2002 年（*Globalization in World History*, London 2002），第 1—10 页，引文出自第 5 页；贝利（C. A. Bayly）：《1750—1850 年代欧亚大陆和非洲的"古代"和"现代"全球化》（«Archaic» and «Modern»

人们称之为"早期现代"的历史阶段，历史行为体的数量以及他们在广袤空间内的活跃度，都得到了明显的提升，包括商人、士兵、殖民官员、地理探险家、传教士、朝圣者等。随着商业资本主义（布罗代尔对此描述得最清楚）的发展、海上运输的改善，以及帝国权力［机构］愈加全球化的视野，世界上联系的密度或者紧密程度也提高了。在此历史时期，大西洋是这种互联最活跃的地区。这一原始全球化是否意味着历史的大断裂，仍然存在争议。不少人认为，它是对世界上不同地区内早期扩张和收缩进程的补充。从兴起到衰落的循环模式罕见地契合于近代早期这个历史阶段。［在近代早期］完全不同的帝国构造，例如印度的莫卧儿王朝和葡萄牙商业帝国，在两百年间都经历了盛极而衰的进程，要知道罗马帝国需要很长时间来完成这一进程。

　　关于近代早期全球化形式所具有的特殊性的讨论，主要涉及两个问题。第一是数量和份额的问题。数量在什么情况下才能够达到质变的边界？即时的流通（例如劳动力、货物和货币的流通）在什么时候能够上升为一种体系？分隔的经济体在交换和分工的级别上，什么时候达到可以称之为"一体化"的程度？那种认为这些在大西洋空间内至少在近代早期（即原始全球化）就发生了的观点，是有矛盾的。荷兰历史学家彼得·艾莫尔（Pieter Emmer）在详细论证后得出结论：1500 年欧洲的全部船舶吨位，只有今天 2 艘超级油轮那么大，而我

Globalization in the Eurasian and African Arena, c. 1750-1850），载霍普金斯主编：《世界历史中的全球化》，第 47—73 页。针对此问题的标准读物是，沃夫冈·莱因哈德（Wolfgang Reinhard）：《世界的征服：1415—2015 年欧洲的扩张史》，慕尼黑，2016 年（*Die Unterwerfung der Welt. Globalgeschichte der europäischen Expansion 1415-2015*, München 2016）；涉及近代早期的部分，见沃夫冈·莱因哈德：《1350—1750 年的世界帝国与世界海洋》，慕尼黑，2014 年（*Weltreiche und Weltmeere 1350-1750*, München 2014）。

30   们只需要 5 艘这样的油轮就可以超过 1800 年全球的船舶吨位了。[①] 直
到 19 世纪，世界贸易的贸易额和体量都在短期内翻了番，那时候大
宗商品（例如谷物、棉花、羊毛等）在国际贸易中的地位才首次超过
奢侈品。[②]

　　关于近代早期的第二个问题，是世界在文化上的一体化以及不
同普世主义之间的关系：例如罗马世界的宗教、中国的天下秩序、
穆斯林信仰群体等。我们该如何理解超越了少数个体的"全球化感
知"？从什么时候开始，不同社会之间——或者至少是政治和知识
精英——开始关注彼此？究竟需要多少个体，我们才够格谈论一个
在社会上产生影响的思想全球化的群体？

　　在近代早期，欧洲人史无前例地启动了跨文化信息搜集的计划。
早在此前，欧洲人就已经经历过宗教和法律体系以及语言和文字的移
植了。自 16 世纪以来，欧洲的方案首次变得包罗万象，并致力于世
界知识的体系化。欧洲的旅行家和传教士（主要是耶稣会士）搜集关
于世界各地的语言、宗教、社会制度、风俗和习惯，以及政治制度等
方方面面的信息。他们营造了用于保存文物和抄本的大型收藏室。那
里面也有大量物件是从当时受欧洲殖民尚浅的地区征集而来。欧洲人

---

① 　彼得・艾莫尔（Pieter C. Emmer）：《早期全球化的神话：1500—1800 年的大西洋经济》（The
Myth of Early Globalization: The Atlantic Economy, 1500-1800），载《新世界／复数的新世界座谈会
2008 年》（Nuevo Mundo Mundos Nuevos: Coloquios 2008）http://nuevomundo.revues.org/index 42173.
html。杨・德・弗里斯（Jan de Vries）：《近代早期全球化的极限》（The Limits of Globalization in
the Early Modern World），载《经济史评论》（Economic History Review）2010 年第 63 期，第 710—
733 页。

② 　罗纳德・芬德莱（Ronald Findlay）、凯文・奥鲁尔克（Kevin H. O'Rourke）：《权力与富裕：第
二千纪的贸易、战争和世界经济》，普林斯顿，2007 年（Power and Plenty: Trade, War and the World
Economy in the Second Millennium, Princeton, NJ 2007），第 383—385 页。

丈量并绘制了地球的表面。后来 19 世纪欧洲的"东方学"就是以这些素材为根基的，尤其是民族志和人种学，它们的家底都是近代早期搜集来的。[①] 但是，这些都助力于文化上的全球化吗？有多少欧洲文化真正输入到欧洲以外的地区及其殖民地，并被当地接受了的？即便是耶稣会士雄心勃勃的计划——在中国发掘信仰基督教的人，也是收效甚微。只有少数欧洲知识精英，才有机会直接接触到非基督教文明。莱布尼茨从未到过中国，孟德斯鸠没去过波斯，狄德罗也到不了南太平洋岛屿，而这些学者对上述地区都写过内容详尽且影响深远的著作。绝大部分欧洲人对其他大陆只有一些常识性了解，往往都是源于对不同大陆人群的刻板印象。反过来，在欧洲以外的地区还缺乏文化交互的倡议方案。1800 年在诸如中国、日本和奥斯曼帝国这些国家的受教育者和官员，对西方的了解还停留在三百年前甚至六百年前的水平。[②] 在近代早期，文化上的接触增长了许多倍，但是并没有给互动关系的质量和密度带来根本性的变化。从这个意义上说，"原始"全球化的这个称谓还是很贴切的。

31

现代的全球化

为形形色色的全球化找到一种统一分期的尝试，已经宣告失败

---

① 杰弗里·顾恩（Geoffrey C. Gunn）：《第一次全球化：1500—1800 年的欧亚大交换》，马里兰州拉纳姆，2003 年（*First Globalization: The Eurasian Exchange, 1500-1800*, Lanham, MD 2003）。

② 总是有新的史料被发现、辑录和翻译。从外部视角来看欧洲的，见汉娜·迪亚比（Hannā Diyāb）：《从阿勒颇到巴黎：一位年轻叙利亚人前往路德维希十四世宫廷的旅行》，柏林，2016 年（*Von Aleppo nach Paris. Die Reise eines jungen Syrers an den Hof Ludwigs XIV.*, Berlin 2016），由詹纳罗·吉拉尔德利（Gennaro Ghirardelli）译成德语。

了。① 正如上文中提到的雷蒙·格鲁所强调的，任何一种分期，都不过是"对全球化本质的某种特定阐释"的一种逻辑后果，也就是说它们根本不是从史料中归纳出来的。② 如果认为不同类型的全球化只是例外地在同一时段发生，就会得出这样的结论：不可能确定一个明晰的时段序列。许多历史学家和对历史学感兴趣的社会学家引入了一个相对不是那么机械的概念"波"或"浪潮"，来描述世界范围内的整合比较激烈的短暂周期——一般会有整合动因被遏制的过渡阶段紧随其后。但是关于这些波的数量，以及它们各自在长时段编年中的位置，尚未有一致意见。由于生硬的经济学数据让人难以看出明确的波

32 动（有点类似于［经济］周期趋势），于是个别学者选择了一种隐喻性的方案。因此，波被理解成具有代表性的全球经验的汇聚——这是由远隔千里的人们所完成的，而且是在没有彼此商议的前提下。③这样的一种理解，或许很有吸引力和说服力，但是它那印象主义式的模糊性，使得它不太适合社会科学的分析。

在 19 世纪，尤其是第二个 25 年，一些重要的事情发生了变化。④

---

① 对迄今为止相关讨论的综合，见杨·尼德尔温·比德尔斯（Jan Nederveen Pieterse）：《全球化的分期：全球化的历史》（Periodizing Globalization: Histories of Globalization），载《新全球学》（New Global Studies）2012 年第 6 期，第 1 篇文章；从哲学怀疑主义的出发点追问世界历史分期的文章，见迈克尔·朗（Michael Lang）：《进化、断裂与分期》（Evolution, Rupture, and Periodization），载大卫·克里斯蒂安（David Christian）主编：《剑桥世界史》第 1 卷，剑桥，2015 年（Cambridge World History, Bd. 1, Cambridge 2015），第 84—109 页。
② 前引雷蒙·格鲁（Raymond Grew）：《在全球化的历史学研究中寻找边疆》（Finding Frontiers in Historical Research on Globalization），第 277 页。
③ 弗兰克·莱西奈尔（Frank J. Lechner）：《全球化：世界社会的制造》，莫尔登，2009 年（Globalization: The Making of World Society, Malden, MA 2009），第 15—32 页。
④ 对于许多经济史学家而言，1820 年代是全球化的分水岭，参考亚当·麦基翁（Adam McKeown）：《全球化分期》（Periodizing Globalization），载《历史工作坊杂志》（History Workshop Journal）2007 年第 63 期，第 218—230 页。

是什么呢？相较于遥远的过去而言，经济史学家在这一阶段可以利用更好的统计数据，他们着重指出了两方面的新变化。第一，跨洲贸易的体量和金额达到了一个比任何历史时期都要高的水平。船舶航行条件的改善和铁路时代的到来，为一种扩张提供了物流基础——这一扩张，在继欧洲对澳大利亚和新西兰的征服以及西非和南非新出现的奴隶出口贸易之后，让这个世界上不复存在一块处女地了。这无疑是一种非常简单的经验主义观察。第二，地理上相隔遥远的劳动力、货物和（几十年之后）资本市场之间的联系，升级为几乎不可逆的一体化。从统计学角度来看，"一体化"再次被理解成不同市场价格在长时段内的趋同。价格会迅速地彼此影响，而且会越来越趋于一致。[1] 不过，也不是说 19 世纪全世界的价格都一起波动。因此，需要一个更富内涵的概念——"趋同"，也包括了简单的价格波动之外的方面。根据史蒂夫·多里克（Steve Dowrick）和布拉德福特·德隆（J. Bradford DeLong）的理解，所谓"趋同"是指"西北欧之外的国家在制度、技术和生产力方面，向西北欧以及其他处于工业核心区的国家看齐"。[2] 在 1900 年，只有西欧、美国、加拿大、三个拉美国家、

....

① 罗纳德·芬德莱（Ronald Findlay）、凯文·奥鲁尔克（Kevin H. O'Rourke）：《1500—2000 年的商品市场一体化》（Commodity Market Integration, 1500-2000），载迈克尔·波尔多（Michael D. Bordo）、阿兰·泰勒（Alan M. Taylor）、杰弗里·威廉姆森（Jeffrey G. Williamson）主编：《历史视野下的全球化》，芝加哥 / 伦敦，2003 年（*Globalization in Historical Perspective*, Chicago/London 2003），第 11—64 页，引文出自第 14 页；杰弗里·威廉姆森：《1950 年以前的全球化与贫穷边缘区》（*Globalization and the Poor Periphery before 1950*, Cambridge, MA 2006），第 25—36 页。

② 史蒂夫·多里克（Steve Dowrick）、布拉德福特·德隆（J. Bradford DeLong）：《全球化与趋同》（Globalization and Convergence），载波尔多等：《历史视野下的全球化》，第 191—226 页，引文出自第 195 页。

澳大利亚、新西兰、日本和南非（部分地区）属于"趋同俱乐部"。^①

33 全球资本主义的增长，正如 19 世纪最后 25 年所普遍表现出来的，改变了地球上数百万人的生活方式，但是还有更多的人在它们农业或游牧生计方式领域内没有被波及。^② 印度或者中国内地省份的大量农民，仍然不为出口而生产，不购买域外的消费品，对于他们生活环境以外的世界知之甚少。

　　对于漫长的 19 世纪而言（截至 1914 年或 1945 年），全球化在非经济领域的表现形式，仍然难以识别。在一战以前，只能发现极少社会生活方面的跨国规制的迹象，几乎没有走向超民族国家的政治体或某种世界政府的苗头。在欧洲，超国家政治体的观念在 1857 年克里米亚战争结束之后破灭了——第一个国际组织（例如红十字国际委员会）的出现不能掩盖这一事实，即军事化民族国家的主权不会受到任何名义上的和平协约的限制。绝大多数亚洲和非洲的人民是欧洲人的殖民臣民，或者是半殖民地国家的公民，拥有在政治上没有发言权和影响力的、或多或少有些主权的政府。1919 年以后出现的国联，倒不至于像人们长期以来所认为的那么无能，但是确实算不上是保障和平的有效机制。战间期见证了世界经济的碎片化，变成了若干准自给自足的阵营，不过这波去全球化的程度究竟如何，今天尚在讨论之中。与此同时，一种和平的世界秩序，遭到了来自日本、意大利和德国的超民族主义思想的威胁。

....

① 波尔多等：《历史视野下的全球化》，第 198—199 页。

② 杰弗里·弗里登（Jeffry A. Frieden）：《全球资本主义在 20 世纪的兴衰》，纽约，2006 年（*Global Capitalism: Its Fall and Rise in the Twentieth Century*, New York 2006），第 1—5 章。

　　1830 年代至 1945 年之间文化上的全球化，不能用三言两语来概括。例如，19 世纪的第三个 25 年，欧洲文明在世界上的影响达到了巅峰。此后，随着新帝国主义的来势汹汹和殖民统治的坍塌，欧洲文明失去了威望，在两次世界大战期间愈加严重。殖民主义留下了一份文化上的遗产，尤其表现在精英教育和后殖民教育系统内的语言多元 34 性上。欧洲人和北美人维持着他们对其他地方的好奇，不过自 19 世纪早期以来他们的观念总是受到一种结构性的傲慢的浸染 —— 美国文学批评家爱德华·萨义德在 1978 年将其称为"东方主义"。普世化的计划 —— 就像歌德在 1820 年代所倡导的一种包罗万象的世界文学规范 —— 无论是在德国内部还是在其他地方都没有引起较大的共鸣。"文化"更多地被理解成在文学"巨著"、历史文献和建筑遗存中寻找民族的过去。1945 年与之后几十年之间的最大差别，是缺乏一种世界各地海量观众可以获取的全球性媒体。纪录片和文艺片至迟在 1930 年代就流行，还有早在 19 世纪后期就出现了通过广泛分布的新闻社进行全球的信息搜集，它们的作用固然不容小觑，但是还没有达到后来的广播、电视和因特网的那种渗透性。

　　"现代的全球化"作为一种范畴，足以囊括在工业化、民族国家和升级版帝国主义时代所发生的事情了。1914 年之前十年内的经济繁荣，也在一定程度上决定了全球性经济一体化的形式 —— 第二次世界大战之后的经济一体化可以与之相衔接。另外，不同形式的全球化究竟是否是 1800 年之后一个半世纪内世界发展的最重要标志，仍然存在疑问。20 世纪前半叶的"现代"还算不上是一个"全球的"现代。而且，文化上的互相联系并非在所有领域都是线性向前的。譬如，1900 年欧洲古典音乐在海外的影响力要大于 1930 年。[1]

35   **当下的全球化**

"当代全球化"（或者"后殖民主义全球化"，或者"冷战后全球化"）所涉及的领域，社会科学家觉得他们比历史学家更能胜任。对于社会科学家而言，在近三十年的时间内，全球化是一个核心课题，即便不是唯一的核心课题。在这样一个社会内，历史学家感觉是一个二流的观察家。历史学家所观察的对象，是那些观察当下的人（译按：即社会学家），然后认识到他们所说的一些东西，在历史上早就已经有人说过类似的话了。历史学思维的这种长时段视角，究竟能带来什么结果，是由科学以外的因素决定的——其意义马克斯·韦伯（他称之为"价值关联"[译按：即价值预设]）已经明确强调过了。[对于历史学家来说，] 当下的全球化貌似有一种"既视感"（*Déjà vu*）的效果：人们在世界范围内的电报网络中找到了因特网的前身，或者把早年的世界经济危机与今天的经济危机相比拟。但是反过来，最近社会发展的新颖性，相较于植根于现实的社会学家，更吸引具有历时比较视野的历史学家。关于这个宏大课题，只能提炼出以下几点见解：

不是过去二十年或三十年内世界上发生的所有变化，都能称之为全球化。例如，全球化的力量在多大程度上对苏联及其卫星国的瓦解

....

[1] 参考于尔根·奥斯特哈默：《欧洲艺术品的全球视阈》（Globale Horizonte europäischer Kunstwerk），载《历史与社会》（*Geschichte und Gesellschaft*）2012 年第 38 期，第 86—132 页，尤其是第 108 页。

起到了作用，还是一个值得讨论的问题。世界经济的发展，以及自由和资本主义西方通过媒体的渗透，不是共产主义从欧洲消失的唯一原因，甚至谈不上是最重要的原因。核冷战的军事主义逻辑、社会主义阵营内的公民运动、苏联内部的民族问题，以及苏联主导的致命外交误判（譬如入侵阿富汗），被认为是世界政治的两极秩序必然会坍塌的原因，并没有直接与全球化挂钩。[①] 即便人们将 20 世纪的最后 25 年视作进入了一个"全球化的时代"，这也不能当作时代诊断的万能钥匙。

全球化进程在其他领域的影响要比对国际政治的影响更明确：[②]（1）（随着跨国公司的兴起）始于 1900 年的朝向一种"去领土化"全球资本主义的发展趋势有所加强，尤其是在媒体和通讯领域；[③]（2）一个统一的全球资本市场的形成，它以极快的交易速度运行；（3）通讯和信息技术方面的技术革新，及其向千家万户和移动电话 / 平板电脑端的迅速传播；（4）迄今为止历史上从未有过的便利，让世界上发达国家中低收入人群实现长途运输，以及（不可避免的）以消耗化石能源为主的人群移动持续增长 —— 主要是通过上个世代发明的汽车；（5）不同国家甚至不同大洲之间在消费模式和消费喜好上的趋同，或

---

① 参考文安立（Odd Arne Westad）：《全球冷战：美苏对第三世界的干涉与当代世界的形成》，剑桥，2005 年（*The Global Cold War: Third World Interventions and the Making of Our Times*, Cambridge, 2005）。

② 可以列出不同版本的名单。一份与此处所列完全不同的版本，见约翰·乌瑞（John Urry）：《全球复杂性》，剑桥，2003 年（*Global Complexity*, Cambridge 2003），第 50 页。

③ 企业 / 公司史的视角十分有用，在此视角下所看到的，更多的是延续而非断裂。参考罗伯特·菲茨杰拉德（Robert Fitzgerald）：《全球公司的兴起：跨国公司与现代世界的塑造》，剑桥，2015 年（*The Rise of the Global Company: Multinationals and the Making of the Modern World*, Cambridge 2015）。

可称之为“麦当劳化”，或可称之为通过名牌货的市场化而实现的“标准化”；（6）知识作为生产要素，以及作为全社会动用的资源（为了在国际上将自身定位成“知识社会”），它的价值得到了很大幅度的提升；（7）受国际社会普遍接受的一套标准的形成和固定，这套标准致力于消除对人权的侵害和各种形式的暴力与歧视。

历史学家希望把上述因素看得更长远一些。长时段的历史学思维，会发现历史上的一些相似性——但不是完全的雷同。早在 1870 年代和 1914 年之间，一股涉及贸易和资本投资的大规模全球化就已经发生了。经济学家们对彼时全球化的一些分析，读来就像对当下全球化的评论，只要把陈旧的“世界经济”概念换成“全球资本主义”即可。[①]在信息技术领域，我们发现因特网所带来的联系和传播乍一看与 1860—1902 年间世界范围内建设的电线网络有点像。[②]当然，这两种技术在信息容量、经济背景、政治控制的程度，以及它们在不同社会发展起来的方式，都是不同的。可资比较的是一种感觉，即一种新技术意味着对时间和空间的一种“革命性的”压缩。这种感觉在 1880 年代和 1990 年代都曾有过。生活节奏不断提高的这种印象或感觉，经常被认为是某一时代的独特新鲜感——似乎是从各自时代实时通讯的角度来理解的。不过，（至少在欧洲）年代稍早的时代里就已经有类似的经验了。自 1780 年代起的大革命时代、铁路建设获得

37

----

① 一个很好的例子是莫里茨·尤里乌斯·伯恩（Moritz Julius Bonn）的一篇经典文章：《世界经济的本质》（*Das Wesen der Weltwirtschaft*），载《社会科学与社会政治学档案》（*Archiv für Sozialwissenschaft und Sozialpolitik*）1912 年第 35 期，第 797—814 页。

② 杜外尼·文塞克（Dwayne R. Winseck）、罗伯特·派克（Robert M. Pike）：《交际与帝国：传媒、市场与全球化，1860—1930 年》，达勒姆／伦敦，2007 年（*Communication and Empire: Media, Markets, and Globalization, 1860-1930*, Durham, NC/London 2007）。

突破的年代、1890—1914 年间的世纪末（Fin de Siècle），都有这样的特点。[1] 在上述年代中，甚至是在当下，很难找到所谓生活加速的可靠证据。因此，人们能在史料中发现的唯一证据，就是人们认为自己生活在激荡时代的主观印象。

在那些所谓的突破和进步最终被证明只是表象的地方，可以找到另一种形式的延续性。长期以来，全球化理论的前提是，当下的全球化是非常吻合其自身制度根基的，尤其是高效的跨国网络和在全球治理意义上高效的政府组织和权力结构。然而，2008 年爆发的金融危机，搅动了处境尴尬的全球商业生态的制度根基。被许多预言家早已判了死刑的民族国家和国家政府，被证明是处理危机的不可替代的行为体，能够保证跨国资本主义的延续。全球化学说的一个广为人知的假设，在短期内受到了现实的驳斥。

"全球化"的概念遭到热烈追捧，并不意味着这个概念对于社会科学而言，它足以发展出全球化的一套理论，也不意味着它满足了理论建构的最高要求。历史学家没有受过提出这类理论的学术训练，他们感觉在全球化这件事上多少有点被边缘化了。因此，他们必须要改变这一处境。那些不加批判甚至把全球化当作理所当然的人（多数社会学家都是这么做的），在有大量史料的情况下，也不能对如此简单的问题进行明确的回答：世界上的不同社会是向大同的方向发展，还是向迥然不同的方向发展？世界文化会同质化，还是彼此的差异愈加

38

[1] 彼得·弗里茨切（Peter Fritzsche）：《搁浅在当下：摩登时代与历史惆怅》，剑桥，2004 年（*Stranded in the Present: Modern Time and the Melancholy of History*, Cambridge, MA 2004）；史蒂芬·凯恩（Stephen Kern）：《时空的文化，1880—1918 年》，剑桥，1983 年（*The Culture of Time and Space, 1880-1918*, Cambridge, MA 1983），第 109—130 页；贝利：《现代世界的诞生》，第 564—609 页。

明显，甚至它们对内和对外的认知也会越来越不同？对于这些经验主义的问题还没有达成共识，意味着当一个理论性较弱的概念应用于吃不准的历史资料时会有多大的困难。世界史学家和全球史学家要紧密追踪全球化研究的最新动态——它在理想状态下是对我们这个时代的一种深刻分析。但是，我们也要注意，不要被它牵着鼻子走。

七点结论

我们对于这样的看法已经习惯了，即"全球化"是可供召唤的最后的［操控］命运之力。媒体每天都在这么宣传。当政治家要夸大他们的申明或给他们的呼吁增加分量时，他们一般不会回避全球化这个术语。例如，默克尔总理以一种特有的方式回应了一次危机，她从中看到了"全球化积极影响的反面"，并呼吁勇挑"全球化时代历史性考验的重担"。① 作为国家公民和学者的我们，不必为这类［政治家的］演讲套话所束缚。我们有权利从人为给事物所增添的神秘化中挣脱出来，批判性地往后退一步。与"历史"、进化、上帝、现代化、技术进步和阶级斗争等概念一样，"全球化"也属于这类幕后的操纵力量。

39   基于历史学家现实的关怀，而不是为了理论本身，我总结以下七点作为结论：

（1）只要单数的"全球化"这个术语暗示世界上的事物会愈加互

---

① 默克尔总理在 2016 年 7 月 26 日就南德所发生一系列恐怖袭击的讲话，网络链接：http://www.bundesregierung.de/Content/DE/Mitschrift/Presskonferenz/2016/07/2016-07-28-bpk-merkel.html.

联、在交互影响上会愈加强烈，那它就依然是一种老生常谈，一种修辞性的空洞形式。只有当弄清楚了这些互联和交互影响是如何运作的，以及它们是在什么条件下兴起或缺席的，这个概念才能言之有物。[1]

（2）对上述问题的认知，只能通过不同的局部领域内具体的全球化进程来获得。因此，有数量众多的局部全球化（复数），当然它的数量也有上限。例如，今天几乎每一个市场都是适应全球化的，但不是所有的市场都真正将自身全球化的。同样，对于宗教、语言、体育和文化产品（例如流行音乐、电影等）而言，也是如此。

（3）局部全球化不是平行发生的，也不是同时发生的。在一定程度上，它们遵循着自身的"逻辑"。我们首先应该看到它们是彼此隔断的，然后再追问它们之间的关系。举一个众所周知的例子，与僵化的自由主义学说相违背的是，竞争性资本主义在经济运行中的全球化，要比政治性竞争模式（即代议制民主，它号称是竞争性资本主义所导致的）成功得多。

（4）学界讨论得热火朝天的问题"全球化始于何时"，不仅幼稚，而且是浪费时间。[2] 人们把全球化这个概念定义得越有普遍性、越没有门槛，那么它在逻辑上的参考范围就越广，以及符合这一定义的历史现象也就越丰富。在早期历史阶段，涉及所谓的"全球化"，主要指的是一种相对稳定的扩张进程——首先是远程贸易空间（例

---

[1] 弗里德里克·库伯（Frederick Cooper）：《思考殖民主义：批判性视角下的概念和理论》，法兰克福，2012 年（*Kolonialismus denken. Konzepte und Theorien in kritischer Perspektive*, Frankfurt a.M./ New York 2012），第 160—193 页，由莱因哈特·克斯勒（Reinhart Kößler）、罗兰·舒克内希特（Rohland Schuknecht）从英语译成德语。

[2] 埃里克·凡豪特（Eric Vanhaute）：《世界历史导论》，伦敦 / 纽约，2013 年（*World History: An Introduction*, London/New York 2013），第 125—132 页。

如丝绸之路）和军事化帝国的建立。将这种全球化客观地称为"古代的［全球化］"，是没什么不妥的。[1]

（5）在几百年甚至几千年的历史过程中所发生的，不是一种全球 40 层面（类似"人类之网"的模式）的持续一体化的全体进程。有所变化的是，局部全球化发生的前提条件。具有全球化资格的历史进程，在数量上不断增加。在这一系统化之处，技术发展的因素（尤其是交通和通信技术）具有重要意义。不过，它还不是（曾经不是、现在也不是）全球化的最深层的唯一源泉，但技术性知识及其应用仍然是［全球化潜力］最重要的决定因素 —— 这份潜力可用可不用。

（6）全球化的分期问题研究进展缓慢，且没有取得实质性的结果。不同阶段之间粗略的差异，没有什么用处。作为一种全球化的历时性次序，可分成不同的类型，也就是时间轴的复数形式。1500年以后（实际上贯穿整个16世纪）的转折具有重要意义。全球性功能体系的前提条件，首先是通过交通工具把世界上各个定居点连接起来。该体系一般具有"流通"的特征，此"流通"对于占支配地位的"扩张"而言是一种补充性超越。这类早期的功能体系，可以是自16世纪晚期以来就已经出现的货物—贵金属循环，也可以是同一时期兴起的耶稣会士的全球性通信机制。第二波全球化浪潮最晚是在19世纪中期出现的，第三波在1980年代和1990年代。要想对其进行精准的分期，是不可能的。即便是对于在年份上可精准定位的技术革新

---

[1] 考虑到"扩张的尺度"没有结构性深化和加固，也有人称之为"薄全球化"。例如彼得·勃姆盖尔德（Peter Boomgaard）、马基林·恩特哈特（Marjolein't Hart）：《全球化、环境变迁和社会史导论》（Globalization, Environmental Change, and Social History: An Introduction），载《国际社会史评论》（*International Review of Social History*）2010年第55期，增刊，第1—26页，引文出自第3页。

而言，让人感兴趣的也不是发明的日期，而是（只能说是大致）该技术在社会上引起广泛传播和应用的时间节点。最可靠的参照标准，是让［全球化］有机会发生的助推力。

（7）一般来说，对于不同地区和不同时段，有三点主要假设都是适用的：（a）一部分全球化不是故意为之的结果，一部分是被期望发生的。在一段差异化的光谱中，总是有积极的和消极的方面，即全球化的和被全球化的方面。经济全球化不仅来源于市场的自然影响力，至今它仍受政府、银行和大企业的操控。同样，科学知识的全球化也是有政治色彩的。[①] 不是在所有情况下，全球化的策略都奏效（总会有意外和意想不到的副作用），但是我们至少应该追问［它是否奏效了］。（b）通过扩张、流通和整合等模式兴起的空间视阈结构从来都不是平等的，总是与一种等级制联系在一起。因此，复数的全球化是三维的、不对称的。（c）除了成功的全球化之外，还有一些其他情况，例如失败的全球化、去全球化、或缓或急的"全球性缺失"。[②]

41

[①] 参考杨锐、安东尼·韦尔奇（Anthony Welch）：《中国的世界级大学？——以清华大学为例》（A World-class University in China? The Case of Tsinghua），载《高等教育》（*Higher Education*）2012 年第 63 期，第 645—666 页。

[②] 对此，美国经济史学家哈罗德·詹姆斯（Harold James）总是强调，例如《价值的创造与破坏：全球化的循环》，剑桥／伦敦，2009 年（*The Creation and Destruction of Value: The Globalization Cycle*, Cambridge, MA/London 2009）。

全球化的实现

—— 对当下世界的若干构想 *

　　没有哪个概念像"全球化"那样，用很短的时间就在社会科学和文化科学内部同时获得了如此大的吸引力。"全球化"这个概念在二十年内所实现的成就，另一个可资比较的范畴——"现代性"要用两百年的时间才能做到。"全球化"空降到学术界和传媒界（在两个领域内都引起了轰动），是在 20 世纪 90 年代中期。此后，它便被无限地用于书写广袤地域范围内互动和组织所构建的不同现象，于是，不同学科的学者被聚拢在同一概念的屋檐之下。两大数据库收入的以"全球化"为题的英语刊物文章从 1990 年的 16 篇，猛增到 2009 年的 1682 篇。① 截至 2014 年 8 月，华盛顿国会图书馆馆藏目录中有

....

* 原文发表在《观念史杂志》（*Zeitschrift für Ideengeschichte*）第 9 卷第 1 期，2015 年春季卷，第 5—16 页。收入本书时略有补充。　译按：中文学术界一般把英语中的 history of ideas 译成"观念史"，intellectual history 译成"思想史"。后者的研究范畴除了观念之外，还有观念的载体，即思想家。近年来国际学界刮起一股 global intellectual history 的风潮，中国学者称之为"全球思想史"。与之相关的，在德语中有 Ideengeschichte。虽然德语的 Idee 与英语的 idea 同源，但是德语中并没有 intellectual history 的对应词，也就是说 Ideengeschichte 既可译成"观念史"，也可译成"思想史"。本文中作者多次提到的 globale Ideengeschichte，我们遵从国内通行的译法，译成"全球思想史"，而不是"全球观念史"。但是我们不一刀切，在个别地方还是灵活处理，例如《观念史杂志》，并没有译成《思想史杂志》。

① 刘行健、洪松、刘耀林：《近二十年来（1990—2009 年）全球化研究的文献计量分析》（A Bibliometric Analysis of 20 Years of Globalization Research, 1990-2009），载《复数的全球化》（*Globalizations*）2012 年第 9 卷第 2 期，第 199 页。其他的数据，参考保罗·詹姆斯（Paul James）、曼弗雷德·斯泰格（Manfred B. Steger）：《全球化的谱系》（The Genealogy of «Globalization»: The Career

9500 册出版于 2000 年至 2013 年间的英文书，标题中含有 "全球化" 一词。如果把其他语种的书，例如法语的 *la mondialisation* 或汉语的 "全球化"，以及带有 "全球" 字眼的书也算进来，那么这个数字还要更大。还有德语中的名词词组 "全球史"（Globalgeschichte），更不用说具有 "全球" 引申语义的 "世界"（Welt）了。

　　如果本文徒劳无益地以关乎全球化的某个新观点来开篇，那就成了一个 "老梗" 了，就好似向 "全球化" 这个词的汪洋大海中洒入几滴雨露那般无济于事。人们很快陷入一种 "沉默的螺旋"（译按：沉默的螺旋 [德语 Schweigespirale/ 英语 Spiral of Silence] 是伊丽莎白·诺尔-纽曼 [Elisabeth Noelle-Neumann] 于 1974 年提出的一个政治学和大众传播理论：如果人们觉得自己的观点是公众中的少数派，那么他们将不愿意表达自己的看法；而如果他们觉得自己的看法与多数人一致，那么他们会勇敢地说出来。媒体通常会关注多数派的观点，轻视少数派的观点。于是，少数派的声音越来越小，多数派的声音越来越大，形成一种螺旋式上升的模式）——真正新颖的思想、在理论上有原创性的好东西，有被埋没的风险。同时，出版物如此之泛滥，以至于即便是在某个学科内部（在图书编目上明确界定的经济学、地理学、社会学之类），也没有人能够做到穷尽所有资料，以便归置、筛选和归纳。没有人能摆脱具有传染性的全球主义。

43

of a Concept），载《复数的全球化》2014 年第 11 期，第 417—434 页，尤其是第 419 页（此文的价值稍低）。比较全面的研究是欧拉夫·巴赫（Olaf Bach）：《全球化的发明：一个当代史基本概念的起源与变迁》，法兰克福 / 纽约，2013 年（*Die Erfindung der Globalisierung, Entstehung und Wandel eines zeitgeschichtlichen Grundbegriffs*, Frankfurt a.M./New York 2013），他也追问了公共舆论中的全球化话语。

草创期的 90 年代

　　鉴于近年全球化研究之繁荣，它在草创期的黯淡经历不免让人诧异。20 世纪 90 年代，"全球"被发现（还不是完全新的"发明"），但它是从少数学者对世界互联的边缘兴趣，跃升为越来越多学科内根本性核心议题的。彼时，有三大时代趋势汇合，激发科学家们对传统上被视为理所当然的事情提出质疑，分别是：（1）随着资本主义和社会主义制度竞争的终结而来的全球边界消除；（2）因特网以史无前例的网络化经验闯入全球学者的日常实践中来；（3）世界上最大的人群共同体（中国）向一种现代表型靠拢 —— 至少表面上是如此，似乎要从一个西方的现代最终走向一个全球的现代。[①]

　　这一全新的世界形势，也促使一些有识之士去探索新的思想路径。几乎迄今为止所有权威的全球化理论，都是兴起于世纪交替之前。从那以后，有大量的作品问世。它们都是基于草创阶段思想家们的观点，从安东尼·吉登斯（Anthony Giddens），到乌尔里希·贝克（Ulrich Beck），再到大卫·哈维（David Harvey），从曼纽尔·卡斯特（Manuel Castells）到阿尔君·阿帕杜莱（Arjun Appadurai）。[②] 政

[①]　这是艾森斯塔特等"多元现代性"的理论家所持的观点。参考托马斯·施文（Thomas Schwinn）：《多元现代性：竞争性观点和开放式问题：建构主义视角下的文献综述》（Multiple Modernities. Konkurrierende Thesen und offene Fragen. Ein Literatur-bericht in konstruktiver Absicht），载《社会学杂志》（*Zeitschrift für Soziologie*）2009 年第 38 卷第 6 期，第 454—476 页。

[②]　大卫·赫尔德（David Held）、安东尼·麦格鲁（Anthony McGrew）：《全球化理论：路径和争议》，剑桥，2007 年（*Globalization Theory: Approaches and Controversies*, Cambridge 2007），第 6 页；伍尔夫·恩格尔（Ulf Engel）、马蒂亚斯·米德尔（Matthias Middell）主编：《全球化理论家》，莱比锡，2010 年（*Theoretiker der Globalisierung*, Leipzig 2010）；安德鲁·琼斯（Andrew Jones）：《全球化的关键理论家》，剑桥 / 莫尔登，2010 年（*Globalization. Key Thinkers*, Cambridge/ Malden, MA

治评价的基本立场，也是在那个时候奠定的：既有对所谓无界市场自由化的新自由主义式憧憬，也有一种反全球化运动——它的底色很少是民族国家，更多的是那些试图为"地方"的秉性和韧性作辩护的弱势群体，而这种"地方"的秉性和韧性却是遭到了滥用的版本。

数量惊人的学术成果，很快脱离了这个新概念提出时的原始语境。世纪交替之前的草创时代，一去不再复返。现实世界中的风云变幻，并不总是能被那些具有 90 年代印迹的洞察所敏锐捕捉到。原来的理论变得教条、僵化，极尽就事论事、就题论题之能事。这引起了学术的"壁垒"，它们变得专门化和专业化。我们没有必要对这种"自我指涉"的内部动因感到惊讶。这就是科学发展和进步的表现。［此时，全球化］还远谈不上"流行"。

［后来，］全球化研究路径之所以大获成功，在不同的学科内可以找到各自特定的原因。最简单的是社会学，从一开始就得到强调的"现代性"概念，可以轻松地与"全球性"这个新词匹配。至少宏观社会学和文化社会学，至今仍然是全球现代性的一种阐释。经济学比其他任何一门学科都要更深入地与空间和时间的"压缩"，甚至是"消除"打交道。市场模式在形式上的非地域性，很容易投射到广袤的语境之中。地理学作为研究整个地球的世界性学问，从一开始就比其他学科更适应诸如世界范围内的城市化、人群迁徙和交通发展等议

44

2010）；《复数全球化》杂志第 11 卷第 4 期（2014 年 7 月）登载了不少著名全球化理论家的访谈。至今最好的教科书是 20 世纪末出版的，关于全球化的概念在定型阶段的相关研究综述，参考大卫·赫尔德（David Held）等：《全球转型：政治、经济和文化》，剑桥，1999 年（*Global Transformations. Politics, Economics and Culture*, Cambridge 1999）。有四种明显不同的理论方向，参考莱斯利·斯卡莱尔（Leslie Sklair）：《有关全球化的若干竞争性概念》（Competing Conceptions of Globalization），载《世界体系研究杂志》（*Journal of World-Systems Research*）1999 年第 5 期，第 143—192 页。

题。政治学具有超越民族国家进行比较的传统 —— 目前仍然更多的
是一种可期的规范，而不是停留在纸上的观念 —— 它发现"全球治
理"是一个综合的议题，把国际关系、内部政治制度分析和政治学理
论都囊括了进去。

全球化实现的不同路径

　　不管怎么说，全球化的凯歌还在继续吹奏，至于能持续到什么时
候，没人说得准。从 20 世纪 90 年代乐观主义风气中孕育出来的某些
美美与共的全球趋同理论，在政治和经济现实面前破灭了。在 21 世
45　纪第二个十年，对以下的憧憬反而没有 2000 年时那么有把握了：人
类将会在一个平等的后帝国甚至是后民族国家的"全球时代"内，就
大家共同面临的生存问题，通过和平的"协商"（这是在满怀憧憬的
岁月里一个很受欢迎的词）进行解决。在不同的学科内，批判性的需
求犹在耳畔，对于主张全球视野的人来说，更没有理由对怀疑者的异
议不屑一顾，幻想自己已是范式转换的赢家。总有一些学科，一如既
往地较少受全球化的影响。

　　某些人认为存在一种在不同地区以不同深度和速度进行的全球化
实现 —— 在另一层面上，它被认为是全球化的真实进程。全球化可
以被理解成：跨越边界的认知视角在既有话语背景中的侵入和接管。
人们从"全球的"这个形容词或德语里的前缀"世界的"较常见的用
法中，一眼就能看出这种趋势。在文学中，再次兴起了对"世界文
学"的兴趣；对于音乐学而言，"世界音乐"不再是唱片店里的一架
[CD] 那么简单了；在经济史中，对曾经一度沉寂的"世界经济"的

着迷再度被唤起；观念史学者开始讨论"全球思想史"的可能性。

　　全球化的实现不应该与一种戏剧性的"全球转向"等同。全球化的实现是渐进的、不可阻挡的，而且在开始阶段提出的问题要比解决的问题多。在一般情况下，它不会排斥或替代学术界既有的热点问题。因此，在全球史和民族国家史之间不会爆发紧张兮兮的保守主义者所担忧的你死我活的竞争。

　　在不同学科的实践中，全球化的实现不可避免地意味着不同的东西。对于欧洲的绝大多数民族国家史行当里的学者来说——北美和澳洲已经不再如此了，要让他们承认非欧洲"他者"的历史具有同等重要性，或者不让他们把欧洲以外的历史交给一小撮专家去鼓捣，始终是一份挑战。与此相反，民族学/人类学从一开始就是关于以"陌生"规则运作的其他社会的学问。民族学学科实现全球化，意味着超越地方个案研究中的特殊性。[①] 在东方学中，全球化的实现则意味着识破自身"例外主义"的神话，并让文化中心的边缘获得应有的地位。一门实现了全球化的汉学，应该是对海外的华人流散群体也感兴趣——这是传统汉学所忽视的课题。

　　很少专业，或者说只有部分学科，在今天已经实现了全球化，而古典的人文学科则绝对还没有。全球视野在众多上述学科中只是程式化地被接受，或者是作为研究方法上的参与者，却不能在那些积累较深的学问中挑大梁。[②] 因此，现在讨论它们究竟是支持还是反对全球

46

----

① 　古斯塔沃·林思·里贝罗（Gustavo Lins Ribeiro）、阿尔图罗·埃斯科巴尔（Arturo Escobar）主编：《世界人类学：在权力体系下的学科变迁》，牛津/纽约，2006 年（*World Anthropologies. Disciplinary Transformations within Systems of Power*, Oxford/New York 2006）。

② 　参考 S. 康拉德（Sebastian Conrad）：《全球史导论》，慕尼黑，2013 年（*Globalgeschichte. Eine Einführung*, München 2013）。译按：商务印书馆 2018 年已出版此书译本。

化的议题，或者全球化究竟能否成为主流这些根本性问题，还为时过早。同样不能给人以启发的，还有针对全球定位之合理方式的争论。所以，[暂时还]没有必要从全球化的众多研究路径中决定出哪一种能在当下"全球思想史"（globale Ideengeschichte，与英语中的 global intellectual history 并不完全是一回事）所涉及的议题中找到[合适的]位置。全球思想史的研究议题包括：流动的概念及其语义上的差异和相似的历史、翻译的历史、各种普世主义[宗教]以及它们彼此之间关系的历史、[西方]经典作家在陌生语境中的影响和接受的历史、知识分子和学者以及他们之间交际方式的历史、在世界上广泛分布的媒体的历史、跨国知识生产机制的历史。[①]

叙事方式

　　虽然全球化只在部分学科内取得了压倒性的实现，但是全球化问题意识的开启具有显著的影响。首先，叙事方式的"节目单"改
47 变了。全球史的叙事换了表演舞台。它不能再承受亚里士多德式的时

　　① 这里提到的许多理论，但不是全部，都在以下这本书中讨论过了。塞缪尔·莫因（Samuel Moyn）、安德鲁·萨托利（Andrew Sartori）主编：《全球思想史》，纽约，2013 年（*Global Intellectual History*, New York 2013）。重要的参考书还有哈根·舒尔茨-福尔贝格（Hagen Schulz-Forberg）主编：《亚洲的全球概念史：1860—1940 年》，伦敦/布鲁克菲尔德，2014 年（*A Global Conceptual History of Asia, 1860-1940*, London/Brookfield, VT 2014）。同时参考玛格丽特·佩尔瑙（Margrit Pernau）、夏德明（Dominic Sachsenmaier）主编：《全球概念史读本》，伦敦/纽约，2016 年（*Global Conceptual History: A Reader*, London/New York 2016）。属于这个语境的，还有对"世界哲学"的研究，例如杰·加菲尔德（Jay L. Garfield）、威廉·艾德格拉斯（William Edelglass）主编：《牛津世界哲学手册》，牛津，2011 年（*The Oxford Handbook of World Philosophy*, Oxford 2011）；艾尔玛·霍伦施泰因（Elmar Holenstein）：《哲学地图：思想的地点和路径》，第 2 版，苏黎世，2004 年（*Philosophie-Atlas. Orte und Wege des Denkens*, 2. Aufl. Zürich 2004）。

间、空间和行为的统一了。全球史的叙事模式是开放的、断裂的。差异是全球史叙事的出发点，不是只有在分析过程中才有。在能够被放置于某种互联关系中之前，地点必须要标记清楚。因此，中心和边缘在形式上的相对关系可以很有用处，精神领域的空间构造以及它们在地图绘制上的反映，例如多中心的中世纪伊斯兰世界，或者欧洲的历史书写。①

如果要把思想史上的各种思潮编织起来，那么首先要明确编织对象的独特性。能把多种文明彼此联结在一起的大弓一旦撑开，那么传统的编年和分期就没有什么用了。正如杰克·古迪（Jack Goody）所言，在不同历史时期有不同的文艺复兴，而不是只有唯一的在时间上定死的那个意大利文艺复兴。② 如果不能确定具体的、与自身雷同的历史进程，就会引出同时性的问题 —— 所谓同时性，是指发展不同步的社会在同一时间切面上的比较 —— 但这些问题还没有得到妥善解决。在一个公认的文明框架内，某处前后对比显著的地方，时或会出现一种能够概括跨文化演进动力的抽象［的概念］建构，这一点在"轴心时代"的理论中体现得最为彻底。③ 思想史上其他的"时代"

---

① 例如伊拉利亚·普西阿尼（Ilaria Porciani）、卢茨·拉斐尔（Lutz Raphael）主编：《1800—2005 年欧洲历史书写的地图：一种专业的形成》，贝辛斯托克，2010 年（*Atlas of European Historiography. The Making of a Profession, 1800-2005*, Basingstoke 2010）；历史书写史中全球化的实现，参考丹尼尔·沃尔夫（Daniel R. Woolf）：《历史的全球史》，剑桥，2011 年（*A Global History of History*, Cambridge 2011）；丹尼尔·沃尔夫主编：《牛津历史书写史》，五卷本，牛津，2011—2012 年（*The Oxford History of Historical Writing*, Oxford, 2011-2012）。

② 杰克·古迪（Jack Goody）：《文艺复兴：一个还是多个？》，剑桥，2010 年（*Renaissances: The One or the Many?*, Cambridge 2010）。

③ 罗伯特·贝拉（Robert N. Bellah）：《人类进化中的宗教：从旧石器时代到轴心时代》，马萨诸塞州剑桥／伦敦，2011 年（*Religion in Human Evolution. From the Paleolithic to the Axial Age*, Cambridge, MA / London 2011）。

建构，迄今为止还是问题多多。例如，在经济史、环境史或政治史中
已经开始接受一个全球化近代早期的概念了，但是它在当下的思想史
领域内还很难站住脚。① 只有不固定的，但有讨论价值的、有说服力
的相似性和相当性才是有益的，例如把中国的哲学家和官员王阳明与
同时代的马丁·路德作比较 —— 他们二人都是叛逆者，都是有人格
魅力的学者，都是个体内心世界的发现者，或者把清代极权主义的反
对者黄宗羲与孟德斯鸠作比较。② 至于在伊斯兰文化空间内是否存在
48　一种真正的启蒙运动，还存在比较大的争议。③

① 就近代早期写一部通史的尝试，见沃夫冈·莱因哈德（Wolfgang Reinhard）：《1350—1750 年
的世界帝国与世界海洋》，慕尼黑，2014 年（ *Weltreiche und Weltmeere 1350-1750*, München 2014 ）。
同时参考克里斯蒂安·杰塞尔（Christian Jaser）、乌特·罗茨-豪伊曼（Ute Lotz-Heumann）、马
蒂亚斯·普利希（Matthias Pohlig）主编：《古代欧洲—近代早期—现代：1200—1800 年欧洲历
史的分期和动因》，柏林，2012 年（ *Alteuropa-Vormoderne-Neue Zeit. Epochen und Dynamiken der
europäischen Geschichte (1200-1800)*, Berlin 2012 ）。以及于尔根·奥斯特哈默：《亚洲：欧亚语境中
的历史》（ Asien: Geschichte in eurasischen Zusammenhang ），载《奥尔登堡近代早期历史教科书》，
慕尼黑，2000 年（ *Oldenburg Geschichte-Lehrbuch Frühe Neuzeit*, München 2000 ），第 429—444 页。
② 濮培德（Peter C. Perdue）：《欧亚大陆的帝国与边疆》（ Imperien und Grenzregionen in
Kontinentaleurasien ），载沃夫冈·莱因哈德：《1350—1750 年的世界帝国与世界海洋》（ *Weltreiche
und Weltmeere* ），第 53—218 页，这里涉及的是第 70、91 页。
③ 该讨论的关键性文本是莱因哈德·舒尔茨（Reinhard Schulze）：《什么是伊斯兰启蒙？》（ Was
ist die islamische Aufklärung? ），载《伊斯兰世界》（ *Die Welt des Islams* ）1996 年第 36 卷第 3 期，
第 276—325 页。关于启蒙的全球性，参考沃夫冈·哈特维希（Wolfgang Hardtwig）主编：《启蒙
及其世界影响》，哥廷根，2010 年（ *Die Aufklärung und ihre Weltwirkung*, Göttingen 2010 ）；S. 康拉
德（Sebastian Conrad）：《全球史中的启蒙：一项历史学批判》（ Enlightenment in Global History. A
Historiographical Critique ），载《美国历史评论》（ *American Historical Review* ）2012 年第 117 卷第 4
期，第 999—1027 页。马丁·穆尔索夫（Martin Mulsow）：《战区的扩大：启蒙的全球化及其边界》
（ Ausweitung der Kampfzone. Die Globalisierung der Aufklärung und ihre Grenzen ），载《观念史杂志》
（ *Zeitschrift für Ideengeschichte* ）2014 年第 8 卷第 1 期，春季卷，第 101—104 页。

六种构想

人们往往用全球史来处理更广泛的社会影响。虽然具有程式性特点的研究文献在迅速增长，但全球史还只是在个别方向上打牢了理论基础。[①] 全球史家有充分的理由，站在社会科学的全球化理论的特定立场上，并简单地套用这一理论。即便是世界体系理论，历史学家群体中也很少有人再把它当作"可远观而不可亵玩焉"的了。后殖民主义 —— 人们总归更多地将其当作视角和修辞，而不是表述清楚的理论构建 —— 随着时间的流逝逐渐失去了影响。[②] 全球史还与一套引人注目的术语捆绑在一起，在这套术语的应用中人们看到了全球化实现的征候。最典型的是一串基本的概念，例如流通、畅通、杂交、互联、流散，等等。它们之间以松散的亲缘关系彼此依存，以至于它们构筑了一套精心组装的理论架构。今天的全球主义，尤其是在历史学领域内，不能再像以前比勒菲尔德"历史社会学派"那样生搬硬套理论了，但也不满足于文化科学大师们浮想联翩和偶有所获的灵光一现。全球史在不同学科之间摇摆，人们可以将其描述成一种低配的但并非不合格的理论主张的思路 —— 该思路将一种早期的

① 最新的研究，参考 S. 康拉德：《全球史导论》；道格拉斯·诺尔特罗普（Douglas Northrop）主编：《世界历史指南》，马萨诸塞州莫尔登／牛津／奇切斯特，2012 年（*A Companion to World History*, Malden, MA/Oxford/Chichester 2012）。迪亚哥·奥尔施泰因（Diego Olstein）：《全球性地思考历史》，贝辛斯托克，2015 年（*Thinking History Globally*, Basingstoke 2015）。

② 由于后殖民主义没有回避争论，所以它承受了许多批评，参考让-弗朗索瓦·巴亚尔特（Jean-François Bayart）：《后殖民主义研究：一场学术狂欢》，巴黎，2010 年（*Les études postcoloniales, un carnaval académique*, Paris 2010）。

思想大同主义变成了主体间性的合乎科学的方法。[①]（译按："主体间性"[Intersubjektivität]，是两位或多位个体分享情感、注意力和情感的主观状态。）

这一思路所表现出来的形式是若干构想，任何一种全球史（包括全球思想史和全球思想家的历史）都与它们相关。其中只有少数构想是非常普世化和绝对化的——这些正是人们对世界史的研究方法所期待的。物种史上的意识发展的层次模式，有点不合时宜了，即便它们似乎要回归到有关体质人类学的讨论。这种在经验上受挫的模式，其最后一个论点是，现代性的必然后果是世俗化，即把宗教简化成为无关紧要的消遣。

第一，扩张。新兴的全球史在很大程度上是从帝国和经济扩张史中发展而来的，对此没有必要惊讶。全球史的某些代表人物在最初是作为殖民史和帝国史专家而享有名声的。"扩张"依然是全球史有牢固基础的构想。有人提议，在古代近东和地中海的古典时期就已经有全球化了，主要是考虑到早期殖民和帝国构造的扩张过程——它们是从诸多城市的中心往外扩散的。[②] 还有观念的迁移，也可以视为从可识别的起源地向外的传播，例如：来自埃及的一神教、来自苏格兰和法兰西的政治经济学、来自印度的后殖民主义（早期的形式是"底层研究"）。传播的模式可以是非常多样化的，例如渗透、布道、有

----

① 关于全球史的概念问题，参考于尔根·奥斯特哈默：《全球史与历史社会学》（Global History and Historical Sociology），载詹姆斯·贝利希（James Belich）等主编：《全球史的前景》，牛津，2016 年（*The Prospects of Global History*, Oxford, 2016），第 23—43 页。

② 参考贾斯汀·珍宁斯（Justin Jennings）：《全球化与古代世界》，剑桥，2014 年（*Globalizations and the Ancient World*, Cambridge 2014）。

计划的输入。始终有一股横跨空间和跨越边界的隐性推动力。

第二，流通。这一股分散的推动力，得以汇入和疏浚到"流通"的构想之下。"流通"是按照封闭循环运动的模板来思考的，例如人体血液的流通，或者国家经济中货币的流通。流通不像扩张那么无序，它可以被控制，有时也需要来自外部的障碍干扰——它会延缓或阻塞"流"。任何一种流通都会受到栓塞的威胁。全球史家和全球化理论家们所钟爱的可控之"流"的启发性语义和生动性，很容易忽视以下问题：流体与稳定结构（让"流"成为可能）之间的隐性关系；"能动性"不能简单地与一种水的隐喻联系在一起；减慢、迟缓、渗透、"死"水等没有得到重视。[1] 当人们提到"思想的流通"时，究竟指的是什么？一些早期的、在今天看来已经上了铜绿的范畴，例 50
如"移植""接受"，从某种角度来看更有区分度。

第三，网络化。"流通"一定是以某种"渠道网络"为前提的。于是，在"网络化"的构想中表现出了另一幅景象。[2] 上文提到流通的前提条件是始终有某种东西处于动态之中，而网络［的前提是］要

---

[1]　参考斯图亚特·亚历山大·洛克菲勒（Stuart Alexander Rockefeller）：《流》（Flow），载《当代人类学》（*Current Anthropology*）2011 年第 52 卷第 4 期，第 557—578 页。关于知识史和思想史领域内"循环"的概念，参考苏嘉塔·柏瑟（Sugata Bose）、克里斯·曼贾普拉（Kris Manjapra）：《世界主义的思想区块：南亚与思想的全球流通》，贝辛斯托克，2010 年（*Cosmopolitan Thought Zones: South Asia and the Global Circulation of Ideas*, Basingstoke 2010）。

[2]　参考《观念史杂志》（*Zeitschrift für Ideengeschichte*）2013 年第 7 卷第 4 期，冬季卷。引入社会理论背景的研究，参考延斯·贝克特（Jens Beckert）：《社会学的网络分析》（Soziologische Netzwerkanalyse），载狄克·凯斯勒（Dirk Käsler）主编：《社会学的最新理论：从艾森斯塔特到后现代》，慕尼黑，2005 年（*Aktuelle Theorien der Soziologie. Von Shmuel N. Eisenstadt bis zur Postmoderne*, München 2005），第 286—312 页。鲍里斯·霍尔泽尔（Boris Holzer）：《网络》第 2 版，比勒菲尔德，2010 年（*Netzwerke*, 2. Aufl., Bielefeld 2010）。

保持着虚拟的状态。它承载着时间和空间上的不连续性，譬如学者之间的联系网络可能会中断，但是一封电子邮件或一次碰面又可以使其恢复起来。在空间上，网络通过三组差异得以精心构建成"流循环"，分别是：联系与阻隔、中心与边缘（即具有不同处理能力的节点）、更大波及面的高阶网络与地方网络。网络是所有全球构想中在分析上最有启发性的一个，因为通过网络背景的制度性强化，可以带来更加稳定的体系构造。通过网络互联这个可传递的概念，有目的性的贸易被包含在内。换句话说，没有网络搭建者，就没有网络。

第四，稠密化。"扩张"和不少种类"网络化"（在边疆式的外缘上把外部的事物吸纳甚至是吞并进来）的开放性，在全球化的构想中是与"稠密化"相对的。全球化既可以理解成向外的深化，也可以理解成向内的深化。这两种趋势之间的关系，至今鲜有反思。举例来说，"稠密化"意味着一个有限世界内［参与］成分以及它们之间关系的多元化、距离的缩短、互动节奏的加快和频率的加高、因果链的压缩。上述趋势在全球化的狂热者眼中，是在迈向"一个大同世界"，更意味着资源和生活机遇的增长，但是在全球化的批评者眼中，则被诋毁成痴人说梦。"稠密化"是相对比较容易描述的。比较难的是对稠密化后果的理解：当跨民族国家和跨文化的人群想彼此了解时，将意味着什么？将知识与理性视为携手并进的线性启蒙叙事，跟"东方主义"式的诊断一样，是没有说服力的。[①]

第五，标准化和普世化。标准化和普世化是全球性目的论的基

---

① 关于这些不同观点以及它们之间的争议，参考丹尼尔·凯瑞（Daniel Carey）、林恩·菲斯塔（Lynn Festa）主编：《后殖民主义启蒙：18世纪的殖民主义和殖民主义理论》，牛津，2009年（*The Postcolonial Enlightenment: Eighteenth-century Colonialism and Postcolonial Theory*, Oxford 2009）。

本构想（不过，当下流行的以这种目的论思维所进行的透视，都需要新的哲学检验）。这里所涉及的，很少是一种单纯的趋同假设——作为信息技术和全球资本主义的后果，世界上［事物之间］的彼此关系在某种程度上会变得愈加相似。它更多的是涉及以下三个方面：（一）世界性社会规范的形成，尤其是今天讨论热烈的人权；（二）大型宗教在"规范"上的互相适应，它们从各自的文化土壤中剥离开来，克服所有教规上的差异，在全球信仰市场上作为彼此竞争的［信仰上的］可供选项；[①]（三）技术—经济协作体系的兴起，例如一种统一的世界时间或者一套统一的国际货币。[②] 还有，竞争机制的普世化也属于此，从体育上的世界纪录到上海交通大学发布的世界大学排名。[③]"实现统一标准"的构想，显然没有把趋同假设考虑在内，它不是以单一个体在本质上向某一共同前进目标进行着改变（譬如，朝鲜人拿一块奥运金牌和挪威人拿一块奥运金牌，在合理性上是一样的）为前提的。全球维度的参照性（译按：德语 Referenzraum，可译作"参照空间"或"参照视阈"，这里借鉴德语 Spielraum［直译"活动空间"，汉语一般译作"能动性"］的译法，译成"参照性"，意思是它

----

① 奥利维尔·罗伊（Olivier Roy）：《神圣的纯朴：关于无根宗教的政治危机》，柏林，2011 年（*Heilige Einfalt. Über die politischen Gefahren entwurzelter Religionen*, Berlin 2011），由乌尔塞尔·谢弗（Ursel Schäfer）从法语译成德语。这种彼此适应，使得更换宗教的行为（不像改宗那么具有精神压力）变得很随意。

② 一项典范的研究是梵尼萨·欧格乐（Vanessa Ogle）：《时间的转型：1870—1950 年》，马萨诸塞州剑桥 / 伦敦，2015 年（*The Global Transformation of Time, 1870-1950*, Cambridge, MA/London 2015）。

③ 参考贝婷娜·海因茨（Bettina Heintz）、托比亚斯·维伦（Tobias Werron）：《全球化如何成为可能？全球性比较视阈的起源——以科学和体育为例》（Wie ist Globalisierung möglich? Zur Entstehung globaler Vergleichshorizonte am Beispiel von Wissenschaft und Sport），载《科隆社会学和社会心理学杂志》（*Kölner Zeitschrift für Soziologie und Sozialpsychologie*）2011 年第 63 卷第 3 期，第 359—394 页。

所能参照比较的范围），在某种层面上是自主选择的。这一点适用于
科学性的文化中立的做法——它直到二战以后才在包括自然科学在内
的领域中得到贯彻实行：世界上所有国家都［自主性］使用着"德国
式"的注释方式。① 思想史有这样的参照性吗？最有可能作为文学（世
界文学）的、哲学的，甚至是文本的经典，它们的定义通过联合国教
科文组织于 1992 年创制的"世界记忆工程"，获得了官方的认可。

第六，如果人们认为全球史在兴起之初所提出的批判性倡议是
52 严肃的话，那么全球史就不应简化成一部趋于一体化的当下的"创
世记"。否则，全球范围内缺乏张力的裹挟和压缩——越来越多的人
与彼此打交道——将会成为令人不安的碎片化框架叙事。② 因此，从
1970 年代提出的依附理论和世界体系理论中引出的构想——空间上
权力（即镇压与反抗）分布的不对称，仍然是很重要的。民族国家内
部的社会不公，对应于国际层面上［国与国之间］的富裕与贫穷、强
大与弱小的落差。与某些全球化理论家所期待的不同，世界地缘政治
格局并没有变得简单化与和谐化，更不会出现什么"美利坚治世"，
更多的反倒是地区之间的不平衡和冲突。③ 思想史如何应对这种充满
冲突的多元性，尤其是在欧洲霸权的时代，开始成为舆论的焦点。④

....

① 安东尼·格拉夫顿（Anthony Grafton）：《德国式注释的悲剧起源》，柏林，1995 年（*Die
tragischen Ursprünge der deutschen Fußnote*, Berlin 1995）。

② 两位著名的全球史家都没能避免这个险境，参考约翰·麦克尼尔（John R. McNeill）、威廉·
麦克尼尔（William H. McNeill）：《人类之网：鸟瞰世界历史》，纽约/伦敦，2003 年（*The Human
Web: A Bird's-Eye View of World History*, New York/London 2003）。

③ 参考让-弗朗索瓦·巴亚尔特（Jean-François Bayart）远离全球化理论之主流的、在历史学上也
是根基牢靠的分析：《全球政府》，巴黎，2004 年（*Le gouvernement du monde*, Paris 2004）。

④ 这里主要涉及的是亚洲思想对欧洲的影响，例如莱布尼茨和叔本华的例子。参考汉斯·贝尔廷
（Hans Belting）：《佛罗伦萨和巴格达：东西方历史一瞥》，慕尼黑，2008 年（*Florenz und Bagdad.
Eine westöstliche Geschichte des Blicks*, München 2008）。

无论如何，西方 / 东方、思想输入 / 思想输出、西方化 / 本土知识，这类常见的二分法已经远远不够了。

思想秩序？

与全球化的其他历史不同，全球思想史不是一种进步史学。它只是在表面上体现为：在过去一个世纪内通信手段的技术升级，提高了让思想在远方被认知并引起反响的机会。[1] 因此，它回避了一个棘手的问题，即必须要决定全球化的潜藏形式和早期形式究竟是在何时转化为"真正的"全球化的。[2]

历史书写实现全球化始于一种尴尬的处境。1979 年由让-弗朗索瓦·利奥塔（Jean-François Lyotard）所倡导的对在解释上主张无所不包的结构——即著名的"宏大叙事"（*métarécit*）的质疑，并没有在 80 年代的历史学家群体中引起自省式的共鸣，因为首次出现了这样的尝试，即把所有长时段宏大叙事中最受争议的一个——"西方"的兴起，用一种不是那么以胜利者自居的口吻进行了重新叙述。[3] 众所期待的微观史学派和宏观史学派之间的争论，并未如期而至。新

53

---

① 例如安德鲁·佩特格里（Andrew Pettegree）:《新闻的发明：这个世界是如何认识自己的》，纽黑文 / 伦敦，2014 年（*The Invention of News. How the World Came to Know About Itself*, New Haven, CT / London 2014）。

② 一个核心的问题参考安东尼·霍普金斯（A. G. Hopkins）主编:《世界历史中的全球化》，伦敦，2002 年（*Globalization in World History*, London 2002）。

③ 批判性的回顾，参考彼得·克拉姆佩尔（Peter Kramper）:《为什么是欧洲？一项全球史研究争议的轮廓》（*Warum Europa? Konturen einer globalgeschichtlichen Forschungskontroverse*），载《新政治学参考》（*Neue Politische Literatur*）2009 年第 54 卷第 1 期，第 9—46 页。

的反欧洲中心论的全球史，以它独有的方式与时代精神相吻合，并且对现代化具有批判性。不久后人们便在应急性的折中方案上取得了共识，即社会学家罗兰·罗伯逊（Roland Robertson）所提出的"全球地域化"①，并且青睐由澳大利亚经济史学家埃里克·琼斯（Eric L. Jones）首先提出的观点，即欧洲在近代之所以取得实质性的成就，只是因为运气好而已。②

　　上述问题很少涉及全球思想史。（引起不同解读的）个体文本和个体经历的"本土化"特征，保留着它根深蒂固的根基。一部由宏观认识论构成的思想史，或者一部仅仅关于主流思潮和趋势的思想史——它们都是纸上谈兵，已经失去说服力了。思想史，至少是到19世纪末为止的思想史，缺乏类似于"世界经济""全球移民体系"或"国际秩序"那样的宏观结构。③国际范围内统一安排的、由普世的衡量标准和竞争指数（价格、排名）所驱动的科学，在20世纪首次提供了一套知识生产的全球秩序。但是，根据一般的共识，它主要发生在知识史和科学史领域，而不是思想史领域。④

....

① 罗兰·罗伯逊（Roland Robertson）：《全球地域化：时间—空间与同质—异质》（Glocalization. Time-Space and Homogeneity-Heterogeneity），载迈克·菲特尔斯通（Mike Featherstone）、斯科特·拉施（Scott Lash）、罗兰·罗伯逊（Roland Robertson）主编：《全球现代性》，伦敦，1995年（*Global Modernities*, London 1995），第25—44页。

② 埃里克·琼斯（Eric L. Jones）：《欧洲奇迹：欧洲和亚洲历史上的环境、经济和地缘政治》，剑桥，1981年（*The European Miracle. Environments, Economies and Geopolitics in the History of Europe and Asia*, Cambridge 1981）。

③ 于尔根·奥斯特哈默：《世界秩序概念》（Weltordnungskonzepte），载约斯特·杜勒菲尔（Jost Dülffer）、威尔弗雷德·罗特（Wilfried Loth）主编：《国际史的维度》，慕尼黑，2012年（*Dimensionen internationaler Geschichte*, München 2012），第409—427页。

④ 尤其是文学史的领域，参考帕斯卡尔·卡萨诺瓦（Pascale Casanova）的前沿性研究：《文学世界共和国》，巴黎，1999年（*La république mondiale des lettres*, Paris 1999）。

20 世纪的全球公共领域 *

如果有人乐于讨论 20 世纪的全球公共领域，那么往前推二百年，
回到此讲座所纪念的人物——格奥尔格·福斯特，也不算跑题。格奥尔格·福斯特见识过的世界，要比所有其他德国古典文学家和哲学家加在一起还要多。当然，在沃尔芬比特尔、柯尼斯堡、魏玛、耶拿、哥廷根、海德堡和柏林，人们通过印刷出版的海量游记，认为他们对大千世界的了解，在广度上并不比伦敦、巴黎或莱顿的有识之士做的差。但是，格奥尔格·福斯特亲身去过那广阔的世界。至少所有大陆的海岸，他都亲眼见过了。早在 1772 年陪他父亲约翰·莱茵霍尔德·福斯特（Johann Reinhold Forster）搭乘库克船长的"决心号"环游世界之前，他们父子二人就已经在沙俄帝国境内完成了四千公里的游历。①

格奥尔格·福斯特、库克船长和启蒙时代晚期的全球公共领域

库克船长第二次旅行的奇幻惊险和扣人心弦，是怎么夸张都不为

本文系首次发表，乃 2015 年格奥尔格·福斯特讲座的讲稿，受美因茨社会与文化研究中心的邀请，笔者于 2015 年 11 月 5 日在美因茨大学的古老餐厅内讲座。感谢主办方赫伯特·卡尔特霍夫（Herbert Kalthoff）。译按：德语的 Weltöffentlichkeit，亦可参照英语的 Global Publics，译成"全球公共场"，但考虑到 Öffentlichkeit 在汉语中约定俗成的译法是"公共领域"，故暂且译成"全球公共领域"。
① 于尔根·戈德斯坦（Jürgen Goldstein）：《格奥尔格·福斯特——在自由与自然力之间》，柏林，2015 年（*Georg Forster. Zwischen Freiheit und Naturgewalt*, Berlin 2015），第 27 页。

过的。德国航海家和世界发烧友（例如阿拉伯研究专家卡斯滕·尼布
尔［Carsten Niebuhr］、亚历山大·冯·洪堡）数量之稀少，与德国常
驻情报系统人员之间所形成的鲜明对比，贯穿于整个 19 世纪。从洪
堡 1804 年访问美国总统托马斯·杰斐逊，到马克斯·韦伯 1904 年参
观圣路易斯世界博览会之旅之间的一百年，就没有一流的德国知识分
子踏上过美利坚的国土。① 瓦格纳曾想到宾夕法尼亚去，但是中途改
道前往上法兰克地区了。马克思和恩格斯在伦敦给美国的报纸供稿，
但都没有亲眼见过美国。尼采并没有去过芝加哥。蒸汽船的舒适度，
对于匆匆过客来说吸引力还不够。直到 1900 年，美国对于德国的精
英来说仍然是脑海中的一块边远之地，即便它有数百万的移民，更不
用说澳大利亚和德意志帝国的非洲殖民地了。与今天不同，那时候的
"世界"更多的是靠想象，而非亲历。就"全球公共领域"而言，也
是如此。

　　格奥尔格·福斯特的《世界环游记》，是大革命时代和启蒙时代
鼎盛期最新鲜、至今仍是第一手的文献。② 在他后期几部书中提出的
一些问题，至今仍然困扰着我们。福斯特在那么早的时代便向我们展
示了，如何在使用优美笔触的同时，又让事物建立在科学的理解之

---

① 桑德拉·芮布科（Sandra Rebok）：《洪堡与杰斐逊：启蒙时代一段跨大西洋的友谊》，夏洛茨
维尔，2014 年（*Humboldt and Jefferson: A Transatlantic Friendship of the Enlightenment*, Charlottesville,
VA 2014）。劳伦斯·斯加夫（Lawrence A. Scaff）：《马克斯·韦伯在美国》，普林斯顿，2011 年
（*Max Weber in America*, Princeton, NJ 2011）。
② 文献见于格奥尔格·福斯特（Georg Forster）：《世界环游记》，法兰克福，1983 年（*Reise um
die Welt*, Frankfurt a.M. 1983）。对于格奥尔格·斯特更详细的研究见于《格奥尔格·福斯特全
集：文稿、日记和通信》，20 卷，柏林，1963—2003 年（*Georg Forsters Werke: Sämtliche Schriften,
Tagebücher, Briefe*, 20 Bde., Berlin 1963-2003）。

上。此外，他是一位非常自省的作家，对他来说用母语写作的条件不具备。这位 23 岁小伙子的游记引起了广泛影响（并且卖得不错）。他先是用英语写成，并于 1777 年在伦敦出版，然后再译成德语。在围绕着库克船长航行的出版热潮中，这本书受到的重视并不够。但是这波热潮对于我们来说十分重要，因为它显示了全球公共领域的进一步扩展。

在 18 世纪 80 年代，在烙有英格兰、法兰西和德意志印记的公共空间内，涉及两个放到今天我们会将之标榜为"全球的"主题：一方面是北美臣民对英国王室的反抗，另一方面是欧洲人与库克船长和福斯特笔下绚烂、热情的"蛮荒之人"发生了联系。80 年代也是雷纳尔神甫（Abbé Raynal）《两个印度历史》（*Histoire philosophique et politique des établissements & du Commerce des Européens dans les deux Indes*）（由狄德罗绘制插图）在出版上大获成功的十年，更是首次要求废除奴隶贸易的宣言诞生的时代。同时，英国在印度的征服战争，引起了欧洲其他国家的兴趣。格奥尔格·福斯特的妹夫——哈勒的历史学家马蒂亚斯·克里斯蒂安·斯普林格尔（Matthias Christian Sprengel）追踪最新的英语文献，记录着大英帝国在全球的事务。

56

法国大革命爆发前的几年内，关乎的不再仅仅是法国的事情了。[1] 法国 1789 年爆发革命后不久，公共舆论便把一种相对较低的关注度投向了法属圣多明戈——也就是后来的海地，那里于 1791 年爆

----

[1]　参考汉娜·巴克尔（Hannah Barker）、西蒙·布罗（Simon Burrows）主编：《1760—1820 年欧洲和北美的印刷、政治与公共领域》，剑桥，2002 年（*Press, Politics and the Public Sphere in Europe and North America, 1760-1820*, Cambridge 2002）；其中一篇涉及范围较广的文章，西蒙·布罗：《1760—1815 年的大同出版业》（The Cosmopolitan Press 1760- 1815），收入上书，第 23—47 页。

发革命。18 世纪 70 后的一代人 —— 也是黑格尔出生的年份，正好经历了这些事件。黑格尔的挚友 —— 德国诗人弗里德里希·荷尔德林（Friedrich Hölderlin），他在世界上也是有些名气的，对奥斯曼帝国境内新近发生的事情很感兴趣。歌德在魏玛如饥似渴地翻阅着国外的杂志，始终对一切事物保持着最前沿的了解。

该如何理解全球公共领域呢？首先，它是由记载和谈论它的主题所决定的。通过特定的主题，全球公共领域成为教会公共领域的对立面，而在教会公共领域内，小城镇和边远省份最新发生的事情是讨论的对象。格奥尔格·福斯特把欧洲的触角伸向了太平洋岛屿，于是塔希提岛变得近在咫尺。

其次，全球公共领域取决于主流的媒体形式及其向外传播的半径。在福斯特所处的时代，从雷纳尔神甫的十卷本巨著到大量的薄册子，在大西洋两岸传播，甚至远及殖民主义的桥头堡，例如英属孟加拉、荷属好望角、葡属澳门。

最后，它提出了最重要的一个问题：谁在发声？可以确定的是，
57 我们在 1780 年，甚至 1800 年，或者即便到了 1820 年，听到的还是男性白种欧洲人和欧洲移民的声音。此间，只能零星听到个别早年来自印度或北非的奴隶的声音。但是，数量极为稀少。中国、日本、撒哈拉以南非洲和太平洋地区，在库克船长看来，还是一片沉寂的状态。并不是说，这些声音被有意识地压制了 —— 这是"东方主义学说"所强加的。那时候还没有让他们的声音被聆听的交流组织。例如，缺乏语言知识。1800 年的欧洲，几乎没有人会中文或日文 ——反过来，亦是如此。

我并不打算 —— 或许这是某些人对历史学家所期待的，把自启

蒙时代以来文化上全球化的线性历史叙述一遍，例如日益深化的交流、不同文化之间的理解、人类感受的觉醒。年轻的格奥尔格·福斯特用他 1777 年出版的游记为我们打开了一扇窗户，已经可以称为那个时代的全球公共领域了 —— 并且大致以纪年为线索，将我们引入哈贝马斯式结构变迁模式的适用范围，在哈贝马斯看来，公共领域的概念虽然在时间上没有限定，但主要适用于早期资产阶级社会。[①] "全球公共领域"是福斯特式的议题。这是他所处时代的议题，那个时代对批判性的公共空间满怀憧憬，它在地球上的参照视阈首次达到了人类的极限。在福斯特的时代，普世性不仅体现在哲学上，而且体现在经验上 —— 欧洲比以往任何一个时代都更加以全球视野来思考。

全球公共领域的三种路径

全球公共领域究竟是不是我们今天仍然能够或者应该关注的议题呢？是不是有一些现实中的议题，在理论上也是具有吸引力的？历史学家对此又何以置喙呢？他们对自己的理论建构十分慎重，在面对传媒学、政治学和社会学的海量文献时既谦卑又感激 —— 他们只能阅读其中小部分的内容。全球公共领域为何成为反思的对象？有三点原因十分重要：

58

[①]　于尔根·哈贝马斯（Jürgen Habermas）：《公共领域的结构转型：论资产阶级社会的类型》，诺伊维德／柏林，1962 年（*Strukturwandel der Öffentlichkeit. Untersuchungen zu einer Kategorie der bürglichen Gesellschaft*, Neuwied/Berlin 1962）。英译本的流传较广，见《公共领域的结构转型：论资产阶级社会的类型》，马萨诸塞州剑桥，1989 年（*The Structural Transformation of the Public Sphere: An Inquiry into a Category of Bourgeois Society*, Cambridge, MA 1989）。

　　第一点原因直接与当下有关。我们习惯于认为（或者我们对这种假象抱有好感），在今天的所有问题中或世界上的所有暴力中——可能是史上第一次——都存在着一种制度化的集体理性，它虽然不像世界政府那样下指令和判决，但它至少可以避免最坏的状况发生。如果某人思忖他的作为或不作为将在全球公共领域中被暴露并遭谴责，我们相信，他会有所顾虑的。然而，这一美好的愿望陷入了危机。有人对全球公共领域常规的和日常的功能，以及它的羞耻效用提出了质疑。

　　第二，另外一种单纯的希望也需要重新检视，它是在对全球化持狂热态度的时刻形成的共识，即希望借助技术来实现一种无障碍交流的全球领域。[人们曾以为，]这一想法的所有障碍，将被因特网的平均主义动力一律抹平或超越。但是中国的例子却表明了，有效组织的中央政府是怎样做到与跨国信息流脱钩、却并未引起国内绝大多数网民和媒体人的反感的。[中国政府在操作过程中]时或存在某种漏洞，但更重要的是它传达了这样一种认识，即国家内部实现公共领域交流是有可能的，以及民族国家的机制在与技术打交道时并非只是显得笨拙和无能，事实上它在很大程度上是能够控制技术的。与对政权具有颠覆性的全球公共领域不同，这一类国家公共领域表现出了一股不退却的耐力。这一点是符合传统媒体的。在那些政府或者私人寡头把持电视和最重要纸媒的地方，国内的公共领域（无论是在普京，还是在贝卢斯科尼的领导下）相对容易形成并与世界隔绝开来。外国的新闻是以何种方式到达俄罗斯、意大利和美利坚普通的媒体消费者手中的？这样的公共领域内包含何种"世界"？许多对全球时代的来临寄予厚望的人所期盼的——通过全球化的力量来达到对民族国家交流空间的侵蚀，显得进展缓慢。

第三，这是历史学家的专业视角：当人们追问全球范围网络化在长时段内的持久性时，很快就会触碰到全球公共领域的主题。只有在极少的领域内，这种网络组织得到了较好的观察。从这个角度来看，全球公共领域伴随着全球贸易、全球金融和全球货币。如果要给经历了一系列全球化进程的 20 世纪确定某种特征的话，没有什么比"全球公共领域"这个标签更恰当了。全球公共领域的形成是自发的，不是参照某种全球政府的形式建构的，它们是格奥尔格·福斯特所处时代的双子乌托邦——至少对于他同时代人中的一小部分来说是如此。全球公共领域具有悠久的历史，但是直到 20 世纪它才成为一个时代的主流标志。如果考虑撰写一部 20 世纪全球史的话，那么全球公共领域一定是处于核心位置的。

上述三种路径聚焦于我们的主题，其中两种路径是来自当下的经验，第三种路径则是符合当下的一种历史学分析。显而易见，以上三种路径并不都是直接针对全球公共领域的。它们三者合在一起的逻辑是：关乎同一主题的交流是跨越国界的；这种交流在某些情况下不再仅是固定的立场（例如民族国家的观点），而是会形成某种新的、独特的形式——人们称之为"全球理念"。在这层意义上，全球公共领域具有一种转型的特征。它改变了立场，并将其提到一个更高的层面。

政治全球公共领域和消费全球公共领域

这种"全球理念"，涉及两个方面。它可以对某个对象具有一种政治判断。它适用的不是日常政治的琐碎问题，而是根本性的行为规范协议——它们中的一部分是讨论和长期协商的结果，另一部分则是从不可协商的道德冲击中来。举一个不可协商的规范是如何诞生的例子——它具有一种全球共识的特点——自 1945 年以来形成了一种默契的协议，即原子弹不再允许作为进攻性战术的手段，这是广岛和长崎原子弹爆炸所带来的道德冲击的后果。冷战的总体平衡体系，是建立在一种对反人类核武器的使用进行持续施压的基础之上的。此间，在极少数例外（例如朝鲜战争）发生的情况下，从没有人用原子弹作威胁，或者将其作为一种战术。核武器的摧毁力理论上仍然是存在的，但是在具体情况之下它则不具有威慑力。尽管有形形色色的沙盘推演，但核武器的战术意义从未从它的战略意义中脱钩。在此背后，并不存在什么人权条约，只是一个全球性的默契，即全球禁忌。

此外，全球公共领域（请允许使用此概念的引申义）也可以意味着完全不同的东西：品味嗜好的趋同。如此，"全球理念"就是一种关乎所有类型和不同层面消费商品的思想。它涉及服装、食品和流行文化元素（主要是音乐）。世界上所有地方的年轻人都穿牛仔裤、T 恤衫、运动鞋，其中很多人还嗜好特定的品牌，例如锐步鞋或耐克鞋。

毫无疑问，这种品牌化是受操控的，但是如果陷入对广告洗脑特点的一种文化批判上的抱怨，那就没有意义了。满足需求的某种供应品，不仅是被动的反应，也是在尝试积极地创造自身的需求，这是自19 世纪晚期资本主义过渡到它的统一阶段以来的经济学常识。反过来，这样一种操控主动权，也会在锁定购买意愿时失手。只有当满足了在消费者群体中找到某种共鸣的条件，世界品牌才能得到认同。格奥尔格·福斯特在他的经济人类学中有着类似的观察。他总是惊讶于人们在面对新奇物品时是如何反应的，以及在某种经验性自然状态的实验零点上是如何建立起对客体的觊觎的。

针对这种品味嗜好的全球性趋同，有人发明了一个词，叫"消费大同主义"。[①] 在欧洲传统中与大同主义捆绑在一起的内容，既言简意赅，又乏善可陈：纯粹个人主义私利的高涨，而消费者正是如此，他们是消费上的利己主义者。在全球商品链上分布的生产，对应于全球消费群，虽然它总是能迎合本土的消费者，但至少在电视荧屏上以及在全世界大都市的城市景观中，它是以一种全球性单一的品牌供应形象出现的。这也是全球理念的一种表述，或许是流传最广、最有力的一种表述：它是消费者成瘾性的偏好，满足了消费者对物质的向往，从而建构了一种愿望人群和消费人群的想象共同体。

也就是说，存在着一种政治全球理念和一种消费全球理念，相应地也有一种政治全球公共领域和一种经济全球公共领域。政治全球公共领域更多地局限于精英，比经济全球公共领域更少地深入到社会当中。政治全球公共领域在制度化方面也较弱，因为市场虽然具有波动性，但是它属于最牢固的制度之一。相比之下，政治全球公共领域只是在联合国及其所属的具有论坛性质的机构中，具有一定程度的制度性。最后，政治全球公共领域区别于经济全球公共领域的地方还在于，它在嗜好取舍上的争论要少于在政治立场上的争论。经济全球公

[①] 梅尔文·普林斯（Melvin Prince）主编：《全球化时代的消费大同主义》，纽约，2012 年（*Consumer Cosmopolitanism in the Age of Globalization*, New York 2012）。丹尼尔·普尔迪（Daniel L. Purdy）：《高雅的暴政：歌德所处时代的消费大同主义》，巴尔的摩 / 伦敦，1998 年（*The Tyranny of Elegance: Consumer Cosmopolitanism in the Era of Goethe*, Baltimore/London 1998）。奠基性的作品是克莉丝汀·霍根森（Kristin L. Hoganson）：《消费帝国：1865—1920 年美国家庭内的全球商品》，北卡罗来纳州教堂山 / 伦敦，2007 年（*Consumers' Imperium: The Global Production of American Domesticity, 1865-1920*, Chapel Hill, NC/London 2007）；弗兰克·特伦特曼（Frank Trentmann）：《物件帝国：我们是如何变成一个消费世界的，从 15 世纪到 21 世纪》，伦敦，2016 年（*Empire of Things: How We Became a World of Consumers: From the Fifteenth Century to the Twenty-First*, London 2016）。

62　共领域的冲突性不强，而政治全球公共领域是有竞争性的，有时甚至
　　是针尖对麦芒的。当讨论到诸如全球收入、生活水准和生活机遇之不
　　平等的经济公共领域时，会涉及市场之外的政治公共领域，只不过是
　　从经济公共领域的视角去观察。

全球消遣公共领域

　　　　人们还可以举出第三种类型的全球公共领域，或者应该称为消
费公共领域的一种特殊形态，即消遣公共领域——我们也将之归类
于"公共领域"的范畴。它涉及的也是消费，具体说是文化用品和服
务性行业的消费。这也是与"现金流"和"大商业"紧密联系在一起
的，但是文化市场发挥的功能不同于物质商品的市场。例如，它在更
高的程度上人格化了。耐克鞋和李维斯牛仔裤，星巴克咖啡和保时捷
汽车，都是拥有各自作为"物"的魅力的商品化客体。在全球文化市
场上，这种魅力则附着在"人"中之杰身上，例如好莱坞大明星、流
行歌手和歌剧主角。他们享受着人们的敬仰，这种敬仰是建立在个体
的成就之上的。星光熠熠的背后隐藏着艰辛。

　　　　全球文化市场特别引人注意，是因为在它身上政治公共领域和
消费公共领域的属性得以重叠。克里斯马的人格化与政治共同支配
着全球文化市场，即便在全世界（也就是说超国别、超党派）获得
认可的政坛风云人物要明显少于银幕和舞台上的国际明星。从威尔
逊（他在 1919 年成为真正意义上的第一位全球公认的政治明星）到
曼德拉之间短短的一个世纪，受人敬仰的政治家寥寥无几。与此形成
鲜明对比的是，文化人物的名人堂——从 20 世纪头十年的查理·卓

别林、恩里科・卡鲁索（Enrico Caruso），到今天的安吉丽娜・朱莉（Angelina Jolie）、安娜・奈瑞贝科（Anna Netrebko）——要更加群星璀璨，他们的名声也更加持久。

文化市场还与政治全球公共领域联系在一起——论辩性的评论在其中所扮演的角色要比在纯粹商品市场中扮演的角色更重要，在纯粹商品市场上，批判性的成分最多也就仅限于单调的商品检测报告。在全球文化市场中，理性批判也只存在于纸媒的精英小圈子内——其中，文学、电影、艺术和音乐评论虽不再使用鹅毛笔进行创作了，但仍然延续了格奥尔格・福斯特时代的风格。与此相反，在 21 世纪初，一套低标准的、降格为能在金融市场上获利的"排名制"，作为一种建立在简化决断论基础之上的评价体系，得到了施行。政治人物可量化的支持率以及对他们脸书账号粉丝数量的统计，在本质上是与它是非常相似的。

作为竞技场和移情虚构的全球公共领域

暂且总结一下上文的内容：抱着对媒介理论和文化社会学理论无知无畏的态度，本人尝试着把全球公共领域理解成一种做出判断的全球空间，要知道交流内容的影响和传播，恰恰得到了历史学家的注意。[1] 同时也可以说，作为全球扩张性交流网络之整体的全球公共领域的概念，还是建立在经验之上的，在理论上尚不足观。全球公共领

---

[1]　参考格尔顿・温德尔（Gordon M. Winder）：《伦敦触及全球？ 1865 年、1881 年和 1914 年的路透社新闻及其网络》（London's Global Reach? Reuters News and Network, 1865, 1881, 1914），载《世界历史杂志》（*Journal of World History*）2010 年第 21 期，第 271—296 页。

域是与从中兴起的全球理念最紧密相关的。

　　根据公共领域的概念 —— 作为一种逐渐以共同利益为导向的、以语言为媒介的利益均衡之历史进程，此"全球理念"应该理解为公民之间的话语协商。毋庸置疑的是，我们中的绝大多数都渴望这样一种开明的全球理念，它与哈贝马斯所提出的 18 世纪公共领域模式至少有两点区别：一方面是当下的专家，尤其是自然科学的专业人士，起到了不可估量的作用；另一方面是所处理问题的全球影响力，尤其是病理学意义上的气候变化。通过上述两点，它得以与 18 世纪的公共领域区别开来。

　　全球理念 —— 它是这里所谈思想的精华所在 —— 若是再回到福斯特所处时代的著名二分法，也有某种程度资产阶级的意思：在一个消费全球公共领域内对需求嗜好的表达。换句话说，公共领域不是市场的对立面：一边是关乎人类共同福祉之规制的台面上的"人的境况"（*vita activa*，译按："人的境况"是汉娜·阿伦特的哲学概念），一边是庸俗实用的领域。两者互相重叠，并以一种颇为明显的方式彼此干涉。

　　公共领域在某种程度上具有市场的特质，反过来，当市场把理论上孤立的"经济人"汇聚成某种虚拟的"偏好共同体"时，它也表现出公共领域的迹象。表述最清晰、最易观察的偏好共同体，存在于文化消费领域。属于这一类粉丝集合体的，还有世界范围内组织有序的"瓦格纳迷"，他们每年定期前往德国拜罗伊特，正如把莱昂纳多·迪卡普里奥的电影一部不落都看过一遍的百万影迷一样，还有史蒂芬·金（Stephen King）的读者 —— 他的书被译成了四十种语言。公共领域的两种形式都与判断、观念和价值偏好的形成和表达息息相关。

一个非常有意思的领域是体育，对此社会学家托比亚斯·韦伦（Tobias Werron）已经做过研究，本人对他的研究很受用，不过要淡化其背后的体系理论。① 媒体转播的竞技体育，开启了史上最大规模的公共领域。国际奥委会以及其他的一些体育组织，根据会员的数量——它们的会员甚至比联合国的会员还要多——是当今世界上最普及的国际组织。2012 年伦敦奥运会的受众据说占到了全球人口的七成，成为人类历史上曝光度最高的事件，也是一个对某个地方进行史无前例聚焦的机会。

65

体育参与到了全球公共领域之内。与流行音乐或全球机场内布局的古驰手提包门店不同，体育是一桩政治事件。民族国家在国际体育竞技场上持特定的立场，并为此花掉巨额费用。同时，全球媒体体育是消费全球公共领域的样板，不过是以暧昧的形式，因为原则上消费者很少或者根本就不会为某次世界杯决赛的电视转播付费，但是在此盛事中倾注了大量的同理心，以至于他会激烈抵抗自己作为消极享乐主义体育消费者的特征。

竞技特点在体育项目上表现得甚为显眼，几乎没有其他项目能够望其项背。这取决于体育赛事结果相对较高的客观性，它是以进球数和秒表来计算的。得益于这种精确性，名次成了不容置疑的成绩单，没有任何讨论的余地。观众没有任何表达个人偏好、购买权和选择权

① 托比亚斯·韦伦（Tobias Werron）：《世界体育及其观众：关于现代体育的独立与起源》，韦勒斯维斯特，2010 年（*Der Weltsport und sein Publikum: Zur Autonomie und Entstehung des modernen Sports*, Weilerswist 2010）。于尔根·奥斯特哈默（Jürgen Osterhammel）：《世界竞技场上的体育》（Sport in der Weltarena），载鲍里斯·巴特（Boris Barth）、斯蒂芬妮·甘格尔（Stefanie Gänger）、尼尔斯·彼得森（Niels P. Petersson）主编：《全球史的剖析与视角》，法兰克福／纽约，2014 年（*Globalgeschichte. Bestandsaufnahme und Perspektiven*, Frankfurt a.M./New York 2014），第 229—258 页。

的空间。观众的想法是对比赛结果没有任何影响的事后解读，例如关于裁判的判决或教练的战术，只是作为自主运行的竞技赛事的饭后谈资。在任何其他的领域，无论是政治的还是文化的，公共竞争都做不到如此透明、如此全球化。与欧洲歌唱大赛或者德国大学精英计划不同，足球世界杯对于全世界来说是一律平等的。体育的规则是放之四海而皆准的，理论上也是可以用世界上任何一种语言表述出来的。每个人都能够看清楚并想明白，某个人为什么是冠军。从这个角度看，体育的理性程度甚至比极度理性的科学还要高，譬如在诺贝尔奖的提名上——自 1901 年诺贝尔奖首次颁发以来，它就成为全球公共领域的一个重要元素——匿名评审团在决定上是具有能动性的，更不用说瑞典皇家科学院日常运作中的委员会决议了。那种认为根据 H 指数评选出来的自然科学奖是客观的想法，尚不具说服力。

66   体育的全球公共领域是浅显的，并且逐级递升到顶级赛事。在全球性重大赛事之下隐藏着众多影响力递减的各级公共领域，一直到老年足球俱乐部，以及支持赛事的家庭成员之间的微型公共领域。与此相反，只有在以特定形式参与的政治中，政治公共领域的层次才是分明的。全球性公共领域与全国性公共领域之间的严格对立，是很容易辨别的。政治中的代理制更多地体现出"断裂"的持久性，从地方性的市民会议到联合国的常会都是如此。

最后，我们要提出一个在上文的论证中已经呼之欲出的观点：作为单数的全球公共领域实际上是一个例外。我们必须要以复数的全球公共领域为出发点，它们原则上是按照等级排序的，但是彼此之间也会遮掩、杂糅、联系。单数的全球公共领域，与其说是一种同质化的交流空间，还不如说是一种移情的虚构，这一点类似于世界史。根据黑格尔的观点，一部世界史就如同是一场世界末日审判，爱慕虚荣的帝王将相必然会自我粉饰一番。

作为进程的公共领域

该如何重构历史，才能够把当下的国际局势反映出来？这类历史必须要在字面上是全球性的，也就是说将全球作为一个整体来考察。如果仅仅将跨大西洋的联系作为一种范式推及全世界，那是远远不够的。大约从 1870 年以来的新闻史可以称为一部全球史，它在埃及、日本、中国都起到了作用，在印度、澳大利亚和阿根廷也是如此。针对众多殖民地和南半球其他的国家，有全面的区域研究。我们可以将其纳入到更广泛的视野之中。

在本场演讲的后三分之一，本人想聚焦于另一种历史——它是由本人主观选择的，也是本人的兴趣所在。有些相近的主题不在考虑之内，是因为它们在过去几十年内得到了全面、深入的研究，人们可以通过已有的海量参考文献来了解其梗概。其中就包括电报通讯的历史，从其硬件安装的技术、经济、地理和政治（简单来讲，就是 19 世纪最后四十年中各大洲之间的联网），到待人之道、时间观念和电报简洁诗艺的变迁。① 另外一个是获得巨大反响的主题，即自 1851 年

⁶⁷

---

① 罗兰·温茨胡伊梅尔（Roland Wenzlhuemer）：《连接 19 世纪的世界：电报与全球化》，剑桥，2013 年（*Connecting the Nineteenth-century World: The Telegraph and Globalization*, Cambridge 2013）；西蒙·穆勒（Simone M. Müller）：《书写世界：全球电报网络时代的社会和文化创新》，纽约，2016 年（*Writing the World. The Social and Cultural Creation of Global Telegraph Networks*, New York 2016）；米歇拉·哈姆夫（M. Michaela Hampf）、西蒙·穆勒–波耳（Simone Müller-Pohl）主编：《全球通讯电网：电报时代的商业、新闻和政治》，法兰克福/纽约，2013 年（*Global Communication Electric:*

伦敦水晶宫博览会以来的世博会的历史。^①自 1851 年成型以来，历届
世博会都有各自的独特性。但是它始终是"公共领域"以展示的方式
而诞生的舞台——这发生在不断推陈出新的历届博览会的举办时期
之内。世博会这个组织提供了一个框架，在其中，公共领域世代更新
的进程得以展示。博览会既可以从其主办方的角度来观察：他们试图
把具有时代印记的相关性和分类的观念体现到展品中。它也可以从游
客的视角来看：对于边裔人群和边缘国家来说它是没有竞争压力的机
遇，让自我得体地展示在世界舞台之上。

　　在政治性世界组织出现之前——它始自 1919 年国联的成立，世
博会是诸如拉美和暹罗这样的小国家向国际观众展示自我的唯一竞
技场。在 1876 年欧洲人的眼中，美国也只不过是一个沉睡中的巨人。
在这种情况下，美国人以自己的方式把在费城举办的所谓"建国百年
博览会"，变成了一个广泛的、博取大众眼球的事件。今天，博览会
的遗址被改造成了休闲公园和建筑景观，人们再也不能感受到它在
1930 年以前所具有的意义了。世博会对于举办地来说也是一种特殊

68

Business, News and Politics in the World of Telegraphy, Frankfurt a.M./New York 2013)。关于全球通讯
媒介最新的研究，参考沃尔克·巴特（Volker Barth）：《1830—1960 年的媒体、跨国性和全球化：
新事物和欲求之物》（Medien, Transnationalität und Globalisierung, 1830-1960. Neuerscheinungen und
Desiderata），载《社会史档案》（*Archiv für Sozialgeschichte*）2011 年第 51 期，第 717—736 页。
①　参考杰弗里·奥尔巴赫（Jeffrey A. Auerbach）：《1851 年的盛大展览：展示中的一个国家》，纽
黑文／伦敦，1999 年（*The Great Exhibition of 1851: A Nation on Display*, New Haven, CT/London 1999）；
沃尔克·巴特（Volker Barth）：《人与世界：1867 年的巴黎博览会》，达姆施塔特，2007 年（*Mensch
versus Welt. Die Pariser Weltausstellung von 1867*, Darmstadt 2007）；阿斯特里德·博格（Astrid Böger）：
《想象"民族"：早期美国的世界博览会与文化构成》，法兰克福／纽约，2010 年（*Envisioning the
Nation: The Early American World's Fairs and the Formation of Culture*, Frankfurt a.M./New York 2010）；
亚历山大·格帕尔特（Alexander C. T. Geppert）：《浮光掠影：欧洲世纪末的帝国博览会》，贝辛斯托
克，2010 年（*Fleeting Cities: Imperial Exposition in «Fin-de-siècle» Europe*, Basingstoke 2010）。

的公共领域。来自不同文化背景的音乐家和戏剧团在这里登台演出，这在一般情况下是很难得一见的。人们可以把 1889 年巴黎博览会视作"世界／全球音乐"概念诞生的时刻。[①] 不仅在主办方和游客之间发生了接触，而且游客和游客之间也发生了接触，对于游客来说，世博会也是一个中性的第三方 —— 现实世界中根深蒂固的等级制在其中并不明显。电报通讯和世界博览会，人们多多少少是了解的。但是还有不少历史至今仍然不为人所熟知。

首先要提到的，也是最重要的是"全球耻辱柱"。与 20 世纪中叶以前有所不同，现在已经有制度性的保障，能让丑行暴露在"世人眼前"并遭到谴责。原则上，这是以符合法律的程序履行的，大量国际法律师在其中扮演决定性的作用。这种程序有两点线索可循。它的第一条线索是国际审判的合法性（准确地说，是 2002 年起在海牙运行的国家刑事法庭），该审判只有在刑事案件已经发生之后才会启动，并且只追究个人，而不会针对政府或国家。第二条线索，也是一条历史更悠久的轨道，则是通过联合国大会或安全理事会的决议对国际贸易的判决。这类决议究竟应该在多大程度上强制执行，并没有明确的规定。至于它们是否会被贯彻执行，始终取决于现实中的强权政治。

在制度化之前 —— 虽然在某种程度上也存在着仪式性的保障，但是对国际舆论的呼吁，基本上是放任不管的，全凭英勇斗士的本

---

① 安妮格雷特·福泽（Annegret Fauser）：《1889 年巴黎世界博览会上的音乐邂逅者》，罗切斯特／伍德布里奇，2005 年（*Musical Encounters at the 1889 Paris World's Fair*, Rochester/Woodbridge [Suffolk] 2005）。

事，例如早期反对奴隶贸易和奴隶制的人①，或者对比利时国王利奥
波德二世在"刚果自由邦"内殖民扩张提出批评的人。② 至今这种媒
体舆论还发挥着关键作用，它不同于联合国范畴和大规模国际会议的
69　舆论。大型人权和环保的非政府组织把它用得得心应手，因此它们自
身也成为全球公共领域的重要形式。

　　我们还是带着几分质疑去审视，公共领域究竟是否是一个内部有
某种东西在运作的空间。哈贝马斯公共领域的概念教条地译成英语是
"公共空间"（*public sphere*），对该概念的"空间化"和去政治化起了
推波助澜的作用。南茜·弗雷泽（Nancy Fraser）强调——他是一位
跨国公共领域的重要理论家："公共领域的概念，不仅是为了理解信
息流通而提出来的，它对于一种批判性的民主理论也是一份贡献。"③
对公共领域的空间化，并没有完全误入歧途，但是却不能表达出"公
共领域"作为一种进程的含义，但是在德语的 Öffentlichkeitsarbeit

①　罗宾·布莱克伯恩（Robin Blackburn）：《殖民主义奴隶制的废弃，1776—1848 年》，伦敦，
1998 年（*The Overthrow of Colonial Slavery, 1776-1848*, London 1998）；亚当·霍赫施尔德（Adam
Hochschild）：《冲破枷锁：奴隶制废弃的关键之役》，斯图加特，2007 年（*Sprengt die Ketten.
Der entscheidene Kampf um die Abschaffung der Sklaverei*, Stuttgart 2007），由乌特·斯宾格勒（Ute
Spengler）从英语译成德语。塞伊摩尔·德雷舍尔（Seymour Drescher）：《废除：奴隶制和反奴隶制
的历史》，剑桥，2009 年（*Abolition: A History of Slavery and Antislavery*, Cambridge 2009）。
②　马丁·埃文斯（Martin Ewans）：《欧洲人的残暴，非洲人的灾难：利奥波德二世、刚果自由邦
及其后续》，伦敦，2002 年（*European Atrocity, African Catastrophe: Leopold II, the Congo Free State
and Its Aftermath*, London 2002）。从人道主义角度的批判，参考尤里斯·马沙尔（Jules Marchal）
《埃德蒙·莫雷尔与利奥波德二世：1900—1910 年间的刚果历史》，2 卷本，巴黎，1996 年（*E. D.
Morel contre Léopold II: l'Histoire du Congo 1900-1910*, 2 Bde., Paris 1996）。
③　南茜·弗雷泽（Nancy Fraser）：《公共领域的跨国化：关于后威斯特伐利亚时代公共舆论的合法
性与有效性》（Transnationalizing the Public Sphere: On the Legitimacy and Efficacy of Public Opinion in a
Post-Westphalian World），载凯特·南希（Kate Nash）主编：《公共领域的跨国化》，剑桥，2014 年
（*Transnationalizing the Public Sphere*, Cambridge 2014），第 8—42 页，引文出自第 8 页。

（直译"公共化的努力"）或 Veröffentlichung（直译"公开化"）等词中却能体现出来。公共领域是由这种公共舆论实践所制造和维护的。它在个别情况下也会迅速销声匿迹。在某次世博会之后，剩下的只有毫无生气的建筑遗存。在政治运动中，主要的困难在于如何克服人们兴致的冷却和资金来源的断流，并识破对手的计谋——对手的手段包括让运动人士保持缄默或让他们的计划落空——从而维持着社会动员的助推力。

　　全球公共领域最起码的前提条件是，有一个在某种程度上制度化的自主性，无论是以相对独立之媒体（部分是私营的，部分是公共的媒体）的形式，还是以国际组织的形式。[①] 这就意味着，全球公共领域的主导者和活跃分子可以界定为个人，例如记者、律师、科学家、宗教高层人士，以及对外部世界感兴趣的政治家，等等。全球公共领域似乎是一个第三极或一条间接道路，活动家借此试图去影响现实中的当权者和决策者。一般情况下，这条间接道路不具有特殊性和宗派性。作为移情机制的全球公共领域，只有在把普世主义的目标和利他主义的动机作为自身的合理诉求时，它才具有足够的分量。

70

　　人们应该从这个角度来详细考察 19 世纪的运动，从某种程度上讲，它们在建立施压机制并将其与人类的共同目标保持一致上做得还算是成功的。人们可以借此来验证以下假设：红十字运动比国际和平运动在这方面做得要更好。其中有些运动是异常成功的，例如上文中已经提到过的反对在刚果自由邦实施暴行的舆论宣传。公共舆论的批

---

① 　关于制度化差异的一个非常好的个案研究，参考海蒂·特沃勒克（Heidi Tworek）：《欧洲新闻的创造》（The Creation of European News），载《新闻学》（*Journalism Studies*）2013 年第 14 期，第 730—742 页。

判始于 1889 年，并于 1908 年获得了最终的成功，即比利时政府接管了殖民地，避免了邪恶的暴行。具有决定意义的是，昏庸的比利时国王与他对手之间的交手，从一开始就不是在一个比利时国内的公共领域内进行的。大英帝国和美国的媒体也参与了进来，例如国际著名的美国作家马克·吐温、英国作家约瑟夫·康拉德（Joseph Conrad），还有爱尔兰殖民官员罗杰·凯斯门特爵士（Sir Roger Casement）。有意思的是，与此形成鲜明对比，其他一些类似的运动却失败了。

在 20 世纪，布尔什维克从一开始就利用国际公共舆论的机制，譬如他们公开了沙皇与欧洲列强签订的秘密条约。两位普世主义者威尔逊和列宁在民族自决问题上的政治意识形态对峙——考虑到对手的来源——已经不再是欧洲内部的问题了。苏联建国之后——理论上它同时是一种以共产国际的形式进行全球操控的工具，在世界范围内开启了一种政治模式之争，而这便成为 20 世纪的标签，甚至在冷战结束之后都没有消失。

根据此模式之争的逻辑，它发挥了"全球公共领域"的功能，我们可以暂且称之为"介入的第三方"。一开始，这些人是指在顺从和革命之间摇摆的殖民地人民，后来则指中立者和不结盟人士。聚焦于全球公共领域的曲线式政治宣传，渲染着其他制度的残暴。法西斯主义也曾短暂地参与其中。20 世纪晚期政治史中一项最扣人心弦的进展，隐含在 KSZE 几个字符中，其全称是"欧洲安全与合作会议"（简称"欧安会"）。我们不要忘记，1972 年欧安会筹备成立的倡议，是由华约提出的，后者主张在欧洲内部划出清晰的界限。欧安会在一开始并不是西方压制共产主义的工具。欧安会——其原则是作为人权和人身自由的监督机制，但它在最初只是众多指导原则中的一

个 —— 以某种方式获得了一种动力，在根本上承载了一种现在看来
十分蓬勃的人权公共领域。借此，苏联国内的持不同政见者，以及中
东欧苏联卫星国家内部的民权运动，以一种史无前例和始料不及的方
式得到了增强。从中再次兴起了一个第三极，确保他们不被怀疑成是
美国的傀儡。欧安会是某种局部的全球公共领域，它是独一无二的，
并且具有深刻的历史影响。

　　20 世纪政治全球公共领域中另一个错综复杂的篇章，必须要如此
去理解：这样一种公共领域是如何被弱者一方使用的 —— 也就是那些　72
在敌对强权把持的世界秩序内的"第三世界"。印度的甘地和尼赫鲁、
中国的毛泽东和邓小平、印尼的苏加诺、埃及的纳赛尔、越南的胡志
明、古巴的菲德尔·卡斯特罗，还有与他们完全不同的民族领袖，例
如霍梅尼和曼德拉（他们都以各自的方式在外国被视作"原生的"民
族领袖），他们都是在全球公共领域的空间内利用"软实力"的个中高
手。有些反殖民解放运动，例如 1960 年在阿尔及利亚所发生的事件，
在国际舞台上狠狠地贬抑对手，以至于残酷的压迫适得其反地变成劣
势。十年之后，在越南也上演了类似的针对美国的事情。可以毫不夸
张地说，这类战争的胜负，既是在电波中，也是在战场上决定的。

　　以上是在最粗糙的轮廓下，勾勒了单数全球公共领域的历史。它
可以一直延伸到斯诺登，他在 2013 年作为内部人员揭秘了美国和英
国的情报工作。如果涉及全球政治，那么在 20 世纪就不只有"战争
和国际秩序"这对概念。一项不可缺少的要素是单数公共领域、复数
公共领域和交流形式，它们与政府之间的理念分享和数据分享联系在
一起。国际关系中的交流，一方面是国家之间的彼此照会，另一方面
也是关乎政治的"元传播"。

政治化的消费批判

　　本人要讲的最后一种历史，不是那么具有政治色彩。我们还记得，全球公共领域也指消费大众，他们在统一的品牌化市场里面临相似的选择，也就是说他们购买同样的饮料和汽车，观看同样的电影。我们全球消费大众生活在一个虚拟的全球市场内，我们与在消费共同体内数以百万计的陌生人通过生活方式的偏好联系在一起（或许没有其他东西能够做到这一点）。这一状况是如何造成的，对于经济史来说并不难解释。它在于通过规模经济的批量生产和降低成本而实现的商品标准化。从供应品的标准化当中会出现一种 —— 通过品牌和广告 —— 完全同质化的伪身份的需求。亨利·福特是其始作俑者。

　　我们不应拘泥于这种具有宿命论色彩的诊断。针对哈贝马斯的早期批评者就曾指出，在许多公共领域内也存在着反公共领域。[①] 在法兰西的旧政权内，人们可以区分出宫廷的公共领域、乡郊沙龙（著名的知识分子在此切磋）的公共领域、狂欢分子和色情狂的私密公共领域，以及巴黎城区的庶民公共领域。在 19 世纪全面兴起了无产阶级公共领域。诸如共济会之类的秘密结社，或宗教群体，都有自己内部的公共领域。"向所有人开放的"公共空间的标准应该下调，就像一些学者所做的那样。[②]

....

[①]　例如迈克尔·华纳（Michael Warner）:《公共性与反公共性》，纽约，2002 年（*Publics and Counterpublics*, New York 2002）。

[②]　鲁道夫·史蒂齐威（Rudolf Stichweh）:《一种全球公共领域的诞生》（Die Entstehung einer Weltöffentlichkeit），载哈特穆特·卡尔贝（Hartmut Kaelbe）、马丁·科尔奇（Martin Kirsch）、亚历山大·施密特-格尔尼西（Alexander Schmidt-Gernig）主编:《20 世纪跨国的公共领域和身份认同》，法兰克福/纽约，2002 年（*Transnationale Öffentlichkeiten und Identitäten im 20. Jahrhundert*, Frankfurt a.M./New York 2002），第 57—66、59 页。

　　我们不必纠缠于上述区分究竟在多大程度上吻合理论上经过精雕细琢的哈贝马斯式公共领域的概念。我们要回答的问题是，全球性反公共领域是否存在过或存在着——不是那种微型的次文化，而是具有政治冲击力的广泛思潮。拥有自身的标准和规范，并且在官方公共领域的论坛中只能偶尔争取到听众席次的政治性反公共领域，在 20世纪上半叶还是很少见的。它们是在 20 世纪 50 年代后期才出现的，过去空洞的和平主义观念，变成了目标明确的反对势力——先是反对核武器，后来是反对越战，并汇入了世界范围内的活动家网络之中。在反越战的运动中，反公共领域最后终于打破了长期占主导地位的战争共识。在核武器方面也是如此，只不过影响要稍弱，而且在东方阵营内往往不会出现反核游行。

　　全球性环保运动算是 20 世纪晚期以及 21 世纪早期的反公共领域内一个主要的行为体。它在更大范围内构成了一种反消费化的公共领域，表现为反对任何形式的铺张浪费，它是既合理又有效的诉求——反对铺张、奢侈、去差异化和不可持续性。在这种对消费的批判中——它往往，但并不总是与对全球化的批判如影随形，涉及公共领域的两个方面，本人试图将它们区分开来：政治抉择的领域和购买权的领域。现在两者已经不能分开了。消费已经政治化了，政治也将人类社会的自然基础视为一个核心议题了。两者都要有意识地放置于全球化影响的语境中讨论，就内容而言，仿佛是在一个真实的全球公共领域内交流。作为自然学家、民族学家和政治人（*homo politicus*）的格奥尔格·福斯特，应该会对此很热衷吧。

大同世界与帝国
—— 从认可到责任 *

　　"大同主义"被理解成受理性洗礼的博爱或者至尊的慈爱，已经脱离了在民族主义横行时代内的"颠覆［政权］的"形象。在今天它是作为另外的东西被讨论的，即给政治行为和日常生活带来影响的、在道义上有所担当的立场。大同主义所提供的东西，并不新颖，可以追溯到诸多文明在轴心时代的思想。在联合国的纲领性文件中，它们以现代的和宗教上中性的形式被书写下来。大同主义反对民族主义、军事干涉主义、种族主义，以及一切其他形式的歧视。它要求个体恪守对差异的包容，和对基于种族的自我中心主义的移情和克服，以及对他国语言和"离经叛道"的教育理念进行学习的愿望。总之，大同主义者不仅听瓦格纳，也听所谓的世界音乐。① 大同主义要求国家把民族的利益放在人类共同的目标之下，要求经济体通过"全球公正"

---

* 原文发表于《法兰克福汇报》2013 年 10 月 30 日第 252 期，第 3 版。

① 关于教育理念在大同主义中的核心地位，参考卡尔·古特克（Karl Guthke）:《四海为家：致力于全球教育的学者》(At Home in the World: The Savant in the Service of Global Education)，载安德烈·霍伦施泰因（André Holenstein）、胡伯特·施泰因克（Hubert Steinke）、马丁·司徒伯（Martin Stuber）主编:《学者在行动：18 世纪的知识实践与学者人士》，莱顿 / 波士顿，2013 年，第 2 卷（ Scholars in Action: The Practice of Knowledge and the Figure of the Savant in the 18th Century, Leiden/Boston 2013, Bd. 2)，第 569—590 页。克里斯托弗·安特韦勒（Christoph Antweiler）警惕一种知识精英大同主义，见《人类与世界文化：全球化时代的一个真实的大同主义》，比勒菲尔德，2011年（ Mensch und Weltkultur. Für einen realistischen Kosmopolitismus im Zeitalter der Globalisierung, Bielefeld 2011)，第 70 页。

意义上的福利政策来弱化个体利益的最大化。①

　　大同主义的观念史是复杂的。② 仅就 1800 年左右的德国而言，哲学史家波琳·克莱因盖尔德（Pauline Kleingeld）把大同主义分成六种类型。③ 再往前追溯，在西班牙人征服新大陆之际，还可以看到更多不同版本的大同主义。学术界对其他文明内与西方大同主义思想对应的观念，只是最近才开始有兴趣的，而且往往是放在"普世主义"的关键词之下。这样的一种兴趣，毫无疑问本身就是大同主义的表现。具有西方成见的大同主义，已然退却了。大同主义作为全球化时代在哲学上对启蒙的捍卫，可以期待会获得出于理性的普遍赞许，但它并没有告别西方观念中的亘古悖论。不过，欧洲的思想和信仰传统，从此角度来看，在此之前达到了一个普世化的级别，它能够恰当地应对全球化的挑战。

　　如果人们考虑到大同主义既有较弱版本、也有较强版本的表述，那么就会意识到全球哲学的现实参照面临着更加尖锐的问题。较弱的"低配版"大同主义 —— 隐藏在古典大同主义之中，直到康德及其同

76

---

① 最近国际上对大同主义的讨论，主要集中于"全球公正"，忽略了其他的议题。参考吉莲·布鲁克（Gillian Brock）：《大同主义》（Cosmopolitanism），载杰·加菲尔德（Jay L. Garfield）、威廉·艾德格拉斯（William Edelglass）主编：《牛津世界哲学手册》，牛津，2011 年（*The Oxford Handbook of World Philosophy*, Oxford 2011），第 582—595 页。

② 波琳·克莱因盖尔德（Pauline Kleingeld）、艾瑞克·布朗（Eric Brown）：《大同主义》（Cosmopolitanism），收入《斯坦福哲学百科全书》网页版：http://plato.stanford.edu/entries/cosmopolitanism。

③ 波琳·克莱因盖尔德：《18 世纪晚期德国的六种大同主义》（Six Varieties of Cosmopolitanism in Late Eighteenth-century Germany），载《观念史杂志》（*Journal of the History of Ideas*）1999 年第 60 期，第 505—524 页。关于康德与其同时代人的比较，参考波琳·克莱因盖尔德：《康德与大同主义：世界公民的哲学家模范》，剑桥，2012 年（*Kant and Cosmopolitanism: The Philosophical Ideal of World Citizenship*, Cambridge 2012）。

时代的人为止——是一种"认可"式大同主义：他者不被视为"野蛮的"或者落后的，而是平等的、值得尊重的、可靠的伙伴，人们可以把自己的规矩施之于他者。这种观念，在很大程度上是持"文化相对论"的，它接受不同的文明形式（或者用今天的话说，叫"多元现代性"），而不损害绝大多数文化所认可的人类尊严底线（譬如"人祭"）。无论如何，它是不赞同殖民主义的侵略战争和占领土地的。

今天受到追捧的大同主义，不是把"认可"这个概念，而是把较强的、"高配版"的"责任"放在核心位置。作为统一伦理共同体的人类，不仅在横切面上要让人群尽可能地和平共处，而且在竖切面上要让等级制消失。因此，富者和强者有义务（源于大同主义原则的"义务"，与源于人权准则的"义务"是不一样的），来资助和保护贫者与弱者。联合国在 2005 年通过了"保护责任"（*responsibility to protect*，简称 R2P）。在现实中，这一责任是通过各种形式的干预来实现的——从一笔笔赈灾款的转账，到军事入侵，不一而足。大同主义的准则，并没有就具体情境中使用手段的适当性做明确规定，也不能代替政治上的因地制宜。大同主义的原则，未必会认同每一种基于人道主义的干预，但是针对那些在人类伦理共同体内部大规模危机中始终处于被动地位的人们，它提出了一项需要明确答复的合理诉求。

观念史描述了这种从"认可式大同主义"向"责任式大同主义"的转变。当然，这种转变也取决于以下事实：那些在 2000 年才有的干预手段，在 1800 年（即古典大同主义思想的晚期）仍是缺乏的。但是，这一点不应过分渲染。1795 年康德在关于永久和平的作品中实事求是地承认，中国可以在主权上给予他国礼遇，但也可以拒绝这么做。那时候在中国的沿海地区，这是普遍的做法。在不到四十年的时间内，鸦片战争中的几艘英国舰船，把中国的这种国家自决权击得粉碎。不久之后，同样的事情发生在日本身上，日本的闭关锁国在17、18 世纪欧洲思想家眼中得到许多同情，但是自 19 世纪早期开始被贬抑为对"文明"习俗的侮辱。①

大同主义兴起和兴盛的历史语境，是一个帝国的语境。在欧洲的古代，不是城邦，而是帝国，打开了让自身与边裔之人和异域之人的合作成为可能的经验空间。亚历山大及其后继者的帝国和罗马帝国 —— 它们的军事和行政精英能够长途行动 —— 增强了斯多葛派大同主义观念的认同度。在公元前 221 年建立统一的帝国以来，中国的思想就以"普天之下，莫非王土"作为参照空间的前提。语言 —— 无论是拉丁语、希腊语还是葡萄牙语、汉语、梵语、阿拉伯语或波斯语 —— 和大规模传教的宗教，扎根于帝国的土壤，却辐射到帝国的边界以外，甚至在帝国衰亡之后仍然存续。它们从广袤的开疆辟土，和自身内部的大同主义中，塑造出文化上的"普世"。② 这样一种语言、宗教和消费行为上的大同主义，主要是在那些被嵌入帝国共同体的大城市中得以兴盛。

在近代，大同主义没有成为欧洲帝国主义统治的意识形态。但是，欧洲的扩张，打造了广阔的交流空间，并使欧洲人接触了大量的

78

----

① 参考于尔根·奥斯特哈默：《礼遇与排外：近代早期跨文化的矛盾》（Gastrecht und Fremdenabwehr. Interkulturelle Ambivalenzen in der Frühen Neuzeit），载赫尔弗里德·穆恩科勒（Herfried Münkler）主编：《恐惧与惊异：外国人的方方面面》，柏林，1997 年（*Furcht und Fazination. Facetten der Fremdheit*, Berlin 1997），第 379—436 页，尤其是第 404—412 页。

② 例如谢尔顿·波洛克（Sheldon Pollock）：《人类使用的圣语 —— 近代早期印度的梵语、文化和权力》，加州伯克利 / 洛杉矶 / 伦敦，2006 年（*The Language of the Gods in the World of Men: Sanskrit, Culture, and Power in Premodern India*, Berkeley, CA/Los Angeles/London 2006）。

人群，甚至包括那些生活方式陌生的人群。旅行者越过欧洲帝国的边界，进入中国、非洲或太平洋岛国。从他们的报道中，"认可式大同主义"获得了直观的素材。19世纪和20世纪早期臻于成熟的殖民主义，发展了既是基督教的，又是世俗化的文明化使命。[①] 它的前提，不是教条的基于种族主义划分的统治秩序，而是人类的可塑性和掌握权力之"文明者"的义务——致力于"振兴"其余的人群社会。这是在帝国权力差序的框架内思考的。它导致了，从这种等级森严的文明化使命的大同主义，到"殖民主义发展"的观念和实践，再到后殖民主义时代的发展援助，最后到"保护责任"时代人人平等的"责任式大同主义"的曲折道路。

与此同时，被殖民者也在塑造着自身的大同主义。虽然帝国的整体方略普遍都是反对民族独立自主的，但是无所畏惧的知识分子，诸如泰戈尔、甘地、桑戈尔，以及后期若干来自第三世界的反殖民主义小说家，实现了从边缘视角构建自身的大同主义。民族解放运动彼此惺惺相惜，并且在联合国大会上获得空前的团结一致。美国历史学家尼克·斯莱特（Nico Slate）能够在美国的早期民权运动与印度的解放斗争中找到诸多的联系。[②] 大同主义不是西方世界给其他地方的馈赠。只有当大同世界内的声音交融在一起时，它才忠于它的概念本身。

79

....

① 参考于尔根·奥斯特哈默：《"振兴人类的伟大工程"：文明化使命与现代性》(《The Great Work of Uplifting Mankind»: Zivilisierungsmission und Moderne)，载鲍里斯·巴特（Boris Barth）、于尔根·奥斯特哈默主编：《文明化使命：自18世纪以来帝国主义对世界的改善》，康斯坦茨，2005年（ *Zivilisierungsmissionen. Imperiale Weltverbesserung seit dem 18. Jahrhundert*, Konstanz 2005)，第363—425页。

② 尼克·斯莱特（Nico Slate）：《有颜色的大同主义：美国和印度为了自由的共同抗争》，马萨诸塞州剑桥，2012年（ *Colored Cosmopolitanism: The Shared Struggle for Freedom in the United States and India*, Cambridge, MA 2012)。

地域与空间

边界与桥 *

历史学家与神学家、数学家和天文物理学家不同，很难对无尽
的、没有边际的事物进行思考。历史学家与个体、群体和身体打交
道，处理的是无一例外在某处会停止延伸的空间以及遵循某种编年次
序的时间。人们总是会遇到边界。历史学的对象是如此，它的研究方
法也是如此。历史学科也很慷慨地接受来自外界的刺激，于是一种狭
隘的、传统的学科自信，会在一般文化科学的挑战下有所动摇 ——
人们总会发现一条泾渭分明的学科界线，历史学本行当的知识不再有
把握，其他相近的学科则能更加胜任。因此，边界的问题与历史学本
身一样是涉及面很广的，甚至，划分边界的范畴是人性的特征之一。

尽管如此，还是存在一种普遍的感觉，认为"边界"这个课题
是新颖的、紧迫的和令人兴奋的。这种感觉见于任何用到"边界"
这个字的场合，从［现实中的］边境栏杆到最抽象的隐喻。该如何
解释这一现象呢？单说在人文学科的其他领域内也有某种"空间转
向"，而且（时或以一种粗暴的方式）让空间与时间对立起来，这是
不充分的。也没有哪次学术会议费力去重新论证那些显而易见的真
理，诸如所有群体认同建构的阈限、身份认同对差异的依赖，或者
超越严格界限的社会和文化复杂情形（也可称之为"［文化］杂交"）
的普遍化。如果人们过于频繁地重复这些内容的话，研究的结果将

---

* 本文是 2010 年 2 月 4 日在巴塞尔举行的瑞士历史学大会上的开幕发言，系首次发表。

会成为老生常谈。[①]

"边界"的问题之所以会流行和具有吸引力，有三个比较重要的原因。

第一，"边界"让一些历史学家出于其他理由而感兴趣的内容受到关注：即相对性、类比与"接口"（技术领域经常遇到的）之间的联系。在当下，作为指向灯的"边界"，在加深的未来不确定性和升级的紧张局势之间建立了关联。

第二，"边界"不是纯粹理论语言的概念，而是存在于诸多自然科学语言的词汇中。它指代直观的关系，因为许多边界人们一见就很容易识别出来。此外，"边界"是一个普遍史的范畴，没有欧洲中心主义的偏见。因为边界不是欧洲的发明。边界到处都有，以前有，现在也有。任何形态的社会在任何历史阶段，都会遇到和构建边界。一种相对的、以全球为导向的历史学，很契合这类范畴——（马克斯·韦伯笔下的）"城市"则是另外一种范畴。

第三，"边界"在历史学家活跃的政治性场域中，遭受了颇有争议的评价。一眼即可发现"边界"这个概念的价值微弱，它既不是积极的（像当今的"交流"概念），也不是消极的（像"权力"概念）。有一股影响深远的，甚至是压倒性的趋势——让边界议题变得陈旧，或者在道德上值得怀疑。边界消除、视野开拓、全球治理、大同主义和世界公正，对于多数自由、开明的当代人来说，都是值得称赞和追

---

① 在本演讲之后出版的深入探讨此问题的作品是乌尔里希·文根罗特（Ulrich Wengenroth）：《现代的桥：概念和内核》（Brücken in die Moderne. Konzeption und Kerngehalt），载乌尔里希·贝克（Ulrich Beck）、马丁·慕斯洛夫（Martin Muslow）主编：《现代的过去与未来》，柏林，2005 年（*Vergangenheit und Zukunft der Moderne*, Berlin 2005），第 183—231 页。

求的。相反，向个体的回归、狭隘的褊狭、排外和有敌意的文化冲突臆想，都是值得批判的。边界的世界，似乎是一个虚幻的、危险的小国寡民的世界。

　　然而，在开明派和蒙昧派之外还有第三种立场，让事态变得复杂了起来：一种对消除边界的质疑，它绝不是倒退，而是出于对全球化的批判。人们该相信在市场波动的背后有一只无形的手让事态向好发展，还是最好遵循那只给银行划定边界的手？是否每一条信息、每一 84 张图片都应该在因特网上没有边界地被获取？反恐战争是否应该无限地扩大半径，而枉顾边界和国家主权？我们是否需要一种新的文化，在生态意义上让我们与自身的消费习惯划清界限？这些都是针对后阈限（译按：后阈限［post-liminal］的概念源自人类学家范·盖纳普［Arnold van Genep］的仪式理论，后来被广泛应用于人文社科领域。盖纳普将仪式分为前阈限、阈限和后阈限三个阶段。前阈限是指与旧身份分离的阶段，阈限是指边界明确的过渡阶段，而后阈限是指边界被打破、形成新身份的阶段）世界观的反对意见，后者仍然倨傲地对待边界。在这场三方争论中，历史学家没有必要一定要选边站，即便他们也不是在一座与世隔绝的小楼里工作，可以回避现实中的重大问题。正是"边界"这一概念在政治和道德上的多义性，使得它成为一个时髦的对象。任何时候我们讨论边界，它都是棘手的。

　　这样一种矛盾性，也反映在科学研究对象的层面上。如果说在迄今为止的边界研究中存在某种共识的话，那就是：它的预设是没有边界的。没有一种边界是完全明确的。同一种边界，对于不同的研究者来说，可以意味着不同的内容。它可以有不同的阐释，并被赋予不同的含义。举一个具体的例子，边境关卡和柏林墙在 1989 年之前，根

据政治立场和国家利益不同而有不同的解读，可以是反帝国主义的堡
垒和高墙，或者是共产主义暴政的象征，或者是分裂的欧洲内部不同
阵营能够和平共处的一个保障。

对边界的突破

　　任何边界都会引起某些人的欲望来突破它。对边界的突破可以成
为一种日常和常态。历史学研究已经在不久前为自身找到了临界区域
和多元文化的边界区域①，即越界行为、各种文化标签间的摇摆和边
境社会（译按：边境社会［Grenzgesellschaft］的特征是社会参与发生
在边境上以及边境周边人群的治理实践中具有一种前国家的传统）的
宏观社会形态——在其中，政治边界始终能够通过跨阈限的实践来
突破，甚至是被强化。这样的一种关于"跨越"的历史书写，回应了
当下欧洲的需求。它开始理所当然地变成：没有人再非得把略有点自
命不凡的修饰词"跨国"，与一种民族国家史的范式划清界限了，且
几乎没有人再自信地主张［民族国家史］了。
　　在相对小型的社会和文化史的越界之外，还存在着大型的国家历
史的越界。军事侵略者对边界的突破，不仅是在一种领土意义上的突
破，更是通过他所招致的一个进程（即战争）所进行的突破。与平民
的日常轨迹相比，战争只能在相对较小的幅度内掌控和预测，而且战
争会改变地图的样子——这是它不可避免的后果。侵略行为对边界

85

---

① 　安格罗·阿拉（Angelo Ara）、艾伯哈德·科尔伯（Eberhard Kolb）主编：《民族主义时代
的边境——以阿尔萨斯-洛林和的里雅斯特-特伦托为例，1870—1914 年》，柏林，1998 年
（ *Grenzregionen im Zeitalter der Nationalismen. Elsaß-Lothringen/Trient-Triest*, 1870-1914, Berlin 1998 ）。

的突破，导致不确定性和暴力。在现代民权的前提下，它意味着一种侵权，也就是对一种约定俗成的限制冲突的公约的僭越。还有一些情况，其中对边界的突破，与失控、无节制，甚至是谋杀和屠杀联系在一起。那么，这种越界的行为就会被蔑视了，因为文明会试图遏制其内部的危害。换言之，越界也可以变成倒退。还有一种越界行为属于这种大型、庄严的越界范畴，即对逃难者的救赎 —— 将他从追捕者手中挣脱出来，来到一个能够为其提供安全的地点。边界可以成为救赎逃难者的场所。从一般意义上来讲，对边界的突破，可以通过它的方向来确定它的道德本质。总之，在自由中有对边界的突破，而在野蛮中也有。

格奥尔格·齐美尔（Georg Simmel）与桥的本质

按照常理，现在应该讨论米歇尔·福柯的"越界"概念，并转向最新的文化理论，但我想另辟一条蹊径。早在 1909 年，一位至今依然是最重要的边界与空间的理论家之一，即格奥尔格·齐美尔在他的随笔《桥与门》中就已经勾勒出了越界的轮廓。齐美尔在这篇报刊文章的开头，在一定程度上以一种亚里士多德式的语气来思考关于空间中的身体，以及在物理上隔开的对象之间相互联系的"感知"（他一直这么称呼）。齐美尔追索"联系"这一"人类所特有的成就"的对象化，为何只有人能实现，因为它是 —— 引用齐美尔著名的说法 —— "没有边界的边界"，在这一追索过程中，这位哲学家式的文化社会学家找到了"桥"或"纽带"。

桥的理论，始于齐美尔，也终于齐美尔。一大串理工科的文献，

86

几乎很少有助于对"桥理论"的反思。"桥"是大众修辞学里一个有用的隐喻：不同人群、宗教、代际、性别、东 / 西、南 / 北、信仰与知识、身体与精神之间的纽带。所有的东西都有可能被 ["桥"] 衔接起来，但没人致力于 [研究] 这种"联系构建"的具体原型——我们走过或开车经过的桥。建筑史的研究对此是薄弱的，因为建筑史感觉要处理的与其说是被跨越的空间，还不如说是建筑物本身。①

所以总的来说，桥在阐释方面还是空缺的。我们总是在桥上或桥下通过，却没有关注过它们。② 桥的数量众多，以至于我们无法估量某座桥在一个区域内广度和深度上的独特价值。在或许是世界上桥梁密度最大的泰晤士河上，有 9 座铁路桥梁、19 座汽车桥梁和 106 座步行桥梁。③ 多瑙河上有 119 座桥，瑞士格劳宾登州有 122 座桥，苏黎世州有 137 座桥，伯尔尼州有 198 座桥。④ 在这些地方都有个别区域史家在研究它们。我们试想一下，假如在莱茵河河曲处（巴塞尔人自 1226 年就已经在此定居），没有了桥会是什么样子。没有桥的世界，是一个更为缓慢、麻烦、潮湿和狭小的世界，是一个浅滩、渡船和深谷的世界，人们必须要在其中往返。在欧洲以外的人口稀少的地区，这样的世界还有不少。例如，亚马孙河上至今还没有一座桥。

87

....

① 保罗·卓克尔（Paul Zucker）：《桥的类型与造型史》，柏林，1921 年（*Die Brücke. Typologie und Geschichte ihrer künstlerischen Gestaltung*, Berlin 1921），第 2 页"因为桥不塑造空间，而是逾越空间"。

② 相对于桥，历史学家对河流更感兴趣。参考克里斯托弗·懋赫（Christof Mauch）、托马斯·泽勒（Thomas Zeller）主编：《历史中的河流：来自欧洲和北美水路的视角》，宾州匹兹堡，2008 年（*Rivers in History: Perspectives on Waterways in Europe and North America*, Pittsburgh, PA 2008）。

③ 彼得·阿克罗伊德（Peter Ackroyd）：《泰晤士河传》，慕尼黑，2008 年（*Die Themse. Biographie eines Flusses*, München 2008），由米夏埃尔·穆勒（Michael Müller）从英语译成德语，第 166 页。

④ 维基百科 http://de.wikipedia.org/wiki/List_der_Donaubrücken。

　　桥与边界有什么关系呢？在少数情况下，邻近国家之间在架桥问题上的分歧是明显的，例如，莱茵河上的分属瑞士和德国的劳芬堡，2003 年和 2004 年以一种昂贵但良性的方式在那里建造了一座新的"高莱茵河桥"。瑞士是从地中海测量海平面的，而德国则是从高出 27 厘米的北海来测量海平面的。桥梁设计者们对此也是知悉的。由于责任方把误差做了错误的标记，终于酿成了大错。结果没有在瑞士一侧抬高 27 厘米，反而是降了 27 厘米，最后导致桥梁在德国的那一侧不得不下沉 54 厘米［，才得以挽救］。[①]两段半截桥梁之间没能合龙，反映的是背后度量衡的冲突。但是，我们不愿过度阐释。劳芬堡的交通畅通，已经很长一段时间了。

　　国界都有"门"（在齐美尔看来，"门"是与"桥"相对的概念），而"门"是官方的关卡，也就是受管控的边境通道，但是那里也总是有非法的藏身之所。每个边境都是可穿越的。桥很少出现在边境上，与边界也不是一回事。桥梁与边境成直角，它们构成了边界的结构性滞碍。有时候，它们也作为连接两个相邻国家的河上之桥，例如在莱茵河和多瑙河，以及里奥格兰德河、鸭绿江和黑龙江上。

　　在一些情况下，国境线有可能穿过一座桥的中央，例如西柏林和民主德国之间的边境就是如此。1989 年 10 月 9 日晚上首次开放的、传奇性冲破边境的一幕，就发生在博泽桥上，此桥横跨博恩霍尔姆大街。国境不能被逾越，但是能被通过，即使是国境位于一座桥上。从一处主权领地向另外一处主权领地的转向，是与"通过仪式"联系在

....

① 　狄克·布勒（Dirk Bühler）：《20 世纪的桥梁建筑》，慕尼黑，2004 年（*Brückenbau im 20. Jahrhundert. Gestaltung und Konstruktion*, München 2004），第 10 页。

一起的，从海关人员的挥手，到数日之久的等待和仪式化的"羞辱"（译按：原文如此，作者指海关安检时遇到的一些麻烦手续）。于是，边境开放和边境手续简化的自由体验，只有在瑞士加入了申根国家区之后才体会得到。（译按：本文是在瑞士历史学家大会上的发言，这句话针对的是瑞士听众。）

88   民族国家往往不相信［国家之间的］和平式连接。1857 年到 1861 年在斯特拉斯堡和巴登州克尔城之间的铁路桥梁上，人们在法国的一侧建造了悬杆，这样在战时可以拆除，以便切断桥梁。在德国一侧的莱茵河岸矗立了防御工事和爆破设施。[1] 1870 年 7 月，在巴登州的战时动员启动之后，德军便破坏了克尔城的莱茵河桥，但在四个月之后又重新建好了，因为人们意识到，有一座完整的桥要比没有桥，能输送更多的军事物资。[2]

          虽然桥被国家边境切断的情况相对比较少见，但它们往往会成为其他形式的障碍。它们承载着关税站，往往因地而异。谁要过桥，就要付钱，就像从桥底下穿过的船只一样。[3] 在近代早期的伦敦，收费员和旅人之间存在着激烈的价格博弈。沿着格雷夫森德和温莎之间的泰晤士河，1600 年有 4 万名这样的摆渡人，1800 年仍然有 2 万名。[4] 私人和国有投资人试图抬高关税的数额，并获得盈利。这些在 19 世

----

[1] 卡伦·戴妮（Karen Denni）:《跨莱茵河—跨边境：德法边境以及莱茵河大桥（1861—2006 年）》，康斯坦茨，2008 年（*Rheinüberschreitungen - Grenzüberwindungen. Die deutsch-französische Grenze und ihre Rheinbrücken [1861-2006]*, Konstanz 2008），第 146 页等。

[2] 同上书，第 152 页。

[3] 前引彼得·阿克罗伊德:《泰晤士河传》，第 184 页。

[4] 克里斯·罗伯茨（Chris Roberts）:《穿越水上交通：伦敦大桥史》，伦敦，2005 年（*Cross River Traffic: A History of London's Bridges*, London 2005），第 4 页。

纪就已经出现了。1894 年在布达和佩斯之间建造的链索桥，既是一件技术高超的梦幻之作，也是 19 世纪中叶哈布斯堡王朝最昂贵的一笔私人投资。它之所以获得资助，部分是源于它自身所牵引的动力。新造的跨多瑙河捷径，促进了城市的人口增长，相应的人头过路费也就提高了。匈牙利政府在 1870 年收购了这座链索桥，取缔了过路费。[①] 这在当时的整个欧洲是一个趋势。甚至在伦敦也是如此，1880 年代伦敦都市工务局并购了私营的桥梁协会，将伦敦市辖区内泰晤士河上的所有桥梁都免费开放。[②] 这一做法最近还有人在重复。1995 年建成开放的斯凯大桥，将苏格兰本土和赫布里底群岛连接了起来，它是由私营收费单位出资的，直到爱丁堡政府于 2004 年在群众的抗议之下将其收购。[③]

桥的逻辑与美学

为了探寻桥的本质，需要一个比在主权国家之间拉的警戒线更加宽泛的"边界"概念。人们一般把边界理解成障碍，在齐美尔的话语中是空间内的未连接物，那么人们对桥的评价就中肯了：将其定义成"为了跨越某一移动障碍，在两点之间可逾越的接口"。桥梁跨越水域和沟壑，在 19 世纪也跨越铁轨和马路。如果阻断道路的不是河谷

---

① 安德拉斯·安塔尔·迪亚克（András Antal Deák）、埃梅里·兰尼尔（Amelie Lanier）：《塞切尼·伊斯特凡与格奥尔格·思纳的联系以及铁索桥企业》，法兰克福，2002 年（*Die Verbindung von Stephan Széchenyi und Georg Sina und das Unternehmen Kettenbrücke*, Frankfurt a.M. 2002），第 72 页。

② 前引罗伯茨：《穿越水上交通：伦敦大桥史》，第 6 页。

③ 维基百科 http://de.wikipedia.org/wiki/Skye_Bridge。

而是山体，那么就会建造在功能上类似于桥梁的隧道。隧道的功效是一样的，都是缩短路途。英吉利海峡的海底隧道在基础设施意义上具有与桥梁一样的效果，仿佛是一座长达 34 公里的桥。甚至人工运河，从功能上看也可算作是桥，它是在航运方面对某种交通阻碍（例如巴拿马地峡）的跨越。这一原理在马格德堡得到了最为彻底的贯彻落实，人们在中德运河经过马格德堡境内的易北河处，建造了一座横亘在易北河上的水槽桥。当然作为罗马帝国实用建筑的杰作——高架渠，也是从河面之上而非之下经过的。在前现代桥梁缺乏的条件下，在较冷的纬度上还有一种人工桥梁的自然替代物，即冰封的河流。冬天，在北方城市，横穿城市而过的某条河流，在一定阶段内可以增进该城市各区之间的交流。

　　桥的逻辑在全世界都是文化中性的。它是一种［让生活］便捷的工具，节约劳力和时间，减少劳顿和危险。与其他单体建筑不同，桥不仅是一种单独存在——若真是如此，那桥仿佛就是某种失败的投资策略的残存。如果没有与其衔接的公路，那么桥梁就什么都不是。参照法国政府 1713 年建立的"路桥工程师兵团"，我们就知道桥梁和公路是捆绑在一起的。[1] 它们是那些在古代就能连贯庞大帝国的网络要素之一。如果把网络化的概念限制在当代以及近代，那是短视的表现。河流、桥梁和马路，在罗马帝国和秦汉帝国被纳入基础设施网络之中，属于帝国集权的最重要要素。道路让罗马帝国技术高超的桥梁变成了交通要道，同样桥梁也让秦汉帝国的通衢变成了交通要道，这

90

----

① 克劳德·瓦康（Claude Vacant）:《让-鲁道夫·佩罗内（1708—1794 年）: 首位皇家工程师和国立路桥大学的创始人》，巴黎，2006 年（*Jean Rodolphe Perronet [1708-1794]: «premier ingénieur du roi» et directeur de l'Ecole des Ponts et Chaussées*, Paris 2006），第 34 页。

样帝国的士兵、官员和商贾才能在上面往来穿梭。

但是也有这样的情况，即先造了一座桥，然后周边自发地繁荣起来。1874 年在圣路易斯由詹姆斯·布坎南·伊兹（James Buchanan Eads）设计的 2 公里长的密西西比大桥开通，那是当时全世界首座该体量的钢结构桥梁，至今仍然是桥梁史上的一件杰作。那时候的圣路易斯仍然是美国边疆上的一处简陋、嘈杂的定居点。密西西比大桥像单体建筑一样孤零零地矗立在城市中，这在发展史上是很超前的。正因为伊兹的钢桥，圣路易斯从此升级为北美边境关闭前最后一段历史时期内的交通枢纽。①

桥和将其串联起来的路有什么区别呢？任何一座桥梁，如果说在它身上有什么超越普通木材和混凝土的东西的话，那就是：一个目标，即让人向它投去目光，并将其从周遭的环境中剥离出来。它是一件具有美感的个体。不过，它的外表具有迷惑性。在艺术上独立的背后，是对实现平凡目标这一功能的妥协。如果一座桥梁徒有其表，却不能便利交通，那是一件荒唐的事。反过来，如果一座默默无闻的桥梁完成了这一使命，那它就是一座好桥。只不过，它不能引起观察者的兴趣。我们在桥上或桥下通过，却不曾注意到它们。

齐美尔仍然受自然美学的影响，所以他将绝美的桥梁视作艺术品。"桥梁与艺术品之间的差别在于，它们与自然共生，并且将自然

---

① 理查德·迪特里希（Richard J. Dietrich）：《魅力桥梁：建筑艺术—技术—历史》，慕尼黑，1998 年（*Faszination Brücken. Baukunst-Technik-Geschichte*, München 1998），第 178—185 页；亨利·佩特罗斯基（Henry Petroski）：《梦幻工程师：伟大的造桥者和美国的贯通》，纽约，1996 年（*Engineers of Dreams: Great Bridge Builders and the Spanning of America*, New York 1996），第 22—65 页。

景色融入了进去。"① 他提供了另一点提示，这在未受齐美尔直接影响

的 20 世纪建筑家和工程师的实用美学那里，也能找到共鸣。齐美尔

91 说："桥象征了我们的意志层面在空间内的延伸。"②

在这一建筑工程物件的难度最大的挑战层面，也就是桥梁建设
层面，是否有一个更好的定义？桥梁通过建筑物的物质化意志，去逾
越隔绝 [的空间]。这些建筑师必须要熟悉两个领域（在现实中，建
筑师和工程师往往是有明确分工的），即材料学 / 数学领域和艺术学
领域。弗里茨·列奥哈德特（Fritz Leonhardt）是比较出众的，作为
斯图加特电视塔的设计者以及众多桥梁的建造者，在一本关于桥梁建
造的代表作中，他用了很长篇幅去介绍美学的基本原理。③ 在桥梁建
造中，技术人员的设计造诣，用齐美尔的话来说就是"意志层面的
延伸"，在外行人看来，是比建筑师要逊色的。从一座房子的建造来
看，显然是不能认同这种说法的。与此相反，桥梁往往看起来像是克
服了万有引力的艺术品。总会有因为测量错误和施工不良而导致坍塌
的桥梁。最著名的案例是 1879 年 12 月底苏格兰泰桥因人为因素而坍
塌，最近的一次建筑事故是 2009 年印度拉贾斯坦科塔大桥的坍塌。④

桥梁所模拟的始终是一条空中栈道。从根本上说，任何一座桥都

----

① 格奥尔格·齐美尔：《桥与门》（Brücke und Tür）（写作于 1909 年），载氏著：《1909—1918 年
期间的文章和研究》（Aufsätze und Abhandlungen 1909-1918）第 1 卷，由鲁迪格尔·克拉姆（Rüdiger
Kramme）和安格拉·拉姆斯泰德（Angela Rammstedt）出版的《格奥尔格·齐美尔全集》第 12 册，
法兰克福，2001 年（Georg Simmel Gesamtausgabe, Bd. 12, Frankfurt a.M. 2001），第 55—61 页。
② 同上书，第 56 页。
③ 弗里茨·列奥哈德特（Fritz Leonhardt）：《桥梁的美学与造型》，斯图加特，1982 年（Brücken.
Ästhetik und Gestaltung, Stuttgart 1982），第 11—31 页。
④ 《印度时报》（Times of India）2009 年 12 月 25 日。

是一座空中桥梁。20 世纪的桥梁美学塑造了一个理想范式。桥梁应该尽量轻便。它应该给人一种"飘"在一段沟壑之间的印象。同时，它必须要给桥上的行人怀有一种信任感。如果它是（例如日本神户的明石海峡大桥）主塔有 60 米高，还在海面上无所依凭地延伸 2 公里的话，就更应该给人这种感觉，要让人不感到害怕。理想的桥梁是在技术上有所保障，在美学上翩然盈动。它看上去仿佛弱不禁风。作为交通辅助的桥梁，便捷了狭窄地带的人群移动。它聚拢和汇合了［人群的］运动，并且是在精心拣选出来的地段，理论上那里都有大道通衢。20 世纪的桥梁美学，让完美的桥梁附加了一项在服务功能上从技术造型向美观的转向。在建筑艺术的其他领域内，没有哪个［像桥梁这样］可以让木材和石块、钢铁和水泥焕发出如此的活力。

92

桥梁所逾越的，不仅是静态意义上的边界。它的这个动作十分迅捷，以至于无法察觉。在边界上，动态变成了静止，或者减小到相当微弱甚至令人畏惧的幅度。没有人在边境上疾驰。桥梁却并不遏制正常的步伐。如果说时间／空间的压缩在今天被用来当作全球化现代性的标志，那么只能说这种压缩不是新事物。在时间和空间二维的缩约，在桥的本质上就已经体现出来了。

也有很漂亮的桥，例如 1896 年至 1936 年出自伯尔尼（后来在日内瓦活跃）的工程师罗伯特·马拉尔（Robert Maillart）之手的桥。[①] 或者毕业于苏黎世联邦理工学院的奥斯马·安曼（Othmar H. Ammann），在移民美国之后于 1927 年至 1964 年先后建造的六件杰

---

① 　参考大卫·比灵顿（David P. Billington）：《罗伯特·马拉尔与钢筋混凝土建筑》，苏黎世，1990 年（*Robert Maillart und die Kunst des Stahlbetonbaus*, Zürich 1990）。

作。[1] 抑或是 1937 年开通的旧金山金门大桥。[2] 甚或是日本的那些修旧如旧的大桥。或者是圣地亚哥·卡拉特拉瓦（Santiago Calatrava）自 80 年代早期以来在西班牙和意大利建造的那些饱受争议的设计夸张的桥。[3] 但是，也有漂亮的边界吗？或许中国的长城算是。现在让我离开桥的美学，进入桥的历史吧。

历史上的桥

桥在历史上总能引人注意，早在公元前 507 年，李维（Titus Livius）在书中就提到雷休斯·科克利斯（Horatius Cocles）利用台伯河上的梁木桥，来防御蜂拥而至的埃特鲁斯坎人。[4] 1985—1986 年，北约和华约在柏林的格林尼克桥互相派遣成群的情报人员。[5] 作为孔道，桥梁获得了特殊的看守。威廉一世为了截获逃兵，在普鲁士的桥上都驻守了"大高个"（译按：德语作 Lang Kerls，是民间对古代普

....

[1] 达尔·拉索福尔（Darl Rasorfer）：《六座桥：奥斯玛·安曼的遗产》，纽黑文 / 伦敦，2000 年（*Six Bridges: The Legacy of Othmar H. Ammann*, New Haven, CT/London 2000）；前引亨利·佩特罗斯基：《梦幻工程师：伟大的造桥者和美国的贯通》，第 217—319 页。

[2] 前引理查德·迪特里希：《魅力桥梁：建筑艺术—技术—历史》，第 194—204 页。

[3] 也包括柏林施普雷河上的太子大桥。

[4] 李维（Titus Livius）：《罗马史》，杜塞尔多夫 / 苏黎世，2007 年（*Römische Geschichte*, Düsseldorf/ Zürich 2007），由汉斯·于尔根·希伦（Hans Jürgen Hillen）整理出版，第 2 卷第 10 章；杰奎琳·尚佩（Jacqueline Champeaux）：《罗马的桥、路和宗教》（Ponts, passages, religion à Rome），载丹尼勒·詹姆斯 - 劳沃尔（Danièle James-Raoul）、克劳狄·托马赛特（Claude Thomasset）主编：《中世纪的桥梁》，巴黎，2006 年（*Les ponts au Moyen Âge*, Paris 2006），第 261—276 页，引文出自第 270 页。

[5] 托马斯·布列斯（Thomas Blees）：《格林尼克桥：德国史的舞台》，柏林，2010 年（*Die Glienicker Brücke. Schauplatz deutscher Geschcihte*, Berlin, 2010）第 3 版，第 94—101 页。

鲁士 1675 年创建的第 6 步兵团士兵的称谓）。[1] 征服者向前方派遣前哨，以最快的速度撞击浮桥 —— 军事防守中最典型的桥梁种类，希罗多德在波斯人于公元前 513 年进攻斯基泰人的战役中对此有所记载或至少提及。[2] 这种粗疏、简单搭建起来的浮桥，可以成为和平年代永久性的"权宜之计"。有时候，战俘会被迫从事造桥这项艰苦而危险的工作。罗马人最东方的桥，是一座横跨卡伦河（Karun）的长达 300 米的建筑物，位于伊朗的舒什塔尔境内，应该是在萨珊波斯沙普尔一世的命令下，由（可能是在皇帝瓦勒良统治时期）罗马的战俘修建的。[3] 臭名昭著的缅甸—暹罗铁路，以及桂河上的两座因电影而为人所周知的大桥，都是 1943 年由 18 万名亚洲强制劳工和 6 万名日本皇军手下的英国、荷兰、澳大利亚和美国战俘建造的。[4]

　　防御者所选择的战术，与进攻者的战术不同。他们收起升降桥，并拆除固定的桥梁。1945 年 2 月，德军的西线总司令格尔德·冯·伦德施泰特（Gerd von Rundstedt）下令炸毁莱茵河大桥。在炸桥行动实施之前的 3 月 7 日，美军奥马尔·布拉德利（Omar Bradley）将军的第 12 军团得到任务，对德国雷马根（Remagen）的鲁登道夫（Ludendorff）铁路大桥进行火速攻占，使盟军的桥头堡兵力得以运送

....

[1]　托马斯·布列斯：《格林尼克桥：德国史的舞台》，第 7 页。

[2]　希罗多德：《历史》，杜塞尔多夫，2006 年（*Historien*, Düsseldorf 2006），由约瑟夫·菲克斯（Josef Feix）整理出版，第 7 版，第 4 卷第 83、87 节。

[3]　科林·奥科诺尔（Colin O'Connor）：《罗马大桥》，剑桥，1993 年（*Roman Bridges*, Cambridge 1993），第 130 页。

[4]　维基百科 http://en.wikipedia.org/wiki/Burma_Railway；http://en.wikipedia.org/wiki/The_Bridge_on_the_River_Kwai.

到莱茵河右岸——这个军团加速了对德国的占领。①

　　桥梁本身也可以作为防御设施。伦敦大桥的前身之一，也是 18
世纪之前伦敦辖区内跨泰晤士河的唯一桥梁，早在 11 世纪初就被当
作抵御水路入侵者的栅栏。人们在桥上向入侵者的头部投掷东西。②
在 19 世纪的钢结构铁路大桥和公路大桥的时代，桥梁建筑更多的具
有一种装饰性和尚武的特征。桥都配有中世纪戎装的门卫和城堡式的
桥塔，例如在汉堡、沃姆斯、美因茨和马格德堡。维多利亚时代哥特
式的伦敦塔桥，也属于这类，只是以更加和平的形式呈现。③ 桥梁的
这种装饰，已经失去了军事或尚武的内涵。

94　　　　没有一种建筑类型，在战时炸药、重炮和空袭下比桥梁更易受
损坏。失去一座桥梁，意味着制造了一条新的边境，或者让老式的、
漫长的越界方式重现。例如，1993 年 11 月 9 日，一座起源于 16 世
纪奥斯曼帝国的桥梁杰作——位于波黑莫斯塔尔（Mostar）的老桥
（Stari Most），在极具争议的情况下被毁坏了，似乎是人为故意破坏
的。在桥梁被毁之后，这座风景如画的老桥在国际舆论中成为波斯尼
亚宗教多元的符号，并于 2004 年修复完成并重新开放。修复工程是
在联合国教科文组织的负责下，由多方商誉企业资助完成的。④

....

① 　史蒂芬·扎罗戈（Steven J. Zalog）：《1945 年的雷马根：对第三帝国的总攻》，牛津 / 纽约，
2006 年（*Remagen 1945: Endgame against the Third Reich*, Oxford/New York 2006），第 7、27—30 页。

② 　前引彼得·阿克罗伊德：《泰晤士河传》，第 177 页。

③ 　图片参考特奥多尔·兰德斯贝格（Theodor Landsberg）主编：《桥：木桥、水上和运河大桥——桥
梁的艺术形式》，莱比锡，1904 年（*Der Brückenbau. Hölzerne Brücken. Wasserleitungs- und Kanalbrücken.
Die Kunstformen des Brückenbaus*, Leipzig 1904），第 178—180 页；格奥尔格·梅尔滕斯（Georg
Mehrtens）：《19 世纪的德国桥梁建筑》，杜塞尔多夫，1990 年（*Der deutsche Brückenbau im XIX.
Jahrhundert*, Düsseldorf 1990），第 42、47 页。

④ 　维基百科 http://en.wikipedia.org/wiki/Stari_Most。

幸亏，桥梁所经历的常态，是和平年代而非战争年代。桥梁往往是用作网络化和城市内的整合。除了被嵌入一段山谷或者跨过一片辽阔的水域（例如丹麦和瑞典之间的厄勒海峡）之外，桥梁的位置还有第三种类型，也是历史最悠久的一种，就是城内的桥。有时候完全是一座桥将河流两岸的两座城市合二为一的，例如布达和佩斯、纽约和布鲁克林。在中世纪和近代早期，桥梁也像今天这样深刻地影响着人们的生活。它们甚至可以成为永久居住的空间。常见的是住宅桥，即桥上附带建筑或者商铺，作为某种永久性或临时性集市的场所。今天佛罗伦萨的老桥（Ponte Vecchio）和德国埃尔福特的克雷默桥（Krämerbrücke），基本就属于这一类，给人一种桥被"驯化"了的感觉。

古老的伦敦木桥是这样一种"不动的河流"（*locus fluvialis*）。据统计，在13世纪中叶，桥上有123家店铺和作坊。[1] 有人在那里度过他们的一生，其中就包括"桥隐士"，他们在皇家的资助下，协作维护桥梁，发挥着一种类似于桥梁侍者的功能。[2] 城市总是饱受大火的威胁，但这类桥梁跟河岸边的某个城区一样可以较少地受火灾影响。1213年伦敦发生了英国桥梁史上最大的不幸，城内的许多人在大火发生时冲向了桥，而后来桥也着火了。大约有三千人遇难。[3]

住在桥内的人今天仍然有。我们可以在大城市的桥底下时或看到

95

① 前引彼得·阿克罗伊德：《泰晤士河传》，第182页。
② 阿兰·库伯（Alan Cooper）：《中世纪英国的桥梁、法律和权力：700—1400年》，伍德布里奇，2006年（*Bridges, Law and Power in Medieval England, 700-1400*, Woodbridge 2006），第80、124页等；大卫·哈里森（David Harrison）：《中世纪英国的桥：交通和社会，400—1800年》，牛津，2004年（*The Bridges of Medieval England: Transport and Society 400-1800*, Oxford 2004），第201页等。
③ 前引彼得·阿克罗伊德：《泰晤士河传》，第182页等。

一些流浪汉。荷兰记者兼作家黑特·马柯（Geert Mak）拜访并长时间追踪了在伊斯坦布尔加拉太大桥上谋生的人。2007 年他出版一部漂亮的德语书，题目是"伊斯坦布尔的桥"。马柯将桥形容成小商贩的营生之所：卖茶的人、卖香水的人、照相的人，等等。他们也置身于更广阔的语境当中。他写道：这里并非一片静止，城市经济生活中的一点波动，都会在桥上的买卖营生中反映出来。[1]

桥是城市的自豪。在中世纪，桥是市民集体劳作的成就之一，在级别上仅次于教堂，在建筑工艺上的难度可以直接与后者相媲美。位于雷根斯堡境内多瑙河上的桥，起源于 12 世纪，直到几年前仍然有限制地作为公路使用，这是一个好的例子。另外一个例子是晚一个多世纪的巴塞尔境内的莱茵河桥，即今天的"中桥"。[2] 最晚到 19 世纪的最后三十年，随着技术发展让建造任何复杂的桥成为可能，于是不同城市和不同国家之间开始攀比，究竟谁拥有最大和最美的桥梁。

对于一些城市来说，桥是最重要的标志，例如卢塞恩的卡佩尔桥、旧金山的金门大桥。[3] 在布拉格查理大桥和城堡区是最显著的标

---

[1]　黑特·马柯（Geert Mak）：《伊斯坦布尔的桥：东西方之间的一段旅行》，慕尼黑，2007 年（ *Die Brücke von Istanbul. Eine Reise zwischen Orient und Okzident*, München 2007），由安德烈斯·艾克（Andreas Ecke）从荷兰语译成德语，第 34 页等。

[2]　沃尔特·莫斯曼（Walther P. Mosimann）、厄恩斯特·格拉夫（Ernst Graf）：《巴塞尔的莱茵河大桥：历史及其建造方式》，巴塞尔，1962 年（ *Die Basler Rheinbrücken. Ihre Geschichte und Bauweise*, Basel 1962），第 13—31 页。关于石桥的基本情况（英格兰曾经有很多石桥），参考前引大卫·哈里森：《中世纪英国的桥：交通和社会，400—1800 年》，第 137—154 页。

[3]　康拉德·万内尔（Konrad Wanner）：《卢塞恩和卡佩尔桥》（ *Luzern und die Kapellbrücke*），收入乌艾里·哈贝格尔（Ueli Habegger）主编：《卡佩尔桥与水塔：在修复和研究之下对一处地标的重建》，卢塞恩，1998 年（ *Kapellbrücke und Wassertum. Der Wiederaufbau eines Wahrzeichens im Spiegel der Restaurierung und Forschung*, Luzern 1998），第 49—75 页，涉及卡佩尔桥的早期历史。

志，悉尼的海湾大桥和歌剧院亦如此。在纽约，宏伟的布鲁克林大桥从始建的 1870 年，到 1930 年代更具竞争力的帝国大厦出现，一直是纽约城市的主要景点，也是一座城市自信的缩影。[①] 所有上述桥梁，都在今天的全球旅游地图上标注出来了。

　　甚至很多国家把桥梁建设视为自身成就的表现。在"文化大革命"中，1968 年南京长江大桥开通，无疑是向全世界宣布了中华人民共和国在没有苏联的技术支持下，凭借自身的工程技术和自产的钢铁实现了一座世界级的工程。虽然现在长江上有许多其他的桥，但是南京长江大桥在中国人的心目中依然是一座爱国主义的丰碑，也就是所谓的"记忆之场"（*lieu de mémoire*）。我们甚至可以进一步说：人们会追忆第一次看到如此有象征意义的桥，追忆第一次过桥的［难忘］经历。

　　桥梁往往具有凤凰涅槃般的特点：一座老桥被毁或断了，一座新桥就会矗立在原地。一旦找到某处适宜的地点，以及周边的道路网络建好，那么这个地方就会被保留，只有桥的形式会变，这点与住宅完全不同：例如一座中世纪的木桥，后来变成了一座早期现代的石拱桥，再到后来铁路时代的钢结构桥，到最后混凝土的公路桥。今天的伦敦大桥建于 1973 年，已经找不到位于同一地点的中世纪古桥的痕迹了。亚利桑那 1831 年竣工的五拱石桥，在 1968 年被一家美国公司

① 　大卫·麦库洛夫（David G. McCullough）：《伟大的桥：布鲁克林大桥建造过程中的传奇故事》，纽约，2001 年（*The Great Bridge: The Epic Story of the Building of the Brooklyn Bridge*, New York 2001）；理查德·豪（Richard Haw）：《布鲁克林大桥的艺术》，纽约，2008 年（*Art of the Brooklyn Bridge: A Visual History*, New York 2008）。

买下，后来改造成了一座休闲公园。[1] 总之，桥总会大难不死的。

桥的历史意味着什么

本次演讲为桥唱了赞歌。相较于世界其他地方，瑞士是对此最不感到讶异的。（译按：瑞士国境多山区，桥梁密布，人均拥有桥梁的数量要比其他地方多。）毕竟，桥梁看上去不是一个［历史学］题目，或者只能算是落伍的地方史学者的研究对象，总之肯定不是一个适合理论思考的题目，在齐美尔之后没有哪位一流的思想家再思考过这个话题了。当人们思考桥梁（作为"边界"的物质化的对立面）的时候，或许会更接近那些被讨论过和被研究过的边界。通过桥梁这一间接媒介，可以观察到错置的事物，能够从一个90°大转弯（译按：前文提到边界与桥成直角关系。这里是一语双关，既指空间上的90°转弯，也隐喻一种对待边界的态度的90°大转弯），来看清打破边界［的本质］。

它看上去是个"小"题目。在一度如日中天的后现代主义中，历史学发现了它处理这类小问题和边缘问题时的捉襟见肘。这些题目也不完全是没有正当性的。但是桥不是一个小问题。桥梁属于人类伟大成就的范畴。如果不是在例外状态下被坦克碾过，桥梁总是服务于和平的目标。与房屋不同，人们很少在桥上或者利用桥去犯罪和施暴（中世纪和近代早期的水刑，不在考虑范围之内）。桥是凝固的技术

---

[1] 维基百科 http://en.wikipedia.org/wiki/London_Bridge；前引克里斯·罗伯茨：《穿越水上交通：伦敦大桥史》，第25页。

结构，也是某种程度上的鲜活个体（例如水面上的桥遭受洪水和冰面的危险），它承载着符号价值，并且人们可以像对待古老教堂一样去喜爱它们。没有其他任何一种工程建筑物，能够像桥梁这样接近大自然。桥梁"逾越"了自然和技术之间的缝隙。如果它们做不到这样，放在今天的话，早在设计的环节就会引起抗议了——例如德累斯顿的森林宫大桥就曾引起市民的公投，抑或是在中莱茵河谷造桥的计划。

　　许多文明中都有桥。它们的外表也可以代表特定的文化。[1] 在某种意义上讲，罗马、中国和日本的桥在基本结构上有相似性，例如圆拱桥。[2] 造桥的要素和技术是在亚洲和欧洲独立发展起来的。因此，中国西南山区的铁索桥早在欧洲发明铁索桥之前几百年就已经存在了。[3] 但是，在施工过程中，桥梁的造型以及它们在较大范围的自然环境和交通条件下的定位，就是千差万别的了。中国的桥梁基本都是石质的，而日本的桥梁基本都是木质的，甚至在古代日本可以发现很多技艺精湛的仿制中国石桥的木桥，这在文化社会学上意味着什么？[4] 这里潜藏着另外一种生产逻辑：木结构建筑可以因地制宜，而石结构建筑则意味着要从远处运输预制的材料。[5] 如果我们固守线性　　98

----

[1]　阿兰·谭思曼（Alan Tansman）：《日本的桥》，译自〔日〕保田與重郎：《日本の橋》（Japanese Bridges: A Translation of Yasuda Yojūō's «Nihon no Hashi»），载《日本学研究》（*Journal of Japanese Studies*）2008 年第 34 期，第 257—294 页，尤其是第 273、280 页。

[2]　李约瑟（Joseph Needham）著，王铃、鲁桂珍协助：《中国科学技术史》（*Science and Civilization in China*）第 4 卷《物理学及相关技术》（*Physics and Physical Technology*）第 3 册《土木工程与航海技术》，剑桥，1971 年（*Civil Engineering and Nautics*, Cambridge 1971），第 168、185、191、193—197、207 页。

[3]　同上书，第 146 页。

[4]　前引阿兰·谭思曼译：《日本的桥》，第 276 页。

[5]　同上书，第 269 页。

技术进步的思维，又该如何理解 1802 年亚历山大·冯·洪堡在安第斯旅行途中所惊叹的印第安人的绳索桥[1]，以及中国四川有千年历史之久的竹制吊桥[2]？

桥的历史涉及城市、帝国和民族国家的政治和军事史。它是技术、环境和建筑的历史。作为交通史，桥梁涉及地域整合，作为经济、财政和企业史，它涉及商业上的组织成就——没有这些的话，许多大桥是不会建成的。它也是劳工史，上至高空，下至水底（利用沉箱，可以让桥体稳固，布鲁克林大桥和伦敦塔桥就是如此）。个别宏伟、耀眼的大桥（尤其是布鲁克林大桥、威尼斯里阿尔托桥、巴黎塞纳河大桥），总是被人临摹、照相和讴歌。位置优越的桥，人们可以从行人的视角欣赏到一座城市最美的景观，正如卡纳莱托和莫奈所了解的那样，如果有人懂得这一点，也许在下次去伦敦的时候可以站在滑铁卢大桥上试一下。在古代中国（当然其他地方也有）有这种对桥的热衷，以及在文学上程度相当的对桥的赞颂。[3]桥为历史学家赢得了关注度。

桥的隐喻

桥也为自身赢得了关注度，因为"桥"是"边界"概念的对立

---

① 关于佩尼佩县的绳索桥，亚历山大·冯·洪堡在书中有记载。亚历山大·冯·洪堡（Alexander von Humboldt）：《关于科迪勒拉山系和美洲土著碑铭的观点》，法兰克福，2004 年（*Ansichten der Kordilleren und Monumente der eingeborenen Völker Amerikas*, Frankfurt a.M. 2004），由奥利弗·卢布里希（Oliver Lubrich）整理出版，第 281—283 页。

② 前引李约瑟：《中国科学技术史》之《土木工程与航海技术》，第 192 页。

③ 同上书，第 145 页等。

面。在基本层面上，它们之间关系是很明确的：边界是用来隔离的，桥是用来连接的；边界是用来分裂的，桥是用来和解的；边界关闭了所有可能性的大门，桥为新的机遇打开了大门。桥象征着在道德层面   99
对秩序的思考。

人们观察得越仔细，两者的差别就越明显。如果说桥让我们逾越了障碍，如果说桥让边界变得无效，如果说桥上无界和无碍的通行为旅人省去了越境的劳顿和焦虑，那么这些都有一个显而易见的原因：对于绝大多数桥来说，两岸的状况基本是相似的。现实中的桥很少是断头桥。没有哪座桥位于世界的尽头。[①] 桥梁是被嵌入的，而边境则是将两种截然不同处境的世界割裂开来。从根本上讲（即从历史行为体的角度，而不是历史学家的俯瞰），边界将一种内部和一种外部隔绝开来，将一种"此处"与一种"彼处"隔绝开来。如果它是一条隔绝外界的边境，是一个终点，那么"彼处"就是空的，那么它就不会 [在空间上] 延伸，那么它抵达的就是边界自身的尽头。

桥绝不会如此极端。它是一种居间调解的逻辑，是更高秩序的文化成就。但是它必须是以边界为前提的（这是齐美尔的出发点），就是必须要事先有某种被分割开来的状态，调解才会成立。边界致力于不对称，桥致力于对称（人们从两岸都可以过桥）。桥的建筑形式给人一种平衡感，当然技术人员私底下要消除不平衡和不平整的因素。（人们无法直视一座桥的某个桥墩比另一个桥墩吃水更深。）桥的逻辑不是极端的。桥的两头没有攀比。桥头之间没有火热的矛盾，而是一种冷峻的疏离。

----

① 日本的情况不同，前引阿兰·谭思曼译：《日本的桥》，第 291 页。

　　对的，就是一种疏离，因为桥与边界的另一个对立概念，也就
是当下常遭人诟病的"杂交"概念，也是有所区别的。[①] 桥的逻辑不
是混合、认同或融合（即亲密接触）。用桥来隐喻"对边界的模糊"，
是不恰当的。桥的概念指的是一种无法弥合的疏离。从这一点来讲，
100　桥的逻辑是一种矜持的和解。桥的思维，既不同于个别理论家所谓的
"边界思维"，也不同于"杂交话语"[②]，它的价值在于对待差异的"友
善的克制"［这一逻辑］。

① 彼得·伯克（Peter Burke）：《文化杂交》，剑桥，2009 年（*Cultural Hybridity*, Cambridge 2009）。

② 沃特·米格诺罗（Walter D. Mignolo）：《地方史，全球设计：殖民、底层知识和边界思维》，新泽西普林斯顿，2000 年（*Local Histories, Global Designs: Coloniality, Subaltern Knowledges and Border Thinking*, Princeton, NJ 2000），第 49—88 页。

何谓西方？

—— 论一个争议概念的多义性 *

"欧洲"和"西方"的概念辨析

本文处理几个我们习以为常的概念。它基于一项日常的观察，即我们有时讲"欧洲"，有时讲"西方"，所表达的意思相似却又不完全一样。两者的区别在哪里、这种区别有何意义、有没有可能把我们此次活动的主题"欧洲时代的终结"用另一种方式表达出来，即"西方时代的终结"？

只要对"欧洲"和"西方"这两个词汇稍微做一番审视，就会发现两者之间至少有三点不同之处。首先，人们可以轻松地在一张世界地图上找到欧洲，并标注出其边界。[①] 但是要找到西方的具体方位，就不是那么容易了。西方在哪里？它的坐标是什么？从地理上讲，它不是一块边界分明的地区，而是一片在历史变迁中边界始终处于变化之中的群岛，以及一种在政治上以类似方式建构的国家形态。

其次，欧洲始终是作为一个地理或者文化实体而存在，但西方却

本文原稿是 2011 年 6 月 20 日在柏林—勃兰登堡州科学院的演讲，会议的主题是"欧洲时代会终结吗？"本文系首次发表，在原讲稿的基础上略有修改。

① 地理学家对此已经深入探讨过了。参考维贝克·博格（Wiebeke Böge）：《大空间中地球的划分：1871 年以来德语地理学界的世界观》，汉堡，1997 年（*Die Einteilung der Erde in Großräume. Zum Weltbild der deutschsprachigen Geographie seit 1871*, Hamburg 1997）。

不是。我们说古代有西罗马帝国，而不说"西方"。古代中国把帝国
之外的蛮族居住的广袤内亚地区称作西域，而不称"西方"。长期以
来，西方仅仅是指一种自然方位：日落之处；还有一层衍生意义，即
尽头和往生世界。我们所熟稔的现代西方概念（也就是那个作为实体
的西方，亦是作为活跃分子而惹是生非的西方，例如到处进行军事干
预）是何时兴起的？这一概念又是如何因时代而变迁的？

　　最后，"西方"这个词容易让人产生模棱两可的歧义，而"欧洲"
却不存在这个问题。譬如，"西方"显得具有某种人们所捍卫的尊贵
和崇高之义。当我们要展现自身光鲜亮丽的一面时，"西方"指的就
是西方文明。但同时也有人坚决反对西方，甚至是憎恨西方。在俄罗
斯、伊斯兰世界和朝鲜就有这样的人，甚至在中国也有，只是程度
略轻。在 1930 年代，日本和纳粹德国反抗一个根深蒂固的"西方"。
"欧洲"概念所唤起的极端情绪，迄今为止充其量是表现在狂热的欧
洲民粹主义分子和"疑欧派"人士身上。在我们的政治话语中，如果
说某人是"反西方的"，那是特别严厉的批评，意味着极端的、残暴
的压迫运动，以及向西方施压的国家领袖和政治人物。反西方的立场
是灵活的，它既可以变得更加坚定，也可以有所弱化。21 世纪初古
巴和伊朗在国际政治中的言论，就是一个很好的例子。这两个国家的
官方对西方的侮辱都有明显减弱的迹象。

　　"反欧洲"的立场，则不是什么不可饶恕的罪名，长期以来它只
是处于政治包容的语境之内。反欧洲，一般指的是基于民族国家意识
而对"布鲁塞尔"所具有的表面或实际上的威权持保留意见。20 世
纪 80 年代英国首相撒切尔夫人是这一立场的代表人物，后来则有捷
克总统瓦茨拉夫·克劳斯（Václav Klaus）和匈牙利总理维克托·欧

102

尔班（Victor Orbán）。上述三位恰恰不是来自流氓国家的领导人。因此，来自欧洲本土对欧洲的批判，要比在国家利益话语中所表达的对西方的批判更加有力，后者是对西方文明及其所形塑的国际秩序的原则性抵制。在批评者眼中，"欧洲"首先是一级官僚机关，它要从他们身上剥夺一些东西：金钱、自由、安全和认同。　103

简单来说，相较于"欧洲"，"西方"的概念具有更多的意识形态和伦理道德的色彩，争议也更大。即便是在西方国家内部，也是这种情况。西方的拥趸——把西方视为人类历史上最先进的文明，会被扣上傲慢的欧洲中心主义论者、新帝国主义者，甚至是种族主义者的帽子。反过来，西方的批评者，则容易被贴上"对人类最崇高理想的背叛者"和"说自己国家坏话的人"的标签。

不对称的"西方"形象

在此种情况下，历史学家具有一种优势，即通过历史语境化的手段来摆脱概念引起的纷扰，至少在一定程度上能够做到。这一手段同样也适用于欧洲的概念。历史表明，"西方"最早于 17 世纪得到了一次文化意义上的含义扩展。那时，西方的概念首次适合用于一个并非仅仅以宗教为底色的统一大陆。"西方"在 1648 年签署的《威斯特伐利亚和约》中有一个至今影响深远的表述，即便该条约并没有把所有欧洲国家都囊括进去，甚至也没有能平息欧洲的战火。隐喻性的题材在当时的绘画和雕塑中十分常见，表现的是欧罗巴女神骑着公牛被其他大陆的神祇所环绕：阿非利加骑着象，亚细亚骑着骆驼。这类图像直到 20 世纪早期还被用作帝国主义的宣传。[1]

　　"西方"没有［"欧罗巴"所具有的］这种可视化素材的配套。人们是如何形象地展现"西方"的呢？是通过北约这个罗盘，还是通过孟德斯鸠或亚当·斯密的肖像画、丘吉尔或里根的头像，抑或是驻扎在兴都库什的美军或德军的照片？上述答案都不具说服力。就"西方"而言，我们并没有像"欧洲"那样的图像史。在文化史和思想史资料匮乏的情况下，我们只能依赖文本。从零散的史料中，只能重构出一部非常简约的"西方"概念史。

　　"西方"这一概念，历史并不悠久。近年来尝试书写西方历史的史学家们，似乎并不认同此观点，他们所处理的方式与我在此要做的有所不同。他们追问的是：我们今天所标榜的"西方"所具有的正面特质，最早是何时在历史上出现的？[2] 唯心派史家追寻一神教或民主的踪迹，并上溯至古埃及或古希腊时期。唯物派史家则对导致后来欧洲和北美成为世界上最富裕地区的经济学动因的源头甚感兴趣。他们中的个别人甚至追溯到公元前 10 世纪定居农业的发明。从上述追溯性的重构来看，"西方"的历史确实悠久。但西方的概念史却并非如此。如果考虑到以下三点，就会得出这一结论。

　　第一，当欧洲人越过他们位于欧亚大陆尽头的欧洲半岛的边界，并远离他们的大陆而去的时候，"欧洲"的概念已然不够，需要添加

---

[1]　欧洲形象学研究的奠基人是迈克尔·温特勒（Michael Wintle）:《欧洲的形象：在地图学和图像学中将欧洲的历史可视化》, 剑桥, 2009 年（*The Image of Europe: Visualizing Europe in Cartography and Iconography throughout the Ages*, Cambridge 2009 ）。

[2]　参考海因里希·奥古斯特·温克勒（Heinrich August Winkler）:《西方的历史》第 1 卷《从古代到 20 世纪》, 慕尼黑, 2009 年（*Geschichte des Westens*. Bd. 1: *Von den Anfängen in der Antike bis zum 20. Jahrhundert*, München 2009 ）。

一些新的要素或者需要表述得更加准确，首先想到的就是"西方"。西方的概念是以欧洲的扩张为前提的，即在海外新欧洲共同体的建立。可以说，没有美洲，就没有西方。

第二，西方需要它的对立面，它因与其他的概念有所区别才得以存在。一些文化研究者指出，身份认同只能经由"他者"建立在差异的建构之上。我们可以简单地说：没有东方，就没有西方。这句话听上去有点平淡。但是，欧洲的概念就不存在这种状况，不是吗？人们可以在不提及亚洲或非洲的情况下，反复地谈论和书写欧洲。用莱因哈特·柯塞勒克（Reinhart Koselleck）的话说，"西方"是一个不对称的概念。[①] 说它不对称，是因为在此概念的内核中嵌入了一种对自身优越的想象。非西方的，始终被视为低劣的。因此，"西方"是一个充满傲慢的概念。当傲慢的人不愉快的时候，他就会陷入伤感，就如同一枚硬币的另一面。我们不禁要从概念史的角度去问：西方究竟是从何物区别开来的？ 　105

第三，我们所讨论的现代西方概念，如果撇开上文第一点中所提到的"外欧洲"维度，那么它在空间上的范围要比欧洲更小。它只包括欧洲的部分地区。或许这一点在当下正发生着变化：阿尔巴尼亚自 2009 年已成为北约的成员国。但是，俄罗斯却不是。西方的概念始终能在欧洲境内划出一道分界线。这道分界线的前身，就是以前天主教与东正教在宗教上的分野。西方的概念，对一个原则上是同质化

----

① 　莱因哈特·柯塞勒克（Reinhart Koselleck）：《关于不对称概念的历史和政治语义学》（*Zur historisch-politische Semantik asymmetrischer Gegenbegriffe* [1975]）写作于 1975 年，收入氏著：《过去的未来：历史时间的语义学》，法兰克福，1979 年（*Vergangene Zukunft. Zur Semantik geschichtlicher Zeiten*, Frankfurt a.M. 1979），第 211—259 页。

的欧洲概念产生了内部差异化和彼此隔绝的影响。在西方的概念里，蕴含了一个同样棘手的"文明"概念，更准确地说是"文明化的"概念。换句话说，如果没有文明的反差，就没有西方。

因为上述缘故，在所谓"西方和西方以外的地区"、西欧和欠发达的边缘地区所表现出来的欧洲的分裂，也属于西方概念的范畴。在地理上，西班牙和葡萄牙自然位于法国的西方，但是人们长期以来将这两个国家视作稍逊一筹的南欧国家。自 2007 年欧债危机以来，这一古老的中心与边缘的地理格局又再次得到了强化。北美则发生了讽刺性的反转：那里本来是美洲大陆上未开化的荒凉西部。美国文化意义上的西方，位于它的东部，也就是大西洋沿岸。

那么，该如何从概念史的角度对西方进行定位呢？①

1760 年代至 1780 年代的美国革命，是以英格兰和苏格兰的法律为名义发动的一次起义，经由英格兰人托马斯·潘恩（Thomas Paine）的鼓动而激化，反对的是不列颠的皇权，和（后古典）民主的母国。在整个 19 世纪，随着数以百万计的欧洲移民跨越大西洋，带来了新旧大陆之间紧密的往来。不过，我们还是不能低估大西洋两岸在文化和政治上的陌生感。直到 19 世纪末，前往美国旅行的欧洲人士，仍然使用着迪士尼乐园游客的那种戏谑式旁观者的口吻来进行报道。持续到 1865 年的奴隶制，反过来在欧洲和美国之间树立了一道精神隔阂。此后，在美国第一次经济大繁荣的时候，欧洲的报道中充满了反对美国人的物质至上主义和文化肤浅的鄙视。

....

① 奠基性的研究是里卡多·巴伐吉（Riccardo Bavaj）、玛蒂娜·斯特贝尔（Martina Steber）主编：《德国与"西方"：一个现代概念的历史》，纽约 / 牛津，2015 年（*Germany and «The West»: The History of a Modern Concept*, New York/Oxford 2015）。

从政治上讲，美国与它所源自的盎格鲁–撒克逊的母国 —— 英国之间，本身并不存在某种"特殊关系"，在美国与欧洲大陆之间更是如此。众所周知，1914 年一战爆发之际，美国并没有出于自发的西方阵营的团结而站在英国这一边，直到 1917 年出于冰冷的动机和利益的考量才这么做的。在 1940 年英国单枪匹马抵抗希特勒之际，为了捍卫"西方的价值"十分迫切需要美国的援助，但是美国却置之不理。美国直到 1941 年被日本人袭击之后，才有所行动。

一个跨大西洋的政治意义上的"西方"—— 从 1941 年《大西洋宪章》的章程开始酝酿 —— 直到 1942 年初随着战争向全球的蔓延才得以实现。政治上的西方只有不到 80 年的历史。它的首要对手是国际法西斯主义，次要对手是 1945 年之后的苏联共产主义。它在当下的对手则相对比较模糊："伊斯兰恐怖主义"这个关键词有时可以概括，但也不尽然。每个阶段都是为一个"开放社会"抵御其敌人（哲学家卡尔·波普尔的话）的过程。

在其背后还有第二种历史隐约可见。在 19 世纪欧洲的自由派和民主派人士看来，所谓的自由西方，是包括美国的。在受到专制国家机器的迫害后（譬如德国 1848 年的逃亡分子），如果人们愿意，是可以在美国找到避难之所的。但是，自由西方的对立面在何处呢？一个自由的西欧形象是在何种情况下兴起的？它的对立面不再是奥斯曼帝国、印度或伊朗所谓的"东方专制"了，人们在 17 世纪对这些是有所畏惧的。更多的是在欧洲大陆内部的专制：沙俄帝国。

作为与大英帝国并列的两大国际强权之一，沙俄帝国自 1820 年代以来就在它国境以西的名声一片狼藉，而且此恶名一直背到 1890 年代，彼时它通过工业化逐渐开启了现代化的进程，并同时被已经民

107

主化的法国接纳为外交盟友。在此之前，沙皇俄国在西方人的眼中是一个残暴的军事国家、俄国人民的监狱——但在 18 世纪晚期，尤其是女皇叶卡捷琳娜二世时期还没有形成这种印象，这一负面形象始于热爱自由的波兰人。从这个角度来说，"西方"是作为沙俄专制的对立面而兴起的。于是，在 20 世纪初通过反对布尔什维克的俄国，将这一对立面的建构重新激活，也就不是难事了。"西方"作为"非俄国"而存在，这一动机的历史可以追溯到十月革命。

至于第三种历史，就是作为"非东方"的"西方"了。这一历史也有跨大西洋的背景，是更纯正的西方。美国在地理上是远离伊斯兰国家的，而且与其往来稀疏（大约到 1950 年为止）。不过，北美却是中国和日本劳工的重要移民目的地之一。美国的铁路轨道主要是爱尔兰人和中国人建的。美国内战之后，国内爆发了排外情绪。自 1890 年代以来，美国政府针对亚裔实施了严苛的移民政策，而这种移民管制在当时的世界范围内尚属罕见，必须要说，那是种族主义的政策。几乎同时，对某种"黄祸"的恐惧，开始在大西洋的两岸兴起，绝非仅仅是德皇威廉二世的一个幻想——他臆想着亚洲铁骑会在某天来袭欧洲。

美国人的"东方"，首先是在东亚，但是完全可以与欧洲人的"东方"相媲美，后者位于中东和北非。关于所谓欧洲人的"东方主义"，在过去 40 年内有大量作品发表。人们所做的工作，无外乎是把欧洲人对穆斯林民族的优越感批得体无完肤，甚至把欧洲的东方学学脉也扣上民族优越感的帽子。在欧洲殖民地那里，例如英属印度、阿尔及利亚或印度尼西亚，这成为一种占统治地位的意识形态。

欧洲人与伊斯兰文明之间东方主义式的隔绝，几乎完全是一种文化上的产物。对于穆斯林知识分子来说，这近乎是一种侮辱。没有人愿意别人说自己的文明是缺乏生机的、贫瘠的、疲软的，或者是昔日大国的余晖，不再具有生命力，需要别国的委任统治。不过，在一定程度上，东方主义在政治上是中立的。欧洲人在当时并不把无害的东方视为来自东方（或南方）的政治和军事威胁，不像对 13 世纪的蒙古人、16 和 17 世纪的奥斯曼帝国，或者冷战时期的苏联那么恐惧。在 19 世纪的欧洲人和北美人眼中，就政治和经济实力而言，亚洲就从来没有被当回事。这一点在 20 世纪上半叶才有所改变，日本意外地崛起成为一个世界强国。虽说殖民势力始终要防备着当地的起义，但没有人预判在伊斯兰世界会出现一股反欧洲的洪流。在 1950 年以前，甚至是 1980 年以前，只有极少数的政论家能够想到中国和印度将来会成为世界强国。[1] 关于这两个大国崛起的预判，都是近年来的事情。与"非俄国"的"西方"不同，"非东方"的"西方"不是政治上的隔绝和切割，而是文化上疏远的现象。

从外部看西方

上述三种对西方的身份界定——分别与"东方""专制俄国"和 20 世纪国际政治中的"盟国对手"的对立，是如何互相作用的，限于篇幅，在此不展开论述。相反，这里应该讨论一个经常遭到忽视的情况。

我们不应该高估人们对西方价值、欧洲文化遗产和欧洲价值进行

---

① 参考本书"亚洲的兴起"一章。

反思的频率和深度。在过去几个世纪内，它并不是欧洲伟大思想家们的核心关切。就他们当中许多人而言，人们要费很大力气才能找到他们对欧洲或者西方的思考。只要欧洲人觉得他们比其他地区富强，尤其是在 19 世纪，就无须再费力去寻找显示自身优越的证据。这是不言自明的事情。上文中提到的东方主义，也仅仅是某种自创理论的一家之言。对自身认知的深入程度，是与政治上的不确定性同步的：例如 19 世纪早期、一战以后（斯宾格勒的《西方的没落》成为畅销书）、二战以后，以及当下。"欧洲时代的终结？"这一话题再次成了舆论的焦点。

在西方反躬自问的同时，他者也从外部用犀利的眼光看待欧洲和西方。[①] 在 19 世纪和 20 世纪的日本、中国、印度、越南、埃及和奥斯曼帝国，都有人十分仔细地研究着西方。在那些地区，亚洲和非洲的知识分子目睹了殖民列强在各自国家的存在，他们的西方形象自然就会因之而变得有所指向性。例如，印度人的西方就是英国殖民者，越南人的西方就是法国殖民者，刚果人的西方就是比利时殖民者，菲

---

① 参考阿拉斯泰尔·伯恩内特（Alastair Bonnett）：《西方的观念：文化、政治和历史》，贝辛斯托克，2004 年（*The Idea of the West: Culture, Politics and History*, Basinstoke 2004）；氏著：《西方主义和复数的现代性：或者说福泽谕吉和泰戈尔是如何发明西方的》（Occidentalism and Plural Modernities: Or How Fukuzawa and Tagore Invented the West），载《环境和 D 计划：社会和空间》（*Environment and Planning D: Society and Space*）2005 年第 23 期，第 505—525 页。潘卡吉·米什拉（Pankaj Mishra）：《帝国的残骸：反对西方的叛乱和亚洲的复兴》，法兰克福，2013 年（*Aus den Ruinen des Empires. Die Revolte gegen den Westen und der Wiederaufstieg Asiens*, Frankfurt a.M. 2013），由米夏埃尔·比硕夫（Michael Bischoff）从英语译成德语。塞巴斯蒂安·康拉德（Sebastian Conrad）：《前言：非西方精英眼中的"欧洲"，1900—1930 年》（Vorwort: «Europa» aus der Sicht nicht-westlicher Eliten, 1900-1930），载《现代欧洲史杂志》（*Journal of Modern European History*）2006 年第 4 期，第 158—170 页。

律宾人的西方就是美国殖民者。当然，这些知识分子中的某些人，也会关注其他的西方殖民国家。

在那些没有任何殖民势力的地方，则是一幅广角镜。奥斯曼的精英受法国的影响至深，但也对英国和后来的日本感兴趣，它的军事顾问则主要来自德国。日本人在1860年以后派遣了一系列的大型使团，周游欧洲和美国。他们把世界看作是各种国家发展模式的超级市场，可以择善而从：从这里学习法律和军事制度，从那里学习技术，再从另外一处学习音乐和历史，只有亚洲国家不在考虑范围之内。中国和暹罗紧随其后，只是规模略小。他们都采取一种有选择性的西方化政策。今天的中国在全境实施一百五十年前开始的这样一种西化战略。

我们必须要清楚，在西方以外的地区 —— 首先在日本 —— 早已兴起了目标明晰的针对"西方"的评估。所谓的"西方"，不仅是"欧洲"，因为美国在东亚的出现和存在，要比在中东和近东早一个世纪。美国于1844年与中国签订《望厦条约》，在接下来的几十年内往清朝派遣了数以千计的传教士。1853—1854年日本开埠，随之而来的是一支美国舰队。总之，在东亚，人们很早以前就已经与欧洲和美国打交道了。敏锐的观察家对西方内部不同文明模式之间的差异了如指掌，也能分辨出不同的帝国主义政治体的风格。在语言上，也已经催生了大量有关西方的术语。

值得注意的是，非西方的知识和政治精英，很少用一种惬意冥想的方式来对待"西方"。有时候，西方在军事和经济上具有侵略性，于是就出现了一个问题，那就是尽量要用西方自身的先进武器来对付西方。有时候，西方又确实是值得钦佩的。在19世纪，西方自身的诉求，即成为世界范围内领先的和标杆的文明，多多少少还是实现了的，并且在一定程度上内部化了。其他的一些过激的主动西化的行为，例如采用欧洲的服饰和建筑，在此就不再赘述了。

外部他者对欧美西方的评价，相比英国人、法国人、德国人或美国人单方面的自我定位，要显得更加矛盾。西方既有优点，也有缺点。首先，非西方人士会发现一个根本性的矛盾、一个巨大的伪善：西方人虽然有民主、平等、人权和公民权，但是他们却不在自己的殖民地落实这些。

不仅理论上，而且实际中也存在这样的问题（至今仍存在），如何吸收西方的优点，但不改变自身的本体。自 19 世纪中叶以来，亚洲就有一批仁人志士开始探索西方化的道路，他们当中很少有人主张全盘西化。相反，他们的终极目标是，把西方化进程的控制权掌握在自己手中，至少要对西化的先决条件拥有发言权。在这方面，土耳其、伊朗和中国至今都是很好的例子。

未解的问题

我的结论，恐怕要让在座许多听众的期望都落空了。我对拉美只字未提。社会学的时髦词"现代性"，也没有出现。最重要的是，我没有重复所谓西方的成就和美德这一陈词滥调，以及这一论调自 18 世纪以来是如何以不断翻新的花样呈现的。我也没有从发生学的角度把"西方文明"从古典时期梳理一遍。这些，有专门的权威人士去做。[1]

---

[1]　参考不完整的文献选集：安东尼·格拉夫顿（Anthony Grafton）、格兰·莫斯特（Glenn W. Most）和萨尔瓦多·赛提斯（Salvatore Settis）主编：《古典的传统》，马萨诸塞州剑桥 / 伦敦，2010 年（*The Classical Tradition*, Cambridge, MA/London 2010）。

不过，我可以提炼出三点结论。

首先，认为某些东西"只在西方有"的论断，是要存疑的，它们并不是基于实际的比较而得出的结论——至少要对另外一种文明有深刻的认知。如果没有这种认知，往往就会用一种生硬的非黑即白的思路去解释那些模棱两可的现象。于是，西方的个体主义与东方的集体主义相对；启蒙的西方与混沌的东方相对；理性的西方与蒙昧的东方相对；等等。我们应该避免这一类刻板印象。　　112

其次，即便是在地理上的西方内部，关于"西方"在政治和文化上的属性，也是始终有争议的。在第一次世界大战期间，法国人和德国人互相琢磨如何把对方从西方阵营驱逐出去。著名的德国教授在宣言中呼吁，要把欧洲的（准确地说，是德国的）"文明世界"从法国和英国佬手中解放出来。在美国总统小布什及其国务卿拉姆斯菲尔德执政期间，人们在考虑超越大西洋框架的事情，把西方阵营推向了分裂的边缘。如果还记得他们在我们"西方"当中代表了一股影响深远的思潮，那么代表美国利益的那些民族主义者就不会博得多数欧洲人士的同情。乌克兰与西方的关系是什么样的：前哨、桥梁，或者压根就是冒牌货？还有，什么才算是"西方的传统"？苏格兰裔的哈佛大学教授尼尔·弗格森（Niall Ferguson），作为当今历史通俗读物最成功的学者，从一种激进的市场自由主义角度，将整个社会主义（尤其是马克思主义）——即便不是社会民主和福利国家，从西方的历史中剥离了出来。[①] 可见，"西方"是一个弹性很大的概念建构。

---

① 尼尔·弗格森（Niall Ferguson）：《西方与世界其他地方：文化竞争的历史》，柏林，2011 年（*Der Westen und der Rest der Welt. Die Geschichte vom Wettstreit der Kulturen*, Berlin 2011），由米夏埃尔·拜伊尔（Michael Bayer）和史蒂芬·格鲍尔（Stephan Gebauer）从英语译成德语。参考我在德国《时代周刊》（*Die Zeit*）2012 年 1 月 12 日发表的书评。

最后，毫无疑问，有许多文化要素是在欧洲"发明"的，它们后来成了普世的准则，但是事情并没有这么简单：因为它们都是由帝国主义霸权强制实行的，例如地中海世界的基督教、人权思想、三权分立的思想、奴隶制的废弃，等等。当提到上述成就的时候，今天的欧洲敢对其中哪一项宣称有权利？欧洲对其中的哪一项拥有知识产权吗？欧洲有权让人对它感恩戴德吗？它应该得到补偿吗？既然今天的突尼斯也实现了民主，那"欧洲的民主思想"还有什么政治内涵？

最后我们来回答："西方的时代"终结了吗？

作为历史学家，我们拥有一项道义上的优势，那就是不必对未来进行预测。只有很少极有预见的预言，后来真正实现了。几乎没有人在 1780 年预言 1789 年会爆发法国大革命，更没有人在 1980 年预言苏联和苏维埃帝国会解体，它们在 11 年之后却从世界舞台上消失了。在 2008 年之前预言会发生一次全球经济危机，以及在 2011 年 3 月 11 日之前预言日本福岛核泄漏将会成为第二个切尔诺贝利的少数几个人，都被视为乌鸦嘴和扫把星。慎言未来，是智者的戒律。下面，我只能勉而为之。

我们应该对所谓"缓慢衰亡"的陈词滥调保持怀疑，它是与历史循环论捆绑在一起的。当然，确实存在某种衰微：例如拉丁语在欧洲的式微，或者去工业化过程中制造业的衰落。历史学家对这些现象往往都是后知后觉。文明及其所形塑的时代，更常见的是在瞬间坍塌。坍塌的原因有传染病、自然灾害、革命和战争，甚至还可能是技术革命的影响。这些原因中没有一项是能够可靠地被预测到的。我们可能站在欧洲或者西方时代的终点却对此浑然不知。

如果西方的时代终结了，会发生什么呢？这个问题有点幼稚，因为毫无疑问地可以预见，总会有人来"统治"世界或者主导世界的。一时间，这种想法变得时髦了起来。2011 年最畅销的历史学书籍，是加州考古学家伊恩·莫里斯（Ian Morris）写的《谁统治世界？》①。许多人信奉有关世界帝国轮替的古老信条，相信在欧洲时代（值得注意的是，很少说"美洲时代"）之后必然是一个亚洲时代。

　　然而，一定会是如此吗？作为当下唯一能够实现崛起的国家，中国是否真的有意夺取在国际关系和军事方面世界主宰者的角色，就像大英帝国在 1880 年以及美国在 1960 年和 20 世纪 90 年代中期所做的那样？中国会把它对正义政治和美好生活的理解，或者简单地说：它的理念和价值，强加或者强迫给世界其他地区吗？我们是否都走上成为孔子信徒的大路上？是否如某些媒体和智库所猜测的，龙和鹰的终结一战将不可避免？这些都是存疑的。

　114

　　当欧洲不能阻止令其不悦的事情发生之际，欧洲的时代就终结了。但是，这在很长一段时间内是不会发生的。当统一的西方再也不能阻止令其不悦的事情发生之际，一个西方的时代可能也就终结了。但是，很多西方的东西仍然在世界上占有一席之地，特别是欧洲-美国的西方所拥有的一项极具影响的发明：消费社会。消费社会已经成为"后西方"和"全球性"的产物了。

---

① 伊恩·莫里斯（Ian Morris）：《谁统治世界？为何有些文明处于统治地位而有些文明处于被统治地位》，法兰克福/纽约，2011 年（*Wer regiert die Welt? Warum Zivilisation herrschen oder beherrscht werden*, Frankfurt a.M./New York 2011），由克劳斯·宾德尔（Klaus Binder）、沃尔特劳德·哥廷（Waltraud Götting）、安德里斯·西蒙·多斯·桑多斯（Andreas Simon dos Santos）从英语译成德语。译按：中译本题名为《西方将主宰多久》，钱峰译，中信出版社，2014 年。

亚洲的兴起

—— 当下全球不确定性的一个思想史预设 *

如今，亚洲人在历史上第一次比西欧人更富裕了。

——《法兰克福汇报》

2015 年 6 月 16 日

₁₁₅ "亚洲兴起"话题在当下的热度

20 世纪 90 年代西方许多知识分子期待着"美利坚治世"（*Pax Americana*）的到来。他们希望，作为冷战赢家的美国，从此能够借由压制反现代化的伊斯兰主义，把自身的价值传播到全球。其结局将是，每一位为之奋斗的人都将获得自由；每一位辛勤付出的人都将获得财富。但是让另外一些人感到忧虑的是：美国干涉他国的部队到处行动，奉行激进新自由主义的资本主义被挑起，以及全球性和世俗性的美国文化工业的胜利。"9·11"恐怖袭击和 12 个月后一名安全学博士的攻击性报告（译按：指美国国家安全顾问赖斯指责伊拉克

* 本文系首次发表。此文曾经以"从'黄祸'到亚洲的兴起"为题，于 2010 年 6 月 21 日在慕尼黑西门子基金会作过报告。该主题的几个重要方面，尤其是印度和中国学者的观点，在康斯坦茨大学的一篇博士论文中被深入讨论过。参考斯尔克·马提尼（Silke Martini）：《后帝国时代的亚洲：在英美主导的世界下印度和中国的前途（1919—1939 年）》，慕尼黑，2016 年（*Postimperiales Asien. Die Zukunft Indiens und Chinas in der anglophonen Weltöffentlichkeit 1919-1939*, München 2016）。感谢斯尔克·马提尼对本文提出了宝贵的意见。

拥有大规模杀伤性武器），以及 2003 年伊拉克战争的爆发，在这一系列的事件之后，似乎世界上唯一的超级大国终于可以把它的规则放之四海而皆准了。市面上很快出现了大批帝国题材的书籍，其中最令人喜闻乐见的是把美国与罗马比较，值得注意的是，不是与罗马的末代皇帝罗慕路斯·奥古斯都，而是与罗马的一代明君——图拉真比较。[①] 曾任卡特总统安全顾问的兹比格涅夫·布热津斯基（Zbigniew Brzezinski）早在 1997 年就直接把美国作为帝国史的延续来加以阐释了：美国是在罗马、蒙古、西班牙和不列颠之后横空出世的一个真正意义上的"世界帝国"——第一个也是最后一个。[②]

116

　　然而到了 2010 年，所有的这一切似乎都成了遥远的童话。中国和印度达到了 8% 到 10% 的 GDP 年增长率，把美国和西欧远远地甩在了后面。在 21 世纪初事态严峻的时候，美国不是一个人说了算。G7 或 G8，被 G20 所取代，后者是世界主要经济体的决策机构，在此框架内新兴国家可以平等地参与讨论。乔治·布什时代所奉行的军事干涉政策，也被称为"单边主义"，在 2009 年奥巴马政府更加谨慎、避免冲突的风格面前有所退却。随着 2008 年 9 月 15 日雷曼兄弟宣布破产，又掀起了新的舆论热潮，人们对所谓的"美国优势论"开始怀疑。即便美国从经济危机中挺了过来，人们还是认为，另外一个

---

① 例如彼得·本德（Peter Bender）：《世界强国美利坚——新罗马帝国》，斯图加特，2003 年（*Weltmacht Amerika. Das Neue Rom*, Stuttgart 2003）；影响特别大的是赫尔弗里德·穆恩克勒（Herfried Münkler）：《帝国：世界霸权的逻辑——从古罗马到美国》，柏林，2005 年（*Imperien. Die Logik der Weltherrschaft - vom Alten Rom bis zu den Vereinigen Staaten*, Berlin 2005）。

② 兹比格涅夫·布热津斯基（Zbigniew Brzezinski）：《大棋局：美国的首要地位及其地缘战略》，纽约，1997 年（*The Grand Chessboard: American Primacy and Its Geostrategic Imperatives*, New York 1997），第 24—29 页。

长远的、划时代的势力将要兴起。

写书的人又开始乐此不疲了。大约从 2005 年起，关于亚洲崛起的书籍数量激增，书名也大同小异。在一些人眼中，亚洲作为一个整体，势必勃兴（例如《亚洲回归：西方主导的终结》[①]），另一些人则聚焦于亚洲的三个主要国家（例如《亚洲三雄：中国、印度和日本的崛起》[②]）。中国专家们把"他们［所研究］的"国家的进步说成是世界历史上具有划时代意义的变化（例如《当中国统治世界时：中央帝国的崛起与西方世界的终结》[③]），而印度研究专家们则把南亚次大陆

[①] 马凯硕（Kishore Mahbubani）：《亚洲回归：西方主导的终结》，柏林，2008 年（*Die Rückkehr Asiens. Das Ende der westlichen Dominanz*. Berlin, 2008），由克劳斯－迪特尔·施密特（Klaus-Dieter Schmidt）从英语（Kishore Mahbubani, *The New Asian Hemisphere: The Irresistible Shift of Global Power to the East*, Public Affairs, 2008）译成德语。译按：中译本作《新亚洲半球：势不可当的全球权力东移》，刘春波、丁兆国译，当代中国出版社，2010 年。

[②] 布拉马·切拉尼（Brahma Chellaney）：《亚洲三雄：中国、印度和日本的崛起》，纽约，2006 年（*Asian Juggernaut: The Rise of China, India and Japan*, New York 2006）；或者"亚洲二雄"，例如大卫·德农（David B. H. Denoon）：《中国和印度的经济和战略崛起：1997 年金融危机之后亚洲的重整》（*The Economic and Strategic Rise of China and India: Asian Realignment after the 1997 Financial Crisis*, New York 2007）。

[③] 马丁·雅克（Martin Jacques）：《当中国统治世界时：中央帝国的崛起与西方世界的终结》，伦敦，2009 年（*When China Rules the World: The Rise of the Middle Kingdom and the End of the Western World*, London 2009）；艾伯哈德·桑德施耐德（Eberbard Sandschneider）：《全球竞争者：中国的强势崛起与西方的无能》，慕尼黑，2007 年（*Global Rivalen. Chinas unheimlicher Aufstieg und die Ohnmacht des Westens*, München 2007）；让－弗朗索瓦·苏斯比耶尔（Jean-François Susbielle）：《中国与美国：定制的战争》，柏林，2007 年（*China-USA. Der programmierte Krieg*, Berlin 2007），由安格利卡·希尔德勃兰特（Angelika Hildebrandt）从法语译成德语；康灿雄（David C. Kang）：《中国崛起：东亚的和平、权力和秩序》，纽约，2008 年（*China Rising: Peace, Power, and Order in East Aisa*, New York 2008）。以前也有人警告中国具有巨大的潜力，例如君特·威斯伯恩（Günther Weiseborn）：《长江上将站起巨人：关于中国的笔记》，慕尼黑，1961 年（*Am Yangtse steht ein Riese auf. Notizen aus China*, München 1961）；阿兰·佩兹热菲特（Alain Pezrefitte）：《当中国觉醒时：关于中国道路的讨论》，巴黎，1973 年（*Quand la Chine s'éveillera...: regards sur la voie chinoise*, Paris 1973）。真正解释得很透

视为全球大国博弈中的真正赢家（例如《印度：从地区大国到世界大国》[①]）。鹰、龙和虎的形象成为不少杂志的封面插图。甚至在谈论俄罗斯"熊"时，也会让人不寒而栗，但更多的是把它当作新帝国主义的投机者，而不是蕴含现代化潜能的一股势力，总之，我们只是将俄罗斯视为全球政治玩家之一，而不是出类拔萃的弄潮儿。

"亚洲兴起"或者作为全球第一大洲——亚洲里几个重要国家将要兴起的话题，成为人们茶余饭后的日常谈资。鱼龙混杂的各路专家跃跃欲试，试图揭示出隐藏在这一现象背后的秘密。这似乎令人难以捉摸，因为欧洲和美国人一度不相信亚洲会崛起：发展中国家竟然发展了起来。但是，还没有人批判和反思我们那套谬以千里的衡量标准。自 1990 年代以来中国的变化，无论是速度还是规模，都是实实在在的，甚至是令人惊叹和史无前例的。准确地说，在历史上还没有一个像中国那样的先例，使亚洲的发展速度让欧洲人惊愕。公元 7、8 世纪起源于阿拉伯半岛的早期伊斯兰教的扩张，如同自然灾害一般向地中海邻国奔袭而来。没有人在 13 世纪早期预见到蒙古帝国会如

117

彻的是一篇经济学研究，参罗恩·勃兰特（Loren Brandt）、马德斌、托马斯·罗斯基（Thomas G. Rawski）：《从分流到合流：重估经济蓬勃之下的中国历史》（From Divergence to Convergence: Re-evaluating the History Behind China's Economic Boom），载《经济学文献杂志》（Journal of Economic Literature）2014 年第 52 期，第 45—123 页。

① 阿肖克·卡普尔（Ashok Kapur）：《印度：从地区大国到世界大国》，伦敦/纽约，2006 年（India: From Regional to World Power, London/New York 2006）；埃尔文德·帕纳加里亚（Arvind Panagariya）：《印度：崛起的巨人》，牛津，2008 年（India: The Emerging Giant, Oxford 2008）；迪特玛尔·洛特蒙德（Dietmar Rothermund）：《印度：一个亚洲世界大国的兴起》，慕尼黑，2008 年（Indien. Aufstieg einer asiatischen Weltmacht, München 2008）；维奈·赖（Vinay Rai）、威廉·西蒙（William L. Simon）：《思考印度：下一个世界超级大国的兴起》，纽约，2007 年（Think India: The Rise of the World's Next Superpower, New York 2007）。

闪电般出现，而奥斯曼帝国会在中世纪结束之后的 15、16 世纪崛起成为一个超级大国，这一点也是基督教知识界始料未及的。

研究当代史的学者不愿意追溯到那么远。他们意识到亚洲经济体在前现代的活力，进而指出当代亚洲的经济动力并非始于 21 世纪。在 20 世纪 60 年代，欧洲的注意力集中在日本——该国所奉行的军事扩张主义在 1945 年夏天戛然而止，现在则是世界公认的勤勉文明国家——日本与素有经济奇迹之称的西德曾经各领风骚。在 70 年代，日本的通讯电子产品冲击着欧洲本土的产品。80 年代末，美国三分之一的汽车产自日本，而在联邦德国的这一比例只是稍微低了一点。[①] 此后对日本的关注就消退了，主要是因为 1990 年以来日本所遭受的经济困境。不久之后，又进入了所谓的"亚洲四小龙"（译按：德语原文直译是"亚洲四虎"）时代，包括韩国、新加坡 [、中国香港] 和中国台湾，后者与外界没有正常的外交关系，但是仍然挤进了出口型工业国家和地区的前列。至于谁是仅次于这批"小龙"的"小虎"，就不好说了，例如马来西亚、印度尼西亚和泰国都有人提起。欧洲人在面对这些国家时，比在面对日本出口驱动时所表现出的恐慌要低，但是无论如何，要知道：80 年代中期年轻科学家买的第一台电脑，往往不是 IBM 的，而是来自一家中国台湾的企业。曾经作为殖民地的亚洲国家，开始破天荒地在世界高科技领域崭露头角。欧洲人对亚洲"小龙"和"小虎"经济体的担忧，持续时间并没有像对日本的恐慌那么久。1997 年突如其来的金融风暴，以迅雷不及掩耳之势将这些

---

① 彼得·迪肯（Peter Dicken）：《全球转移：勾勒世界经济变迁路线》，纽约 / 伦敦，2015 年（ *Global Shift: Mapping the Changing Contours of the World Economy*, New York/London 2015 ）。

经济体打垮，并且从长远来看，它们的经济增长都会因之而延缓。

21 世纪初中国给世界带来的惊叹，与上述例子不可同日而语。中国的 GDP 始终以高位的速度增长，直到几年之前人们对这一增长率还是熟视无睹，毕竟干巴巴的统计数据不能给人以直观感受。但是要知道，西欧消费社会中无数日常用品上都有一个小小的"中国制造"标签。2008 年的北京奥运会和 2010 年的上海世博会，让世人亲眼看见了中国的大都市是如何华丽转身的，以及作为独一无二的中国政府在调配资源和象征政治（译按：象征政治是指对具体的事件或问题未必能带来直接影响，但会引起间接效应的政治或政策）方面，在当今世界能做到什么样的极致。

在中欧一般的媒体用户群中，很少有人听说印度有 3 亿与他们自己身份一样的中产阶级人口，甚至还有不少世界顶级富豪。但是，上文所提到的书籍（其语气在置身度外和歇斯底里之间摇摆），往往言之凿凿（当然也不缺乏质疑的声音）地认为，今日中国的经济繁荣，就是印度将要发生的程度更为激烈的社会改革的前兆。一些特别前卫的预言家，例如来自高盛公司的人员，相信可以预见在 2050 年印度的人均收入会是今天的 50 倍。[①]

119

当下，亚洲兴起的现象被不同的学科加以分析。经济学家分析亚洲经济动因的客观推动力，社会学家则分析经济发展所带来的社会后果，文化学家关注随着经济发展亚洲人在思维模式上的变化，政治学家关心的是印度民主制和中国一党制下的社会稳定。这些专家

[①]　法里德·扎卡利亚（Fareed Zakaria）：《他者的崛起：后美国时代》，慕尼黑，2009 年（*Der Aufstieg der Anderen. Das postamerikanische Zeitalter*, München 2009），由托尔斯滕·施密特（Thorsten Schmidt）从英语译成德语，第 164 页。

都迫不及待地预测未来，并告诉我们 10 年甚至 20 年后亚洲是一幅何
等模样。历史学家不具备这种预知未来的本事。瑞士著名历史学家爱
德华·富特（Eduard Fueter）在 1921 年出版的《19 世纪世界史》一
书中指出："只有半吊子和业余历史哲学家才会去预测未来。"① 处理
思想史课题的历史学家，最好让自己站在二流观察家的角度去思考问
题，因为：虽然他本人不去冒险预测，但是他要讨论历史上那些预测
的尝试。在理解历史上的预测时，应该按照如下的方法进行。要始终
围绕一个普遍的问题：有多少"未来"已经在历史上出现过？换句
话说，如今在西方的亚洲评论家的反应，究竟只是基于他们在当下的
所见、所闻、所读、所算和所测吗？抑或，这些对事物的观察，也受
到那些在历史上早就已经存在的思考方式和思维模式的影响？

亚洲形象在欧洲的早期建构

预言性的想法，即对未来未卜先知，在欧洲早期现代的思维中是
很难实现的。乌托邦源自于现实，在一个几乎可以感知的未来内，它
们并不是一直不断地往前线性延伸。预测总是以进步史观为前提的，
即便遇到了一个悲观的结果，也就是说在某些特殊情况下"进步"没
有如约而至。亚洲会走向何方，这样的问题在 17 和 18 世纪还不是一
个要紧的问题，即便在这片大陆上发生了重大的政治转折 —— 例如
满洲人在 17 世纪中叶统治了中国，1760 年英国征服了莫卧儿王朝的

120

---

① 爱德华·富特（Eduard Fueter）：《19 世纪世界史》，苏黎世，1921 年（*Weltgeschichte der letzten hundert Jahre 1815-1920*, Zürich 1921），第 636 页。

余绪 —— 但也不能简单地用传统的帝国兴亡式的历史循环论来套用，而是要追问，这些政治动荡对于欧亚大陆的权力版图有何影响。

19 世纪的预言性色彩要比 17 和 18 世纪更加明显，其出发点也不同。黑格尔主义者、进化论者和实证主义的统计学家，根据他们所掌握的资料，都自信满满地认为可以预知未来。他们往往借助于历史发展规律，诸如人类社会阶段或者可以推演的历史波动。这种对未来的期许，更多的是按照实证主义的要求来表述，而不是以预言的形式。在 19 世纪，亚洲不是这类预言的对象。在欧洲知识分子的政治和哲学光谱之下，作为一个大陆，亚洲被视为一种虽然年代久远，但在当时却是经济停滞、政治僵化、文化贫瘠的文明，是一群"没有历史"的人，他们与当时所谓"原始人"的区别只是表现在拥有文字方面，以及他们寓居在昔日辉煌大国的废墟之上。①

在 19 世纪下半叶，这类预言逐渐以一种生物种族主义的"伪客观"话语来叙述。还有一些与种族思想保持距离的思想家，例如英国哲学家和经济学家约翰·密尔和来自萨克森、后来在牛津教书的语言和宗教学家弗里德里希·马克斯·穆勒（Friedrich Max Müller），也殊途同归地做了同样的事情。根据军国主义的现实政治逻辑，亚洲国家在欧洲一系列侵略战争中的失败，证明了他们腐朽的政治和社会机体的劣等性。东方暂时性的落后 —— 当然

---

① 格里高利·布鲁（Gregory Blue）：《当代中国和西方的社会思想》（China and Western Social Thought in the Modern Period），载卜正民（Timothy Brook）、格里高利·布鲁主编：《中国与历史资本主义：汉学知识的谱系学》，剑桥，1999 年（China and Historical Capitalism: Genealogies of Sinological Knowledge, Cambridge 1999），第 57—109 页；格里高利·布鲁：《戈宾诺论中国：种族理论、"黄祸"和对现代的批判》（Gobineau on China: Race Theory, the "Yellow Peril" and the Critique of Modernity），载《世界历史杂志》（Journal of World History）1999 年第 10 期，第 93—193 页。

121　也有例外，例如骁勇善战的阿富汗，曾两次重重挫败了强大的大
英帝国——却被偷换概念成一种永久状态和世界秩序的一种持久
标志。

　　总之，没有什么可预测的：亚洲的未来就是它的过去。即便是在
提到历史变迁时，也只是把它们当作欧洲殖民势力乐善好施的文明化
使命的后果，在后者看来，这是一项永久需要完成的任务。[①]亚洲被
欧洲全面压制，所以被认定为低人一等，这是不容置疑的基本假设。
本来，这种对亚洲臆想的动机，作为［欧洲知识分子探寻］更深奥智
慧和精神的源泉，是有利于亚洲的。但是，这一动机却完全地与政治
绝缘，更没有为批判现实生活中"雌性"东方对"雄性"西方的屈服
提供任何理论依据。

　　欧洲人这种良好的自我感觉，是什么时候开始被取代的？在欧洲
人的眼中，亚洲人的声誉是何时出现拐点的？有三个历史阶段可以把
这一变迁勾勒出来：一战前夜的瞬间；一战以后；1945 年后亚洲的
革命和去殖民化时期。

一战前夜

　　19 世纪晚期欧洲人和北美人对亚洲的感观，是基于对来自印度、
中国和日本的新一波劳工移民的印象。在此之前，亚洲总是被刻画

---

① 　鲍里斯·巴尔特（Boris Barth）、于尔根·奥斯特哈默：《文明化使命：18 世纪以来帝国主义
对世界的改变》，康斯坦茨，2005 年（*Zivilisierungsmissionen. Imperiale Weltverbesserung seit dem
18. Jahrhundert*, Konstanz 2005）；于尔根·奥斯特哈默：《欧洲、西方与文明化使命》（*Europe, the
«West» and the Civilizing Missions*）（伦敦德国历史研究所的年度讲座），伦敦，2006 年。

成一幅静止的形象，现在终于动了。一方面，这一波移民是一个受欢迎的或者被默认的全球化现象，为资本主义世界经济的繁荣做出了贡献；但另一方面，它又唤起了西方对有损自身威望和受到外来影响的恐惧。美国、加拿大和澳大利亚自 1880 年代以来实施了排外法案，却招致了亚洲政府的外交抗议和群众抵制——中国在 1905 年开始（译按：指 1905 年中国各界的反美运动）。但是，人们不能低估在传播上具有轰动效应的"黄祸"这一动机的意义和蔓延。[1] 亚洲的劳工输出似乎是可控的，排外法案对其进行了有效的遏制。1900 年仇外的义和团起义，标志着中国人对外国人的仇视和恐惧达到了极致，但被外国军队镇压了。中国其他的反殖民运动，结局也都差不多。当时只有很微弱的声音，例如德国地理学家李希霍芬，认识到像中国这样的国家蕴藏着无限的经济潜力。[2] 除此之外，几乎没有人指望着亚洲能"崛起"。

　　亚洲第一次让世界震惊是在 1905 年，日本在一场发生于中国境内的战争中击败了沙皇俄国。日俄战争在军事行动上的惨烈程度堪称第一次世界大战的前戏，它的意义不仅在于日本一方的侥幸获胜，更在于它给外界展示了，当时通过大后方的军事机制所能实现的最高水准的武器、战术和后勤保障。善于营造舆论气氛的欧洲观察家们，一

122

....

① 海因茨·戈尔韦茨尔（Heinz Gollwitzer）：《黄祸：一个帝国主义观念的概念史》，哥廷根，1962 年（ *Die gelbe Gefahr. Geschichte eines Schlagworts. Studien zum imperialistischen Denken*, Göttingen 1962）；乌特·梅涅尔特（Ute Mehnert）：《德国、美国和黄祸：1905—1917 年政治语境中的一个关键词》，斯图加特，1995 年（ *Deutschland, Amerika und die «gelbe Gefahr». Zur Karriere eines Schlagworts in der großen Politik, 1905-1917*, Stuttgart 1995），第 21—59 页。

② 吴晓（Shellen Wu）：《帝国时代对煤炭的搜寻：1860—1920 年李希霍芬在中国的长途跋涉》（ *The Search for Coal in the Age of Empire: Ferdinand von Richthofen's Odyssey in China, 1860-1920*），载《美国历史评论》（ *American Historical Review*）2014 年第 119 期，第 339—363 页。

边倒地认为日本立了奇功。于是，"亚洲崛起"的作品开始出现了。[①]

　　但是，那时的日本究竟在多大程度上算是亚洲的呢？自 1885 年著名思想家福泽谕吉提出"脱亚入欧"（日本虽然在地理上位于亚洲，但是它的本质却不是亚细亚的）的口号以来，这个问题在日本的舆论界也开始发酵。[②] 渐渐地，外国人也这么认为了。与日本成为西方的一个乖巧学生这一事实相比，日本国内同情亚洲其他国家反殖民运动的思潮，在西方人看来根本不值一提。从此，日本便要寻求帝国主义强国圈子的认可了。虽然遭遇了一些外交挫折 —— 在日本被视为国耻，但日本的这一诉求还是获得了国际上的肯定。甚至，1930 年代英国和法国针对日本采取的绥靖政策，也需要放置于这一背景中考虑。日本在不与欧洲国家和美国起正面冲突的地方，建立了自己的亚洲殖民帝国。西方放任日本在中国的所作所为。日本的崛起被视为一个特例。日本帝国主义的"胜利"，仿佛证实了中国和朝鲜的"懦

123

[①]　罗腾·柯恩尔（Rotem Kowner）:《日俄战争的影响》，伦敦 / 纽约，2007 年（*The Impact of the Russo-Japanese War*, London/New York 2007）；杰米尔·阿依丁（Cemil Aydin）:《亚洲的反西方政治：泛伊斯兰和泛亚思想内的世界秩序观》，纽约，2007 年（*The Politics of Anti-Westernism in Asia: Visions of World Order in Pan-Islamic and Pan-Asian Thought*, New York 2007）；杰米尔·阿依丁:《文明之外：泛伊斯兰主义、泛亚主义和对西方的反抗》（Beyond Civilization: Pan-Islamism, Pan-Asianism and the Revolt against the West），载《现代欧洲史杂志》（*Journal of Modern European History*）2006 年第 4 期，第 204—222 页；杰米尔·阿依丁:《一个全球性的反西方时刻？日俄战争、去殖民化和亚洲的现代性》（A Global Anti-Western Moment? The Russo-Japanese War, Decolonization, and Asian Modernity），载塞巴斯蒂安·康拉德（Sebastian Conrad）、夏德明（Dominic Sachsenmaier）:《世界秩序的竞争性观点：全球时刻和全球运动：1880 年代至 1930 年代》，纽约 / 贝辛斯托克，2007 年（*Competing Visions of World Order: Global Moments and Movements, 1880s-1930s*, New York/Basingstoke 2007），第 213—236 页。

[②]　福泽谕吉:《脱亚入欧》（On De-Asianization），载《从当时史料看明治时代的日本》（*Meiji Japan through Contemporary Sources*），第 3 卷：1869—1894 年，东京，1972 年，第 129—133 页。

弱"和"落后"。在 1941 年 12 月初日本袭击美国 [珍珠港] 和大英帝国之前，不在少数的西方国家，把日本誉为西方在亚洲的某种"衙役"——为了欧洲和北美的利益维持那里的稳定。

在 1840 年至 1919 年之间，没有一个欧洲人会预料到印度会独立。他们普遍都认为印度人民是贫穷、隐忍和不关心政治的，印度的地方领袖被架空，融入了英国的统治体制之内，西化了的知识分子虽然能言善辩，但是 [对殖民政权] 没有危害。英国著名的社会改革家西德尼·韦伯（Sidney Webb）和比阿特丽丝·韦伯（Beatrice Webb）1912 年在印度旅行时（私人的旅行，没有受当局重视），在他们的心里有了一个强烈的印象，那就是殖民政府的傲慢和无能，印度人则是"一个可爱的民族"（与他们对中国人的评价截然相反），拥有优越的文化，即便他们尚有令人难以启齿的宗教习俗。[1] 在英国人的思维光谱里，韦伯夫妇属于相对偏激的反殖民主义者。相对于英国殖民体制内的印度人而言，他们对印度的普通民众和知识精英持一种更加善意的态度，并且建议殖民政府联合这些力量，通过剧烈的改革来消除社会不公。[2] 在英国左派人士的眼中，最大的发展障碍仍然是出世的印度教。印度还谈不上是一个沉睡的巨人。[3] 即便是韦伯夫妇，也没有

---

① 韦伯夫妇（西德尼·韦伯 [Sidney Webb]、比阿特丽丝·韦伯 [Beatrice Webb]）:《印度日记》，德里，1988 年，第 2 版（*Indian Diary*, Delhi 1988），第 212 页。

② 同上书，第 214 页。

③ 乔治·费弗尔（George Feaver）:《韦伯夫妇在亚洲：1911—1912 年的旅行日记》，贝辛斯托克，1992 年（*The Webbs in Asia: The 1911-1912 Travel Diary*, Basingstoke 1992），特别是其中关于韦伯夫妇谈论中国的部分。同样于 1912—1913 年逆旅亚洲的还有戈尔德沃斯·罗伊斯·迪金森（Goldsworthy Lowes Dickinson），参考丹尼斯·普鲁科特尔（Denis Proctor）主编:《戈尔德沃斯·罗伊斯·迪金森自传及其遗作》，伦敦，1973 年（*The Autobiography of G. Lowes Dickinson and Other Unpublished Writings*, London 1973），第 177—188 页。

去预测亚洲一般的和整体的历史趋势：没有所谓的"东方"和"东方人"，更无从谈起东方的整体命运。[①]

1914 年以前，哪里的人对中国的崛起有所期待呢？在 19 世纪始终有一些欧洲的声音，预言中国将要"觉醒"。1911 年的辛亥革命是一桩扣人心弦的事件。在当时世界上还到处是皇帝、沙皇、苏丹和国王的时候，古老的中华帝国在短短几周之内成为欧亚大陆上继法国之后的第二个共和国。对于这一变革，世界上另外一个庞大的共和国——美国，释放了最大的善意。美国也是中国革命党人憧憬的模范。然而，我们不能无视中国共和派思想的脆弱根底，而且美国的对华政策也没有直接充当中国民主的助产士。

当时西方有关进步中国的最引人注意的观点，是在辛亥革命发生前几个月内发表的：政治学家芮恩施（Paul Samuel Reinsch）所著《远东的知识和政治潮流》。他于 1913 年被任命为美国驻华公使。[②]芮恩施用一种在今天看来令人惊愕的本质主义语气，详细地论述了所谓的"东方主义特点"——那时最受欢迎的题材。不过，他给出了

① 韦伯夫妇：《印度日记》，第 211 页。
② 关于芮恩施的政策，参考迈克尔·亨特（Michael H. Hunt）：《制造一段特殊关系：一战前的美国和中国》，纽约，1983 年（*The Making of a Special Relationship: The United States and China to 1914*, New York 1983），第 211、275 页等；诺尔·蒲盖奇（Noel Pugach）：《芮恩施：门户开放外交的践行者》，米尔伍德，1979 年（*Paul S. Reinsch: Open Door Diplomat in Action*, Millwood, NY 1979），第 123—142 页；布莱恩·施密特（Brian C. Schmidt）：《芮恩施与帝国主义和国际主义研究》（Paul S. Reinsch and the Study of Imperialism and Internationalism），载大卫·朗（David Long）、布莱恩·施密特：《国际关系学视野下的帝国主义和国际主义》，纽约，2005 年（*Imperialism and Internationalism in the Discipline of International Relations*, New York 2005），第 43—69 页；迈克尔·施耐德（Michael A. Schneider）：《东亚殖民托管的知识起源：新渡户稻造、芮恩施和帝国的终结》（The Intellectual Origins of Colonial Trusteeship in East Asia: Nitobe Inzao, Paul Reinsch and the End of Empire），载《美国历史评论》1999 年第 17 期，第 1—48 页。

一种全新的评价，因为这位热爱亚洲文化的学者兼外交家，在蔑视亚洲的西方人面前为亚洲辩护，并坚决地反对种族主义。芮恩施醉心于亚洲日渐消亡的古典知识（他也详细讨论了印度）和贤明君王。他认为，亚细亚的传统在原则上是适宜于现代化的，并呼吁"东方的一股新活力"：不是全盘西化，而是东西合璧。[①] 当时，整个亚洲都沉浸在高涨的民族主义情绪之中，日本尤盛。人们应该见证"一个全新东方的华丽绽放"，而不是对它有所恐惧。[②] 芮恩施对教育和议会制寄予厚望（包括仅有"花瓶议会"的日本），甚至早就对一种无节制的日本军国主义提出了警告。[③]

一战后的四类预言

第一次世界大战之后，出现了大量超越"落后"和"停滞"话题的有关亚洲的观点。它们首次被年轻的民族解放运动领袖用未来蓝图的形式表述出来。中国国民党的创始人和党主席孙中山，在 1920 年详 ₁₂₅细地规划了一项既有雄心也有点乌托邦色彩的让中国走向工业化和基础设施完善的计划。[④] 如同中国舆论界的其他思潮一样，孙中山和他的追随者们坚信不疑，从长远来看，中国必将改变它在国际舞台上的低等地位。曾经的帝制中国一直是亚洲的大国。中国终将克服自身的虚弱和卑微，再次崛起为世界经济和世界政治舞台上的一流国家。这一

---

① 芮恩施：《远东的知识和政治潮流》，波士顿／纽约，1911 年（*Intellectual and Political Currents in the Far East*, Boston/New York 1911），第 41、60 页。

② 同上书，第 vii—viii 页。

③ 同上书，第 386 页。

④ 孙中山：《实业计划》，纽约，1922 年（*The International Development of China*, New York 1922）。

角色，需要靠自身的力量去争取。这时中国民族主义的长远目标已经出现了：与全球顶级国家平起平坐。这一目标，随着 1946 年中国被吸纳成为联合国常任理事国成员，至少象征性地实现了。[①] 日本人主导的泛亚主义，作为一种与中国民族主义思潮存在竞争关系的概念，在中国附和者寥寥。在儒家伦理下，日本是中国的"小弟"，中国无法忍受由一个强势的日本来发号施令。今天，中国的民族主义者则坚定认为，反过来要在中国领导的亚洲"大家庭"内给日本指派一个次等地位。[②]

在西方的知识界，对一个崛起的亚洲主要有四点预测。

（一）在欧洲和北美的自由主义但非布尔什维克式的社会主义的阵营内，有不少人同情亚洲战后的民族主义，并欢迎亚洲国家逐步走向民族国家的"常态"，也就是从殖民地和半殖民地的劣等地位"崛起"成为以现代世界政治为标志的平等地位。例如，从这一立场出发，中国人对 19 世纪签订的所谓不平等条约的批评，就显得合情合理了。到 1920 年代末期，甚至英国的外交界都做好了废除这些条约的准备。至于印度，则开始有人质疑英国的殖民统治是否要一直持续下去。信奉自由主义的"帝国主义者"——他们主要来自托利派的核心成员和英国工党内部，探索在宪制轨道内逐渐摆脱外国统治的道路，即从殖民专制走向"自治政府"，正如英国宪法里所明确的那样。于是，随之出现了一种期待，倘若独立的亚洲民族国家或殖民地按照澳大利亚和新西兰的统治模式，拥有更多的内部自治权，那么

---

① 关于本人对中国民族主义的阐释，见于尔根·奥斯特哈默：《中国革命：1925 年 5 月 30 日，上海》(*Shanghai, 30. Mai 1925. Die chinesische Revolution*, München 1997)，第 114—126 页。

② 彼得·海伊斯·格丽斯（Peter Hays Gries）：《中国的新民族主义：自豪感、政治和外交》，伯克利/洛杉矶/伦敦，2005 年（*China's New Nationalism: Pride, Politics, and Diplomacy*, Berkeley, CA/Los Angeles/London 2005)，第 39 页。

它们就能够在自由资本主义世界经济中起到更加建设性的作用。在
1919 年短暂的"威尔逊时刻"之后，这样的期望仍然存在。那是由
美国总统威尔逊的言论孕育出的一个梦想：民族自决原则将会摧毁
欧洲的殖民帝国。牛津大学贝特殖民史讲席教授、政府参事雷金纳
德·库普兰（Reginald Coupland，1884—1952）或许是自由帝国主义
这一派最著名的代表人物，他认为应该存在一个"反叛的亚洲"。印
度人对文化上获得认可和政治上获得自决的诉求，原则上是合理的，
并且可以在帝国内部拥有管辖权的框架下，以和平的方式实现。①

　　（二）在一战后的国际政治语境中更加扣人心弦的，是布尔什维
克的革命理想及其所建立的共产国际。1920 年 8 月在莫斯科召开的
第二届共产国际代表大会上，"殖民问题"被提上日程，彰显了西方
无产阶级和亚洲反帝国主义解放运动之间的共同利益和团结。② 一股
革命的浪潮席卷整个欧亚大陆。一开始，年轻的共产国际成员内部对
于阶级划分和革命同盟政策的细节争论得十分激烈，但是他们有一点
是统一的，即在诸如中国、荷属东印度和英属印度这样的国家内存在
抵抗殖民或半殖民压迫的社会和经济潜力。③ "无产阶级"和所谓的

---

① 雷金纳德·库普兰（Reginald Coupland）：《昔日的帝国：一项解释》，伦敦，1935 年（*The Empire in These Days: An Interpretation*, London 1935），第 139、157 页；雷金纳德·库普兰：《印度问题：1833—1935 年》，牛津，1968 年（*The Indian Problem: 1833-1935*, Oxford 1968），第 5 版，第 149—152 页。

② 简·德格拉斯（Jane Degras）：《1919—1943 年共产国际档案》，3 卷本，伦敦，1956—1965 年出版（*The Communist International [1919-1943]. Documents*, London 1956-65），第 1 卷，1919—1922 年，1956 年，第 109—183 页。尤其是其中关于民族和殖民的问题，第 139—144 页。

③ 约翰·海斯克斯（John P. Haithcox）：《共产主义和民族主义在印度：罗易与 1920—1939 年的共产国际政策》，普林斯顿，1971 年（*Communism and Nationalism in India: M. N. Roy and Comintern Policy 1920-1939*, Princeton, NJ 1971）；托尼·塞齐（Tony Saich）：《中国第一次统一战线的根源：马林的作用》，2 卷本，莱顿，1991 年（*The Origins of the First United Front in China: The Role of Sneevliet [alias Maring]*, Leiden 1991）。

127　"民族资产阶级"，他们推翻帝国主义的"客观"需求，必须要手牵手——用革命的话语来说，就是"统一战线"——为独立而战，而在具体战术上则是由共产国际的代表来领导。

他们对一个更长久未来的规划，仍然是比较模糊的。在新成立的苏联内部形成了自己的发展模式，人们相信，东方落后的国家完全可以借鉴苏联模式。在 1920 年代和 1930 年代，苏联的新经济政策以及后来的斯大林主义——在重工业和农业集约化方面双管齐下，在苏联以外的地区甚至是反革命的亚洲精英中产生了影响，其影响力不容小觑。计划式的经济和社会发展，似乎比自由主义和帝国主义势力的自由竞争机制更加优越。此阶段内，［共产国际］寄希望于亚洲爆发一场革命。在日本是没有机会的，中国则在 1927 年爆发了反革命政变。在亚洲其他地区，到 1930 年之前，共产主义运动对于统治秩序是没有任何威胁的。"高涨"的革命情绪，只有在后期更有利的条件下才被激起。这一点，在中国、越南和朝鲜尤为明显。

在共产国际以及与之相关的、力量仍然薄弱的亚洲国家的共产主义政党或人民阵线看来，亚洲社会的政治变迁，往往首先是反对盎格鲁–撒克逊人的统治和霸权——用 19 世纪民族主义的话语表述，就是"人民的觉醒"，该概念由朱塞佩·马志尼（Guiseppe Mazzini）创造。直到 1931 年"九一八"事变之后，由于日本向大陆侵略扩张的野心暴露无遗，一股反日的趋势才开始出现。一战之后的德国地缘政治家们，则从政治光谱的另一端对付同一敌人（译按：指盎格鲁–撒克逊人）。[1] 他们采取了我们下面要介绍的第三种预判。

①　大卫·托马斯·穆菲（David Thomas Murphy）：《传奇的地球：魏玛共和国时期德国的地缘政治思想》，肯特 / 伦敦，1997 年（*The Heroic Earth: Geopolitical Thought in Weimar Germany, 1918-1933*, Kent, OH/London 1997）。

（三）巴伐利亚的军官卡尔·豪斯霍弗（Karl Haushofer，1869—1946），曾于1909—1910年逗留日本，凭借1913年以后出版的多部作品，跻身为德国权威的日本专家之一。豪斯霍弗和他在《地缘政治杂志》的个别同事们惊叹于日本向一个工业和军事强国的崛起，以及日本帝国主义扩张的速度和方式，这是日本人深刻的"空间意识"的体现，由单一的"统一人种民族"的自豪感实现的。[①] 深受《凡尔赛合约》和德国殖民地丧失的打击，这群德国的民族主义力量试图寻找反英抗争的机会。在众多涉及太平洋空间和世界局势的作品中，豪斯霍弗和其他的地缘政治家们设想了许多从一战战胜国（主要是盎格鲁–撒克逊人）的桎梏中挣脱出来的场景。豪斯霍弗1923年在中欧、东欧和南欧看到了"受压制的地理空间重新走向自觉"。[②] 在亚洲的反殖民主义（豪斯霍弗对非洲不怎么感兴趣）和欧洲"人民德意志"的反抗之间，他觉得没有什么本质的区别。德意志的南蒂罗尔和上西里西亚被外族统治的遭遇，与印度和越南是一样的。[③]

128

....

[①]　卡尔·豪斯霍弗（Karl Haushofer）：《日本与日本人：一项国家和民族研究》，第2版，莱比锡，1933年（*Japan und die Japaner. Eine Landes- und Volkskunde*, 2. Aufl., Leipzig 1933），第141页。关于豪斯霍弗与日本，参考克里斯蒂安·斯庞（Christian W. Spang）：《卡尔·豪斯霍弗与日本：关于他对德国和日本政治中地缘政治理论的反思》，慕尼黑，2013年（*Karl Haushofer und Japan: Die Rezeption seiner geopolitischen Theorien in der deutschen und japanischen Politik*, München 2013）。

[②]　卡尔·豪斯霍弗：《东南亚的反抗》（Südostasiens Wiederaufstieg），载卡尔·豪斯霍弗、约瑟夫·梅尔茨（Josef März）：《关于自决的地缘政治》，慕尼黑／莱比锡，1923年（*Zur Geopolitik der Selbst-Bestimmung*, München/Leipzig 1923），第19页。卡尔·豪斯霍弗最重要的"反殖民"作品是：《太平洋的地缘政治：地理学和历史学的交叉研究》，海德堡，1924年（*Geopolitik des Pazifischen Ozeans. Studien über die Wechselbeziehungen zwischen Geographie und Geschichte*, Heidelberg 1924）；《各种泛思潮的地缘政治学》，柏林，1931年（*Geopolitik der Pan-Ideen*, Berlin 1931）；《世界海洋与世界霸权》，柏林，1937年（*Weltmeere und Weltmächte*, Berlin 1937）。

[③]　豪斯霍弗：《东南亚的反抗》，第29页。

作为主张殖民政策的帝国遗老，且是魏玛共和国积极世界政策的鼓吹者——保罗·鲁尔巴赫（Paul Rohrbach，1869—1956），比豪斯霍弗稍微温和，但是更加透彻，并且没有使用豪斯霍弗的艰涩术语。他在1932年出版的《觉醒的亚洲》一书中，如是分析印度的独立战争：不彻底，但是比较敏锐，并对群众运动的领袖甘地抱有同情，这种同情主要不是出于对英国的仇恨（与早先的地缘政治家不同）。[①]他的书以一句警醒的话结尾，并非危言耸听："注意亚洲人民内部的新生命力！"[②]他这句话的所指，当然也包括伊斯兰世界。他预见了一个危险，即亚洲的文化启蒙运动将会远离自身的传统，走向现代化——用当时的话来说，就是走向"精神上的脱胎换骨"。[③]

我们没有必要同情保罗·鲁尔巴赫的政治立场，但事实证明，他对时代的诊断并非空穴来风。例如，他认为中国国民党只是建立在129 某一单薄的社会阶层之上，它不会给中国带来"统一的民族感"。一旦建立了"一个真正的中国中央政府"，一个不仅仅依赖外来政治形

① 保罗·鲁尔巴赫（Paul Rohrbach）：《觉醒的亚洲：1932年一次印度和东南亚旅行的所见和所思》，慕尼黑，1932年（*Erwachendes Asien. Geschautes und Gedachtes von einer Indien- und Ostasienreise 1932*, München 1932）。关于鲁尔巴赫，参考沃特·莫格克（Walter Mogk）：《保罗·鲁尔巴赫与大德意志——威廉时代伦理帝国主义（关于文化新教主义史的讲座）》（只截止到1918年），慕尼黑，1972年，（*Paul Rohrbach und das «Größere Deutschland». Ethischer Imperialismus im Wilhelminischen Zeitalter. Ein Beitrag zur Geschichte des Kulturprotestantismus*, München 1972）；霍尔斯特·比伯（Horst Bieber）：《保罗·鲁尔巴赫——魏玛共和国时期的一位保守的出版家和评论家》，慕尼黑—普拉赫，1972年（*Paul Rohrbach. Ein konservativer Publizist und Kritiker der Weimarer Republik*, München-Pullach 1972），他还处理了鲁尔巴赫1931—1932年的旅行。

② 保罗·鲁尔巴赫：《觉醒的亚洲》，第269页。

③ 还有一位德国工程师关于中国游历的书，马克西米利安·艾斯特尔（Maximilian Esterer）：《中国的自然秩序与机器》，斯图加特，1929年（*Chinas natürliche Ordnung und die Maschine*, Stuttgart 1929）。

式和思想的政府，那么"中国必将成为世界上最强大的国家"。[1] 可能中国很快就要出一个俾斯麦或华盛顿了，或者中国会建立联邦政府。[2] 至于所谓的"黄祸"，他认为是没有意义的。他说：现在已没有蒙古大军了，将来也不会再有。[3] 鲁尔巴赫早在 1932 年就预言，不能排除美日战争的可能性，或许导火索是日本人袭击美国的殖民地 —— 菲律宾。日本人取胜的唯一机会就是在战争开始之前就把美国的舰队彻底打垮，这与日本偷袭珍珠港的战术如出一辙。[4] 在这一点上，豪斯霍弗的预言，没有在意识形态上受他影响的鲁尔巴赫那么精准，[5] 因为他预测日本会持续在亚洲占主导地位，且日本在太平洋空间内的扩张是没有危险的。

　　极右翼阵营内其他自封的专家们的言论，则显得更加现实。奥地利民族主义者柯林·罗斯（Colin Ross，1885—1945），是豪斯霍弗的学生，也是巴尔杜尔·冯·席拉赫（Baldur von Schirach）的朋友，更是战间期最成功的德语游记作家之一，在 1940 年把新欧洲（即纳粹欧洲）与日本领导下的新亚洲相提并论，不过他不相信日本人（他认为日本人没有中国人聪明，甚至中国人在思想上要超过欧洲人）能在亚洲实现他们所鼓吹的新秩序。日本人的霸权只是阶段性的。从长远来看，"无形的美利坚帝国"（罗斯用"非正式帝国"的概念来表述）的扩张和强大，将指日可待。[6] 大英帝国将会成为国际政治冲

---

① 保罗·鲁尔巴赫：《觉醒的亚洲》，第 165 页。

② 同上书，第 268 页。

③ 同上书，第 259 页。

④ 同上书，第 264 页。

⑤ 同上书，第 221 页等。

⑥ 柯林·罗斯（Colin Ross）：《新亚洲》，莱比锡，1940 年（*Das neue Asien*, Leipzig 1940），第 263 页。

突的输家。中国和日本永远处在次等地位，是不可想象的。毫无疑
问，"中国将再次成为一个强大的帝国"。① 最终，中国和日本会成为
势均力敌的国家。一个令人惊讶的、对美国有利的预言，竟然出现在
了一部庆祝希特勒缔造纳粹欧洲初期的书里。② 地缘政治学家的书中
普遍都缺乏文化视野，在纳粹时代具有种族思想的文化社会学中亦是
如此，例如地理学家齐格弗里德·帕萨尔格（Siegfried Passarge）在
1937 年用他"对生命的无情蔑视"，来颂扬内陆亚洲游牧民族身上的
那股成吉思汗式的"野蛮人性"。③ 年代稍早的从种族斗争角度出发
的谵妄，大致与此殊途同归。④ 与豪斯霍弗和鲁尔巴赫不同，他们往
往认为亚洲的崛起，就意味着欧洲和雅利安人的衰落。

　　在这类作品中，处处可见新与旧的对立。⑤ 西欧国家，尤其是
大英帝国，是"老弱"的，在亚洲年轻民族的强烈反抗面前束手无
策。⑥ 这种观点与自赫尔德（Johann Gottfried Herder）以来普遍认为

130

----

① 柯林·罗斯：《新亚洲》，第 282 页。

② 同上书，第 17 页。

③ 齐格弗里德·帕萨尔格（Siegfried Passarge）：《地缘地理学民族研究》第 5 卷《亚洲》，法兰克
福，1938 年（*Geographische Völkerkunde*, Bd. 5: *Asien*, Frankfurt a. M. 1938），第 134 页。

④ 希特勒对此类作品很感兴趣。参考蒂莫西·赖贝克（Timothy W. Ryback）：《希特勒的私人图书
馆：那些改变他人生的书》，纽约，2008 年（*Hitler's Private Library: The Books That Shaped His Life*,
New York 2008），第 94—115 页。

⑤ 这种在思想史上很有影响的对立范式，也见于斯宾格勒：《西方的没落》第 1 卷《外形与真实》，
慕尼黑，1923 年（*Der Untergang des Abendlandes. Umrisse einer Morphologie der Weltgeschichte*, Bd. 1:
Gestalt und Wirklichkeit, München 1923），第 200 页。

⑥ 例如一位意大利的法西斯热那托·左卡热利（Renato Zuccarelli）：《亚洲与欧洲：理解东西方之
间关系的历史学导论》，维尔茨堡，1942 年（*Asien und Europa. Historische Einleitung zum Verständnis
der Beziehungen zwischen Morgenland und Abendland*, Würzburg 1942），由约翰尼斯·盖伦（Johannes
Gehlen）从意大利语译成德语。

亚洲是"木乃伊"或"僵尸"的看法截然相反，同时也在一定程度上成了新兴的亚洲民族主义者的自我定位，他们把自身视为"青年土耳其党人"的复兴运动，或者"（中国）新青年"运动的一员。此外，后东方主义学者的观点认为，殖民主义没有把亚洲内部的重生力量彻底摧毁，它并不像大家所想象的那么有威力。①

那时也存在着一种左派的地缘政治思想，以匈牙利地理学家和［苏联］政治代理人阿列克斯·拉多（Alex Radó）为代表，他在 1930 年出版了一部影响深远的帝国主义和世界革命的地图集。左右两派争论异常激烈，但在长远目标上却是一致的：［左派］一边是设想苏联统治下的欧亚大陆，［右派］一边是设想德国和日本共同领导下的大陆屏障，两边都是为了反对盎格鲁-美利坚的海上霸权。

一战以后，虽然没有与地缘政治学者在政治上划清界限，但也不完全同意他们的观点的一位学者，是斯宾格勒。在斯宾格勒看来，西方的没落并非对应于东方的兴起。乐观的亚洲地缘政治家普遍相信，"青年人民"已经准备好给殖民主义残余势力以致命一击了，但是斯宾格勒却在古老的亚洲文化里看不到任何重生的潜力，用他的术语来说，亚洲文化已经僵化成没有生机的"文明"了。② 斯宾格勒偶尔（不是经常）会用宏观预测的口气，例如在他预言"严谨科学"的"自我消亡"时③，但是他的代表作中很少包括与其所处时代相关的诊断和预测。

（四）斯宾格勒的两卷本《西方的没落》分别发表于 1918 年

131

---

① 热那托·左卡热利：《亚洲与欧洲：理解东西方之间关系的历史学导论》，第 177 页。
② 关于文化与文明的关系，参见斯宾格勒：《西方的没落》第 1 卷，第 145 页。
③ 同上书，第 551 页。

和 1922 年，在此期间的 1920 年出版了一部书名与斯宾格勒的书类似但完全不同的书——《欧洲的衰落》，今天已经被人遗忘了。这部书的观点代表了一战后的第四种预判。此书的作者是阿·德芒戎（Albert Demangeon，1872—1940），是法国当时数一数二的地理学家，而地理学在当时的公共关注度很高。今天人们记得他，是因为他在 1935 年与吕西安·费弗尔（Lucien Febvre）合作写了一部关于莱茵河的书。①

阿·德芒戎在一战结束后不久，借助经济学和经济地理学的手段对那个时代进行了诊断。② 他用大量材料论证了他的观点，即欧洲已经失去了世界霸权。人们将见证世界中心向美洲和亚洲的转移。③ 阿·德芒戎断言了一个"霸权和扩张的危机"④，但是他没有用哗众取宠的口气，甚至也没有挑起对所谓"低等种族"叛乱的恐惧（当时常见的做法）。1919—1920 年冬季，撰写此书时，阿·德芒戎有时还不能准确地判断。他没有预料到美国从欧洲政治中退出，以及 1920 年

----

① 阿·德芒戎（Albert Demangeon）、吕西安·费弗尔（Lucien Febvre）：《莱茵河：历史和经济问题》，巴黎，1935 年（*Le Rhin: problems d'histoire et d'économie*, Paris 1935）。在德译本中，阿·德芒戎的部分被删掉了，参考吕西安·费弗尔：《莱茵河及其历史》，法兰克福 / 纽约，1994 年（*Der Rhein und seine Geschichte*, Frankfurt a. M./New York 1994），彼得·施特勒（Peter Schöttler）译。

② 阿·德芒戎甚至引起了中国学者的关注，参考梅雪芹：《阿·德芒戎的人文地理学思想与环境史学的关联》，载《世界历史》2004 年第 3 期，第 12—24 页。

③ 阿·德芒戎：《欧洲的衰落》，巴黎，1975 年（*Le déclin de l'Europe*, 2eéd., preface et mise à jour par Aimé Perpillou, Paris 1975），第 12 页。该书早在 1921 年就已经有一部英文（美国）的译本了，题目很有特点，但是偏离了阿·德芒戎的本义：《美国与世界霸权的竞赛》（*America and the Race for World Dominion*）。几乎同时，厄恩斯特·特洛尔奇（Ernst Troeltsch）关于文化重心向美国的转移：《历史主义及其问题》（*Der Historismus und seine Probleme*）第 1 卷《历史哲学的逻辑学问题》，图宾根，1922 年（*Das logische Problem der Geschichtsphilosophie*, Tübingen 1922），第 729 页。

④ 阿·德芒戎：《欧洲的衰落》，第 15 页。

代和 1930 年代殖民地仍然相对稳固。不过，他的书仍然是那个过渡
时代最尖锐的分析之一 —— 在诊断时代的这一层意义上。

　　阿·德芒戎在长篇论述了欧洲经济霸权和海权的衰落之后，笔锋
一转，开始讨论日本的扩张。他本人也是研究英国的专家，甚至后来
还写了专门的书。① 他不仅分析了日本的经济和政治基础，而且强调，　132
尽管日本取得了政治上的成功，但是在战后仍然会在国际体系中维持
一个较低的位置。努力获得国际舞台的认可，将会成为日本未来政策
的一个重要推动力。② 日本将在舆论上宣传一种"白祸"，并寻求与
中国、南亚人民以及印度人民的结盟。③ 阿·德芒戎那时已经预见了
日本人自负的危险，以及在军国主义影响下为达目的而不惜使用暴力
和恐吓政策的风险。这些都在第二次世界大战中被他不幸言中了。正
值反帝情绪高涨之际，1919—1925 年之间从爱尔兰一直蔓延到韩国，
甚至震动了大英帝国的核心区如埃及和印度，这位法国地理学家在
1920 年用一种冷静的思维断言"本土民众的觉醒"。④ 虽然不能期待
这些运动有什么直接的成果，但是它们标志着世界［权力］重心的位

---

① 阿·德芒戎：《不列颠帝国：殖民地理学研究》，巴黎，1923 年（*L'Empire britannique: étude de géographie colonial*, Paris 1923）。此书的德译本，由豪斯霍弗和地缘政治家们发声的平台——沃温克尔出版社（Vowinckel Verlag）出版，由保罗·福尔（Paul Fohr）从法语译成德语：《不列颠世界帝国：一项殖民地理学研究》，柏林—格吕内瓦尔德，1926 年（*Das britische Weltreich: Eine kolonialgeographische Studie*, Berlin-Grunewald, 1926）；参考保罗·科拉瓦尔（Paul Claval）：《自欺欺人：阿·德芒戎眼中的大英帝国》（Playing with Mirrors: The British Empire According to Albert Demangeon），载安妮·格德列斯加（Anne Godlewska）、尼尔·史密斯（Neil Smith）：《地理与帝国》，牛津，1994 年（*Geography and Empire*, Oxford 1994），第 228—243 页。
② 阿·德芒戎：《欧洲的衰落》，第 199 页。
③ 同上书，第 200 页。
④ 同上书，第 259 页。

移。阿·德芒戎注意到了 1919 年（在他的书出版前不久）12 月开启的印度宪法改革（即蒙塔古-契姆斯福宪政改革）——一般被视为印度走向独立的开始。[1] 在他尚未能预见甘地会成为印度政治舞台上一支重要力量的时候，他就已经判断出，印度人不会被动地接受这样一种施舍性的自治权。他们不会满足于大英帝国框架内的局部自治，而是要追求彻底的国家独立。英国人再也不能从印度教和伊斯兰教、婆罗门贵族和文盲农民入手去撕裂印度社会了。[2] 这位伟大的地理学家预见了一幅全新国际秩序的光明前景。亚洲人民将逐渐地接受西方文明的基本要素。但是，他们会（在作为文化媒介的日本的支持下）自发地吸收西方文明。阿·德芒戎是最有洞见的一位预判亚洲崛起的诊断家。令人惊讶的是，他所预判的，许多都发生了。

133　　　上述四点基本的立场，即信奉自由主义的帝国主义、信奉列宁主义的反帝国主义、地缘政治学和地理学的角度，当然还不能概括所有的可能性。例如，有关沙漠民族阿拉伯人在国王伊本·沙特（Ibn Saud）率领下崛起的叙述。[3] 此外，还可以举出一个特别具有同情心的作者——来自布拉格的法学家和犹太移民汉斯·科恩（Hans Kohn），后来成为民族主义研究的开山鼻祖。他在伦敦和耶路撒冷撰

....

[1]　阿·德芒戎：《欧洲的衰落》，第 289 页。

[2]　同上书，第 291 页。

[3]　值得注意的是鲁佩尔特·唐肯（Rupert Donkan）（真名是安东·泽施卡[Anton Zischka]）的清晰解释：《阿拉伯的兴起：伊本·沙特的道路及其目标》，伯尔尼 / 莱比锡 / 维也纳，1935 年（*Die Auferstehung Arabiens. Ibn Sauds Weg und Ziel*, Bern/Leipzig/Wien 1935）。奥地利记者安东·泽施卡（1904—1997）是非虚构类畅销书最成功的作家之一，也是工业报道和科技主题的专家。参考海克·韦伯（Heike Weber）：《纳粹非虚构通俗作品中的技术概念：安东·泽施卡的作品》（Technikkonzeptionen in der populären Sachbuchliteratur des Nationalsozialismus. Die Werke von Anton Zischka），载《科技史》（*Technikgeschichte*）1999 年第 66 期，第 205—236 页。

写他的力作《东方民族主义运动史》，于 1928 年在德国出版，由豪斯霍弗写序，即便科恩本人是属于人道主义左派阵营的。[①]豪斯霍弗关于英国的每一句话都是正确的。

扬·罗迈因与去殖民化时代"崛起"话语的集大成

　　到第二次世界大战结束之后，再也没有人对一个"觉醒的亚洲"视而不见了。只是作为较早崛起的日本，在签订投降协议以及日本帝国崩溃之后，一时间前途变得渺茫了起来。从外部来看亚洲，这种觉醒几乎毫无例外首先意味着一种军事上的图强。不过，在印度没有导致独立战争，而是（在 1947 年的大分裂之后）采取了一种民主旗号下让国内政治稳定的形式。除此之外，我们则可以列出一连串西方的失败：荷兰人 1948/1949 年在印度尼西亚、法国人 1954 年在越南，甚至某种程度上英国人在马来的遭遇也算，自 1948 年以来面对非常棘手的共产主义游击队运动。即便是美国，在战胜日本之后的几年内也受到了挫折，败给了新统一的中国——这个曾经是世界上最贫穷的国家之一，在西方被视为军事上无能的国家，居然在 1950—1953 年的朝鲜战场上与头号世界强国打得难分伯仲。

　　世界权力格局逐渐向有利于亚洲的方向发展，1955 年 4 月在印　　134

---

① 汉斯·科恩（Hans Kohn）：《多个世界的公民：世界革命时代的一部传记》，弗劳恩思费尔德，1965 年（*Bürger vieler Welten. Ein Leben im Zeitalter der Weltrevolution*, Frauenfeld 1965），第 172 页等。关于汉斯·科恩，见罗密·朗格海因（Romy Langeheine）：《从布拉格到纽约：汉斯·科恩的一部知识分子传记》，哥廷根，2014 年（*Von Prag nach New York. Hans Kohn – eine intellektuelle Biographie*, Göttingen 2014），第 169 页。

度尼西亚召开的泛亚主义（除亚洲国家外，还有六个非洲代表团参加）万隆会议上，亚洲在历史上首次以一个政治统一体的身份出现在人们的视野中。二战结束后的第一个十年内，对亚洲的观感再也不是基于停滞东方的老生常谈了。即便是从军事能力的评价标准来看，那种认为亚洲有不可改变的劣等性的想法，也会受到驳斥。当然，欧洲人亚洲话语的陈词滥调，也会偶尔沉渣浮起，但只是以很微弱的形式表现出来。

不过，此时还是缺乏出现一股如同 18 世纪的那种新的亚洲热潮的［社会］基础，那时候欧洲人对亚洲的态度是惊叹。然而，有一点很快就明晰了：世界经济的版图几乎没有什么改变。美国的经济从一开始起就一路繁荣。西欧国家也很快追赶了上来，至少去殖民化的进程对它们的经济没有影响。日本在 1960 年代迎来了他们姗姗来迟的第二次经济奇迹。与此相反，没有人敢断言，亚洲其他国家会上升为经济大国的地位。即便是印度一枝独秀的重工业，以及 1950 年由苏联专家在新中国打造的钢铁冶炼和发电厂，也不会给人上述印象。

此外，西方对亚洲发展的评论，越来越多具有阴谋论的色彩。他们认为，亚洲部分国家在政治和军事上的变强，只是一种表面的假象，背后是从外部操控、在不同情况下提供经济援助的苏联。亚洲在后殖民时代的复兴，只是一种戴着镣铐跳舞的"假觉醒"。对于"红色中国"来说，情况并非如此。印度与苏联走得越近，越让人把这种（包括与东南亚国家的）关系往冷战前的这种［阴谋论］思维定式上靠。众多亚洲国家在国际政治秩序梯队中的龙门一跃，还有待时日。凭借在日本、菲律宾和中国台湾的军事基地，美国代表"西方"在亚洲大陆上虎视眈眈。

在这种情况下，很少有人试图从历史学的角度，来重新审视敌对阵营内国家的新型国际地位。德国地理学家马丁·施温德（Martin Schwind）是一位日本研究专家，在 1950 年出版了一部反省［欧洲］的书，书名是《亚洲大地上欧洲人时代的终结》。他认为，以"欧化"倡导者的标准来看，全球的"欧化"进程是失败的。"欧化"的阻力是，"［亚洲］上亿的民众觉醒了，自我意识增强了，他们今天要求独立了"[1]。欧洲人为什么会失败呢？他们给亚洲人带来了"强权"，时或裹挟着低级的经济观念。[2] 但是他们在亚洲留下了资本主义，而亚洲的许多人都深谙资本主义的原理。[3] 从根本上说，欧洲没有真正统治过亚洲。现在，亚洲又有人考虑统一的宏伟纲领了（此次不再是反帝国主义，而是以和平的方式），施温德首先寄希望于印度总理尼赫鲁，他是一位资深的解放运动领袖。[4]

若是想寻找在这段时间内出版的有深邃思想的书籍，基本是徒劳。无论是在德语作品，还是在英语作品中都付阙如。在亚洲的去殖民化即将结束之际的 1956 年，荷兰历史学家扬·罗迈因出版了一部名为《亚洲的世纪》的书。该书很快就被译成不同的语言，并于 1958 年在伯尔尼推出德译本，书名为"亚洲的世纪：亚洲现代民族

----

[1]　马丁·施温德（Martin Schwind）：《亚洲大地上欧洲人时代的终结》，比勒菲尔德，1950 年（*Das Ende des europäischen Zeitalters in Asien*, Bielefeld 1950），第 9 页。

[2]　同上书，第 9 页。

[3]　同上书，第 63 页。

[4]　同上书，第 66 页。同一年出版的书，但是不含有预测性言论的是阿尔维德·舒尔茨（Arved Schultz）：《亚洲大陆》，斯图加特，1950 年（*Der Erdteil Asien*, Stuttgart 1950）。

主义史"①。生于1893年的罗迈因是当时荷兰著名的历史学家，他的作品涉及拜占庭和民族主义历史等题材。②他是一名马克思主义者，一度是共产党员，也因此而被禁止入境美国。早在1932年他就写了一部关于帝国主义的书，还是1951—1952年之际的一次印尼之旅激起了他对第三世界的兴趣。③罗迈因的《亚洲的世纪》在出版时，是一部开风气之先的作品，它是第一部关于亚洲政治的著作，从土耳其讲

136 到日本，时间段是20世纪上半叶。该书采用传统的每章讨论一个国家的方式，中间穿插着一些思考。令人不解的是，他作为马克思主义者却谨慎地使用经济分析原理。该书更多的是叙述性的，而非分析性的。但即便如此，它还是有一定的历史学地位，主要有两个原因。

第一，罗迈因比此前任何一位学者都更加深入地运用了"觉醒"这一隐喻。他笔下的"觉醒"是辩证的。在罗迈因看来，欧洲在近代早期从一开始就走上了一段世界历史的特殊道路。这一特殊道路通向了亚洲，并且在那里激起了更加广泛的欧洲化进程。这一欧洲化的进程，反过来让亚洲社会陷入了落后。那么，现在的局面，应该理解成原初欧洲的支流在几个世纪以后再次汇入了历史常态的干流之中。在更高级别上人性的新的统一，在这个时候变得可能了。④罗迈因笔下

① 扬·罗迈因（Jan Romein）：《亚洲的世纪》，莱顿，1956年（*De eeuw van Azië*, Leiden 1956）。德语译本：《亚洲的世纪：亚洲现代民族主义史》，由海德维希·约林伯格（Hedwig Jolenberg）从荷兰语译成德语，伯尔尼，1958年（*Das Jahrhundert Asiens. Geschichte des modernen asiatischen Nationalismus*, Bern 1958）。

② 亨克·韦瑟灵（Henk L. Wesseling）：《扬·罗迈因眼中的欧洲和亚洲》（Europa en Azië bij Jan Romein），载《史学杂志》（*Tijdschrift voor Geschiednis*）1992年第105期，第466—484页。

③ 安德烈·奥托（André Otto）：《时间的回响：扬·罗迈因的理论史》，阿姆斯特丹，1998年（*Het ruisen van de tijd: Over de theoretische geschiedenis van Jan Romein*, Amsterdam 1998），第193页。

④ 扬·罗迈因：《亚洲的世纪》，第7页。关于欧洲的"误入歧途"，参考安德烈·奥托：《时间的回响》，第198—200、203页。

的"觉醒"，既不是"原始亚细亚"古老天性的回归，也不是在现代化理论意义上"不发达国家"的追赶——在罗迈因撰写该书之际，这种现代化理论在美国兴起。实际上这是人性的一种自我妥协方式。

第二，罗迈因没有仅盯着殖民帝国终结之后的历史事件，而是从1900年开始他的叙事。他的叙事紧随重要的时代诊断家汉斯·科恩所画的红线：民族主义的发展。罗迈因的精辟之处在于，与解放运动的民族主义热潮不同，他警示亚洲会出现一股本土的民族主义情绪。他认为，民族主义在亚洲的解放运动中应该只是一时之需。它不应该发展成如同19世纪欧洲那样的民族对峙。亚洲有机会克服民族主义，或者至少避免民族主义具有破坏性的阴暗面。也就是说，亚洲可以吸取欧洲的教训。站在今天的角度来反观这一论述，譬如许多国家对中国南海提出无理的主权诉求，看来罗迈因的建议是很有参考意义的。作为历史学家的罗迈因对预测未来比较谨慎。罗迈因期待，欧洲-美国的时间和劳动观念会在亚洲贯彻执行，但是亚洲许多自身的历史经验会保留。亚洲"会最终再次成为自己"。[1] 罗迈因的书，标志着1956年是一个重要的分水岭：有关亚洲觉醒的话语，不再是某种预测了。亚洲的觉醒也可以历史化了，也就是从亚洲历史的角度去进行回溯性的叙事。[2] 随着印度在1947年的独立和分裂，以及1946年在

137

---

[1] 扬·罗迈因：《亚洲的世纪》，第413页。

[2] 属于这一背景的，还有著名的民族学家威廉·穆尔曼（Wilhelm E. Mühlmann）有关甘地的书，也是德语里第一部系统讨论甘地的书，威廉·穆尔曼：《甘地：其人其书及其影响——宗教社会学和政治伦理学的一项研究》，图宾根，1950年（*Mahatma Gandhi: Der Mann, sein Werk und seine Wirkung. Eine Untersuchung zur Religionssoziologie und politischen Ethik*, Tübingen 1950）。参考格尔哈德·豪克（Gerhard Hauck）：《社会理论与"他者"：反对社会科学中的欧洲中心主义》，明斯特，2003年（*Die Gesellschaftstheorie und ihr Anderes. Wider den Eurozentrismus der Sozialwissenschaften*, Münster 2003），第75—78页。

菲律宾开启的亚洲去殖民化进程，当时已经可以把殖民时代作为一个封闭的历史周期来考虑了。[1]

此后再谈到亚洲的觉醒，或者某"亚洲龙"或"亚洲虎"，就不再是指从"传统"或者"不列颠治世"的沉睡中猛然警醒了。现在它所指的，只是从贫穷的恶性循环和国际政治秩序的枷锁中挣脱出来。从此刻起要战胜的这种"停滞"，不再被认为是前现代的束缚或者殖民主义压迫的直接后果了。它有后殖民的根源，例如毛泽东时代中国的共产主义。今天"亚洲兴起"的话语，在某种程度上就是"后后殖民主义"了。许多地方经历了独立和革命后的几十年顿挫之后，亚洲国家——无论是自我评价，还是从外部来看——都已经焕然一新，可以使用新的世界政治和世界经济资源了。

欧亚关系的四种模式

在欧洲人的思维中，亚洲的历史发展形式，是与欧洲对自身历史的反省紧密相关的。大致上讲，在现代思想史里可以概括出四种基本的模式：

（一）欧洲和亚洲的人民和国家互相独立地遵循着相似的历史循环模型。他们各自的"革命"（"革命"是早在 17 世纪就已经有人使用的概念）虽然是有可比性的，但是没有共同的语境。他们是近代早

---

[1] 印度外交家 K. M. 潘尼卡尔（Kavalam Madhava Panikkar，1895—1963）早在 1953 年就已经把历史追溯到"地理大发现时代"了，他是一名保守派人士，后来证明有反殖民倾向，他提出了"亚洲的文艺复兴"，并创制了"亚洲历史的达伽马时代"的概念。参考潘尼卡尔：《亚洲与西方的统治》，由鲁道夫·弗兰克（Rudolf Frank）从英语译成德语，苏黎世，1955 年（*Asien und die Herrschaft des Westens*, Zürich 1955），第 237 页。

期"互鉴的历史",即所谓的"平行模式"。

（二）一个疲弱的亚洲停滞了；一个富有创造性、富有活力的欧洲取得精神和物质上的进步，比世界其他地区赢得了全面的先机（在一定程度上是通过直接的殖民统治实现的）：于是在 19 世纪出现了"分流模式"。根据现代化在理论上的不同变体——以殖民主义的终结为前提，提出了这样一个假设，即亚洲国家能够在有利的条件下弥补性地降低它们的"落后"。

（三）欧洲和亚洲同时奋进，但是只有"青年"的人民和进步的社会力量可以在两个大陆上完成历史的使命，而他们是在损害老牌帝国主义现实利益的情况下实现的。这一模式的代表人物是世界革命的左派支持者，右派的地缘政治家，也是反对《凡尔赛合约》的国际秩序的。他们都反对美国和英国领导下的自由-资本主义西方。我们暂且称之为"欧亚抵抗模式"，在战间期的政治不稳定年代，此模式要比其他三种模式更明显。这一模式近来又有所抬头，表现在对俄罗斯总统普京的赞赏上，无论是左派还是右派，都把他视为反对全球化政治和经济的斗士。

（四）西方世界走向没落，亚洲强盛了，并且正在终结欧洲（或者准确地说是"西方"世界）第一的地位：这是所谓的"替代模式"，让人联想到古老的"帝权移让论"（*Translatio imperii*）或者黑格尔有关世界历史重心转移的观点。这一模式发轫于斯宾格勒，同时由阿·德芒戎进一步阐述。这一模式的代表人物，是所有相信历史上存在一种霸权循环的西方学者。① 当然，这一模式也受一些中国、印

① 乌尔里希·门泽尔（Ulrich Menzel）：《世界秩序：国家等级制中的帝国或霸权》，柏林，2015 年（*Die Ordnung der Welt. Imperium oder Hegemonie in der Hierarchie der Staatenwelt*, Berlin 2015）。

度和日本的民族主义者欢迎，他们期待一个亚洲世纪的来临。此模式
在当下是主流，并且与不同的价值观联系在了一起 —— 从对朴素宿
命论的文化悲观主义式的绝望，到反西方的"必胜主义"。

139　　　　上述模式一方面是欧洲人臆想的产物，另一方面在亚洲也有代
表人物。它们几乎都不是纯粹的不切实际的自欺欺人。它们总是在历
史现实中找到落脚点。在一战后的一段时间内，当亚洲绝大多数国家
仍然处于殖民地或半殖民地阶段时，在欧洲、美国，甚至是亚洲内部
出现了关于亚洲将要从贫穷和虚弱中崛起的讨论。这些讨论涉及的不
仅仅是已经崛起的日本。当时大家把目光都盯在了亚洲巨人 —— 中
国和印度所蕴藏的潜力上。绝大多数的评论家都对亚洲内部国家区别
对待，因国而异：对于中国可行的，不一定适用于马来或阿富汗。有
一小部分人更偏爱二分法的思维方式，死守一个高度抽象的、对整个
"亚洲"的想象，时或标榜成一种模糊的"东方"——那是西方人的
一种建构，它并非对应于亚洲人民中间存在的某种集体意识。泛亚主
义，自 20 世纪 30 年代以来由日本为了帝国主义的目的而提出，在亚
洲始终反应寥寥。

　　在西方将"亚洲"作为一个整体来谈论的人，一部分是极端的
恐惧者和衰亡预言家，一部分是形形色色观念的痴迷者，他们在"东
方"寻找某种失落智慧的精神灵感。这些人不再担心亚洲会改变，也
不再担心亚洲会吸收西方的进步思想，更不再担心亚洲会沉迷于资本
主义或布尔什维克主义的唯物主义思想。他们眼中的亚洲还是亚洲，
是一个反现代的空中楼阁。这样一种建构，不是冲突性的。无论是文
明冲突论，还是文化共生的乌托邦思想，在他们这里都是不可想象
的，他们认为亚洲是［欧洲的］一个有益的补充：异域的亚洲是疲弱

欧洲的强心剂。当下不同热衷亚洲的圈子内都有人持此观点：例如喜马拉雅神秘主义，还有用理性主义工具论的态度对待传统中医的人。

　　与这一派立场截然相反的，是德语作家在 1920 年代和 1930 年代鼓吹的地缘政治观。[①] 地缘政治家们认为国际政治的常态是冲突，而非和谐。用今天国际关系理论的术语来说，他们信奉的"现实主义"，与持"理想主义"的国际关系学者相对。地缘政治家 —— 不仅在德国有，也不仅在政治右翼阵营中有 —— 是用权力和权力竞争的范畴来思考的。他们对亚洲唯一的军事强国 —— 日本的钟爱，也就不言自明了。亚洲的兴起有可能以两种模式来实现：要么是中国和一个挣脱英国统治的印度也变成军事强国，要么是日本成为一个泛亚大帝国。今天的地缘政治家们谈论的则是"战略性冲突"、世界霸权之间的竞争、不可避免的能源战争，以及中美之间的对决。在这类让人感觉前景黯淡的作品中（在亚洲也流行），再也不关欧洲什么事了。

140

------

① 　地缘政治的话语，当然在德国很突出，但更是国际性的。参考杰弗里·帕克尔（Geoffrey Parker）：《20 世纪西方地缘政治思想》，伦敦，1985 年（*Western Geopolitical Thought in the Twentieth Century*, London 1985）；艾琳·狄克曼（Irene Diekmann）、尤里乌斯·舒厄普斯（Julius Schoeps）：《地缘政治：时代精神里的边界》，2 卷，波茨坦，2000 年（*Geopolitik, Grenzgänge im Zeitgeist*, 2 Bde., Postdam 2000）。

史学四题

内战、革命与战争
—— 群体暴力的三驾马车 *

受人委托，本人为纪念迪特尔·朗格维舍的研讨会作开幕演讲。
在进入主题之前，我想提几句文体学的题外话："主旨演讲"是近年
来风靡全世界的学术活动形式，按音乐家奥斯卡·毕（Oskar Bie）在
一百年前谈及歌剧时的说法，它是一件"不可能完成的艺术品"[1]。作
为歌剧在言语上的对应物，主旨演讲只能在极少数如痴如醉的情况下
将听众带入欢愉的状态 —— 他们得以在愉悦的气氛中走向餐桌。正
常的情况则是，费了一通文不对题的口舌之后，引起了听众的阵阵不
快。这种不快导致人们没有与演讲者对话的欲望 —— 人们没有必要
在小食和美酒旁苦苦寻找聊天的话题。于是，交流的基本模式简化为
有限的几种形式：演讲者用旧瓶装新酒、用新瓶装旧酒、用旧瓶装旧
酒，或者干脆把醋给端了出来。

主旨演讲人只有很小的机会能够做到以未卜先知的方式，把即将
拉开帷幕的会议抢先一步地引导到它本身将要涉及的议题上来。这不
仅需要扎实的专业知识以及与济济一堂的有识之士之间有所共识，而
且要有极为敏锐的感知能力。因为在即将来临的科学盛事中，没有任

---

*　本文的原稿是在迪特尔·朗格维舍（Dieter Langewiesche）70 周岁纪念会上的讲座 —— 于 2013
年 2 月 14 日在图宾根大学的大礼堂举办。文稿系首次发表。演讲的口语特质予以保留，考虑到参
考文献数量众多，这里只能择要枚举。

[1]　奥斯卡·毕（Oskar Bie）：《论歌剧》，1913 年初版，慕尼黑 / 美因茨，1988 年（*Die Oper*
[1913], München/Mainz 1988），第 9 页。

143 何一个人能容忍这样的冒犯 —— 眼睁睁看着自己面包上的黄油被涂在主旨演讲人的三明治上。因此，主旨演讲对于任何不属于我们媒体聚焦下的西塞罗和德摩斯梯尼小圈子的人来说，都是一桩要命的差事。即便是溜之大吉，也不能逃离这一困厄的命运。既然一切都无济于事，我也就索性坦诚相待了。

　　我还是言归正传，对迪特尔·朗格维舍致辞吧。作为一名主要对欧洲以外地区感兴趣的历史学者，我对接下来几天会议的主题"革命、战争与国家和民族的诞生"①知之甚少，以至于我不能把弗里德里希·荷尔德林（Friedrich Hölderlin）的鹤和鹰以外的动物带到图宾根来。②准确地说，就我对民族和民族主义诞生（在我看来，"诞生"是一个需要反思的隐喻）的了解，主要是从迪特尔·朗格维舍的作品中学习到的，如果在这里再班门弄斧就很不得体了。③因此，今天晚上我不打算冲着本次会议的主题而去，不像单簧管演奏家那样按下关键音符（译按：奥斯特哈默此处使用的是英文中的 *key note* "关键音符"，与主旨演讲的"主旨"[*keynote*]一语双关），或者室内音乐的 A 调，而是为即将到来的盛会提供一个赘言式的初步注脚。

　　当听说要谈论"革命、战争和民族"时，我的第一反应是：这

① 本次会议的论文集见埃尔德·弗里（Ewald Frie）、乌特·普兰内特（Ute Planert）主编：《革命、战争与国家和民族的诞生：1770—1930年欧洲和美国的国家建构》，图宾根，2016年（*Revolution, Krieg und die Geburt von Staat und Nation. Staatsbildung in Europa und den Amerika 1770-1930*, Tübingen 2016）。
② 参考原著第223—244页。译按：应作者的要求，德文版中关于荷尔德林的文章未收入中译本。
③ 如果要找一部能够集中反映迪特尔·朗格维舍关于民族主义研究的专著的话，那么以下这本无疑是首选：《德国和欧洲的民族、民族主义和民族国家》，慕尼黑，2000年（*Nation, Nationalismus, Nationalstaat in Deutschland und Europa*, München 2000）。

个题目难道不缺点什么吗？"战争"和"革命"这两个关键词，不是与另外一个关键词互相补充的吗？我们习惯了没有"内战"吗？接下来，我将宣读在成熟度上参差不齐的四个部分：首先是对三驾马车概念的反思，然后是关于内战和战争的思考，接着是关于内战和革命的议题，最后是有关国家建构和内战的关系。

三驾马车的概念

144

这个三驾马车的概念有说服力吗？或许人们持这样的立场，即在谈论战争和革命的时候，实际上已经暗示了内战的概念，后者是发生在国家内部的冲突形式——根本就无法想象它没有革命性的对抗。内战，或者用今天专业人士严谨的话说，是"非国际性武装冲突"，一方面是革命的一种特殊形态，另一方面是"战争"的次级范畴。因此，内战总是被理解成战争和革命叠影之下的一种从属范畴。

但是，这符合我们日常语言的认知吗？当今天（2013年初）的报纸说叙利亚的暴乱已经升级为"内战"时，我们不是认为这样的想法很有意义吗？人们很少听到或读到叙利亚境内所发生的是一场"革命"的说法，即便反巴萨尔·阿萨德政府武装的个别势力（当然不是全部）自封为"革命"。与此相反，我们很乐意把在埃及或突尼斯所发生的称为"革命"，尽管私下认为这些革命性的进程会滑向内战（或反革命暴动）——其中多数是在病理学角度被鉴定为公共冲突的形式。历史行为体以及新闻记者式观察家的政治化语言，已经能对这些概念做出细微的区分了，历史学家的专业术语不应该放弃做到这一点。

反对上述三个范畴等量齐观的人，还可以提出以下论据："内战"

的概念，是一种在数量上少于"战争"和"革命"的通称。历史上有数不清的战争，还有很多人们不分青红皂白称为"革命"的动乱。但是，历史学家所熟悉的"内战"并不多。在联合国创建之初，内战显得过于次要，以至于联合国宪章的起草人对之关注甚少，于是"非国际性武装冲突"留下了一个法律解释上的漏洞。在罗马共和国晚期的内战之后，人们在欧洲就很难再寻觅到内战的踪迹了：不断有农民起义和城市抗争，但就是很少发生争夺国家政权的大规模冲突。内战时代的来临，始于欧洲的近代早期，先是 17 世纪英国的内战和同时期法国的投石党人。接下来发生内战的有 19 世纪的美国，20 世纪上半叶的俄国、西班牙、希腊和中国，或许还有墨西哥（虽然被称为"革命"）。20 世纪下半叶，内战主要发生在黎巴嫩、南斯拉夫、斯里兰卡、中美洲和非洲地区。从这个时候起，内战的数量才得以与持久武装冲突的主流形式（译按：即战争）等量齐观。

    与革命比起来，内战似乎具有更鲜明的历史个性，同时也是不能套用某种概念的独特构造。到目前为止，内战很少以比较和理论化的目的来对待。图宾根的宪法学家罗曼·施努尔（Roman Schnur）在 1980 年代的判断不无道理，他认为我们有大量关于革命的理论——补充一点，当然也有大量关于大大小小、古往今来战争的理论——但是却没有关于内战的理论，暂且不论卡尔·施密特对"世界内战"的臆想，对此罗曼·施努尔始终是保持距离的。[1] 有关内战的社会科

---

[1] 罗曼·施努尔（Roman Schnur）：《内战的理论：关于一个遭冷落对象的思考》（Zur Theorie des Bürgerkriegs. Bemerkungen über einen vernachlässigten Gegenstand），载《国家》（*Der Staat*）1980 年第 19 期，第 341—366 页，主要是第 342 页。此文收入施努尔的文集《革命与世界内战：关于 1789 年大革命序曲的研究》，柏林，1983 年（*Revolution und Weltbürgerkrieg. Studien zur Ouverture nach 1789*, Berlin 1983），第 120—145 页。

学理论，要比关于革命的理论少很多，而且面临着滑入微观社会学冲突和暴力研究的风险。

不过，人们也可以提出反驳的批判性论据。内战暧昧不清的特殊地位，使得很有必要将此种冲突形式在概念上尽可能与战争和革命区分开来。大家等下就会看到，在历史学家的实践中，我们能做到什么程度。内战与国家和民族之诞生的关系相对较小，但它们却是崩溃的征兆——也就是那些在辩证进步史学中是找不到位置的终极危机和封锁，譬如它们自 1776 年和法国大革命前夕实施恐怖政策的阶段以来，把本身十分生硬的革命置于一种克制的历史乐观主义柔光之下。

146

内战和国与国之间的战争

自修昔底德的时代以来，就存在一个基本的判断，即战争是残酷的，而内战更甚之。这一点很难去证实，但据大量的见证者说，内战中人们彼此厮杀的程度，至少要比那些人们在传统意义上［各方一厢情愿地］认为是"受到保佑的"国与国之间的战争更惨烈。有时候，这一论点所发挥的作用是多余的，因为当在尤尔格·巴贝罗斯基（Jörg Baberowski）称为"脱离国家的空间"内的混乱暴力行径中发生了特别残忍的事件之后，人们就会倾向于使用"内战"的标签。①

----

① 尤尔格·巴贝罗斯基（Jörg Baberowski）：《"脱离国家的空间"内的极权统治：斯大林主义和纳粹的对比研究》（Totale Herrschaft im staatsfernen Raum. Stalinismus und Nationalsozialismus im Vergleich），载《历史学杂志》（Zeitschrift für Geschichtswissenschaft）2009 年第 57 期，第 1013—1028 页。氏著：《暴力的空间》，法兰克福，2015 年（Räume der Gewalt, Frankfurt a.M. 2015），第 102—106 页。

　　自希腊城邦间血腥厮杀以来的内战，被描绘成一幅较为消极的形象，导致这一局面的，不仅是我们的经验历史。毫无疑问的是，"内战"这个词本身就会引起霍布斯式的毛骨悚然，它唤起了人们对破坏所有政治秩序、消解所有社会现状的恐惧。任何一场革命——无论它后来如何变质，都有一种对压迫者、剥削者和特权人士进行合理反抗的萌芽，争取把他们从高高在上的位子上扳倒。任何一场战争都有攻击者和被攻击者，而且在敌友之间有明确的、道德立场鲜明的界限。但是就内战而言，情况并非如此。如果把同一屋檐下或者街道对面的邻居一夜之间视为仇敌，无异于撕下了一团和气的遮羞布，那不仅是政治秩序的撕裂，更是社会凝聚力的"撕裂"（或者用时髦的词，叫"岌岌可危"）。内战，从根本上说，就是社会失序。

147
　　战争，是指在和平年代很少或根本就没有发生关系的两个共同体之间（在某种程度上算是在敌我之间）发生的持续时间较长的武装冲突。它既可以是宏观层面上的国家——彼此相邻或不相邻（不是所有战争都发生在邻国之间），它们各自的国民在边境地区有一种持久的互动；在微观层面上出现一个以某种军事性原始场景为特点的局面——无论是 1630 年的波美拉尼亚省，还是 1968 年的越南：一群士兵对一座村庄发起袭击，人们怀疑里面有敌人或者想要从中得到必要的补给。对手（或施暴者）与受害者之间没有什么共性。他们的第一次接触是在暴力实施的那一刻开始的。1812 年西欧拿破仑大军与俄国军队之间，或者 1914 年和 1940 年德国人与法国人之间，没有什么社会性纽带（即托克维尔所谓的"联系"[liens]）可以撕裂。战争改变了社会，这是人所共知的。但是，它是通过外力来改变社会的。如果各兵种配合有序，并且大后方同仇敌忾运送战争物资的话，那么战争就不仅只有破坏性，而且可以增强社会整合和集体感。

内战却是另外一回事。在内战中，一种政治共同体和社会凝聚力是从内部转型的。内战的根本性标志，我们可以称之为"内源性的分化"，即从纽带关系内部对其进行分化和撕裂 —— 作为某种鲜有来自外部的冲击的后果。

上述对内战范畴的限定，不是要把法学或政治学上的定义（以某个国家与其周遭的井然分割为前提）抹除掉。政治学者曼弗雷德·施密特（Manfred G. Schmidt）研究指出，内战涉及的是"在军事手段系统性部署之下所爆发的国家内部不同人群之间 —— 多数国民被裹挟其中 —— 的冲突，目的是为了瓜分领土，分配政治、经济或社会权力的资源"[1]。或者，用国际上最有影响的内战研究者斯塔提斯·卡里瓦斯（Stathis N. Kalyvas）的话说，内战是"在某个主权上获得承认的疆域边界内部派系之间发生的武装冲突 —— 这些派系在冲突之初被理解成是一种权力当局"[2]。这些都是有益的定义，但是它们必须要有所补充，才能接近曼弗雷德·施密特所谓的作为消解社会纽带的"冲突"之本质。

148

....

[1] 曼弗雷德·施密特（Manfred G. Schmidt）：《政治学词典》，第 3 版，斯图加特，2010 年（*Wörterbuch zur Politik*, 3. Aufl., Stuttgart 2010），第 141 页。

[2] 原文出自斯塔提斯·卡里瓦斯（Stathis N. Kalyvas）：《内战中暴力的逻辑》，剑桥，2006 年（*The Logic of Violence in Civil War*, Cambridge 2006），第 17 页。彼得·沃尔德曼（Peter Waldmann）在一篇经典的文章中考虑了以下的可能性：内战不是在某个既定的国家框架内上演，而是要破坏这种框架，参考：《内战 —— 接近一个难以理解的概念》（Bürgerkrieg-Annäherung an einen schwer faßbaren Begriff），载《利维坦》（*Leviathan*）1997 年第 25 期，第 480—500 页，尤其是第 482 页。基于计量方法和对 1945 年以后内战进行实证研究的成果，参考克里斯托弗·布拉特曼（Christopher Blattman）、爱德华·米古尔（Edward Miguel）：《内战》（Civil War），载《经济学文献杂志》（*Journal of Economic Literature*）2010 年第 48 期，第 3—57 页。

我们也可以不那么准确地将其称为"文明的断裂",或者是"文明式"交际规则的失效。文明的丧尽或者从文明社会堕落成不文明社会(霍布斯的早期政治学理论称之为"自然状态")的说法,是很直观的,但是它催生了一种文明规范标准在内容上的(当然是在文化特殊性范围之内的)定义,而且它还诱使把内战中惨绝人寰行径的这一本应单独处理的主题,嵌入到该现象的概念核心之中。因此,它缺乏某种准确性。

内战 —— 在这里应该作为一种命题提出来 —— 是完全不以它在军事上的胜负、国际上的环境和冲突双方特定的动机为转移的,是在根本上与国家之间的战争有所区别的。在国与国之间的战争中,两国的国民之间彼此不认识,甚至将对方视为仇敌 —— 无论是君主国、民族国家还是(虽然有一些文化上相似性的)多中心城邦(例如古代的希腊或者近代的意大利)。内战最大的特征,就是内源性的分化。

149   内战与革命

内战与革命之间的界限,更难区分。[1] 在这里我们暂且不在术语上咬文嚼字,也不要解决具有深刻指向的历史命名之争议:17 世纪中叶英伦半岛上所发生的究竟是"革命"还是"内战"(或者是复数的内战,因为也牵涉苏格兰和爱尔兰),兹事体大。英国历史学家从 1702 年就开始争论这个问题,它发轫于克拉伦登伯爵爱德华·海德

---

[1]   对社会学—历史学革命研究的总结,参考罗斯玛丽·奥凯恩(Rosemary H. T. O'Kane):《革命:政治科学中的批判性概念》,4 卷本,伦敦/纽约,2000 年(*Revolution: Critical Concepts in Political Science*, 4 Bde., London/New York 2000)。

（Edward Hyde）遗著《叛乱与内战史》第 1 卷的出版。在一种以革命为中心的社会史解读一统天下的局面过去之后，钟摆的指针偏向了一种着墨于军队数量和混乱战局的政治史和军事史叙事的方向，直到一段时间以后历史学者在两者之间找到了平衡。这样的著作可以举出：《英国革命与三国战争》和《君主国转型》。①

现在，我们先把有关革命的理论文献置于一旁，没有任何包袱地径直奔向"革命"的定义。一场革命，首先是一次集体行动 —— 把建制派精英搞垮，并且是以破坏规则的抗争形式。反抗的方式可以包括从军事袭击到非暴力静坐的所有形式，后者在一个独裁者眼中是破坏规矩和违法的行为。

其次，革命是跨越本土的，它引起的影响是全国性的。这不同于地方上限于一定范围之内的反抗。第三，革命有详细的纲领，它从根本上质疑现行秩序的合法性，而不是仅限于对特定统治实践的批判。例如，它不会针对作为个人的君主，而是针对君主制的具体形式（将其视为暴政）或者君主制本身。

暴力的滥用不属于革命的本质内核，这一点与内战不同。世界上　150
也有不少非暴力和暴力程度不深的革命。（1）某种内部激化的动因，（2）受到打击的建制派的反制，（3）来自为冲突双方提供资源或向所谓叛徒煽起威胁和攻击（例如 1792 年在法国所发生的）的外部势力

---

① 伊恩·金特尔斯（Ian Gentles）：《英国革命与三国战争：1638—1652 年》，哈洛，2007 年（*The English Revolution and the Wars in the Three Kingdoms 1638-1652*, Harlow 2007）；马克·吉什兰斯基（Mark A. Kishlansky）：《君主国转型：1603—1714 年的不列颠》，伦敦，1996 年（*A Monarchy Transformed: Britain 1603-1714*, London 1996）。

的干预，几股合力作用之下，暴力的螺旋很容易迅速地转变。[①]

　　即便在不借助大众心理学的指导下，从几乎任何一场革命性策略的逻辑中都可以推导出发生暴力的可能性：革命不是为了夺取现有秩序内暴力机器的控制权，包括军事和警察机构，但是这些机关必须要解除武装，保持中立或改变立场。要实现这一点，往往都不会太平，势必会引起一些反制措施。

　　在国际法中，"革命"相当于"内战"众多可能的冲突形式中的一种。反过来，内战可以视为革命的一个升级版。这在以下情况下就会发生：当革命者和他们的敌人（1）武装自己，并以军事或民兵组织的形式布阵；当他们（2）建立各自的权力中枢或相对稳定的根据地，并且短期内在军事上有所保障；此外（3）军事力量的对比足够平衡到其中任何一方在短期内都不会垮掉。

　　如果旧秩序很快瓦解，且抵抗迅速消失了之后，"伟大的"革命本身未必会演变成内战，就像 1979 年伊朗推翻巴列维政权，或者 1792 年夏末法国废除君主制成立共和国（举这个例子不是那么恰当）。在这些情况下，虽然也有短暂的暴力相持阶段，但是没有酿成权力当局和革命派之间长时间的势不两立。（政治学武装冲突的数据——为了看清内战的真实情况，往往是以年均 1000 名以上因军事丧命的受害者作为门槛——统计出，1945 年以来的内战平均持续时间大约是 10 年。）

　　根据 20 世纪全球最大规模的内战——1946 年在中国发生的国

---

① 关于第三点，参考杰弗里·切克尔（Jeffrey T. Checkel）主编：《内战的跨国动因》，剑桥，2013 年（*Transnational Dynamics of Civil War*, Cambridge 2013），尤其是编者的"导论"，第 3—27 页。

共内战，以中国共产党在 1949 年夺取全国大中城市的控制权为结局 —— 所造成的伤亡和损失的规模来看，革命是可以积聚成内战的。中国的革命进程早在 20 世纪 20 年代就开启了，随着共产国际牵线的国共统一战线在 1927 年的终结，它具有了内战的色彩。第一次内战（著名的长征就是发生于此阶段内）由于 1937 年日本侵略华北和华东，消解于中日两国的交战之中，后来因为珍珠港事件又升级为世界大战。在 20 世纪没有哪个地方的哪次革命、内战和战争，像中国境内所发生的那么复杂。中国内战持续的时间比世界大战还要长。就像 1918 年至 1920 年俄国发生的内战一样，中国的内战也是因为外国列强的干预（主要是美国对蒋介石及国民党的军事援助）而得到了延长和激化。

　　为了争夺国内政权的内战 —— 对于一个即将诞生的中央统治秩序的建立来说，夺取政权是一个前提条件 —— 在中国共产党人看来，内战同时也是反对帝国主义及其本土帮凶的民族解放战争。在革命秩序建立以后，新政权的敌人中有大量的人以"反革命"的名义被处决了 —— 只要他们没有逃到台湾或香港去。[①] 在中国，内战转向了暴力化"精英更替"的一个特别极端的阶段 —— 也就是我们在上文中对"革命"定义的第 1 点。

　　当然，革命与内战之间井然有序的阶段切换，纯粹是为了阐明问题的一种人为建构，往往是与行为体的自我感知和自我分析一致的。但实际上，它们之间的关系用一个时髦的词来说，就是"纠缠"。即　152

---

① 参考冯客（Frank Dikötter）：《解放的悲剧：1945—1957 年中国革命史》，纽约，2013 年（*The Tragedy of Liberation: A History of the Chinese Revolution, 1945-1957*, New York 2013），第 100 页。

便是在那些一看就明显属于反殖民主义的独立革命中（例如在北美的殖民地上所发生的），也不乏内战的因素——如果考虑到叛乱者与英国王党派（其中许多人逃往后来成为加拿大殖民地的地方了）之间的冲突。在法国大革命发生期间的 1789—1799 年，人们在地方省份发现有内战的迹象，最明显的就是旺代起义——该起义的影响主要局限于地方，而且它的领袖没有追逐全国的领导权。尤为复杂的是 1791 年和 1804 年海地的局势，那里经济、政治（指政治参与和解放）和民族冲突的界限被打破，而法国和英国在世界政治舞台上的博弈也波及海地的内政。

内战可以从外观上掩盖它的革命起源。例如在西班牙，从最初农民无产者与地主之间的阶级斗争中，兴起了一场几乎是教科书级别的社会革命，但是在一个结构上十分异质化的国家内，它没有实现全国性动员的可能性。不仅在当时的社会大潮中——其中，半外部的因素（即驻扎在北美的一支殖民军队）发挥了一定的作用——而且在后来的回忆中，内战"吞食"了它的革命起源。因此，我们将整个进程称为"西班牙内战"，而不是"西班牙革命"。西班牙内战于 1939 年以反革命集团的彻底胜利而结束，与中国的情况有天壤之别——在那里，十年之后中国版"佛朗哥"——"大元帅"蒋介石输掉了内战，在台湾岛上度过余生的几十年，并始终图谋反攻大陆。蒋介石和佛朗哥这两位独裁者各自顽固地统治到 1975 年，两人也差不多先后离世。

内战不一定都有革命的起源——这是本主题的最后一点思考。今天，没有革命根基的内战几乎是常态，例如在非洲。美国的内战也缺乏革命的起源，简单地说，它是宪法框架与西扩的不羁动力以及奴

隶制经济之间的张力所导致的。不过，内战引起了革命性的影响，具 153
体来讲，就是南方种植园庄园主解除了武装。这个问题的争议很大，
但是如果人们主张以下观点倒也不至于谬误：美国内战对美国社会的
发展起了颠覆性的催化作用，这一点是西班牙内战所望尘莫及的。

　　如果我们不受约束地继续联想不同的历史时期（这是主旨演讲者
的自由），那么在这里也可以提及17世纪的英格兰，去追问1640—
1660年之间二十年的长期革命性影响。那里没有实现一种持久的
制度更替。护国主克伦威尔本人就是一名摇摆的革命派。斯图加特
王朝在1660年的复辟，令人诧异地平稳进行，并且这一老式的新
政权抑制了它的复仇欲。下一场英国革命，即1688—1689年的光
荣革命——也是一场差点酿成内战的革命——是一种预防性的革
命，完全是一场以有限的投入，释放出结构上和思想上巨大后果的革
命——长期以来它是欧洲自由主义者最钟爱的革命，绝非偶然。

　　我们不妨暂且总结如下：内战和革命在分析上是可分的，但在
实际的历史中并非泾渭分明。精准的历史学重构和解读的魅力恰恰在
于，把单个方面剥离出来，然后再把它们合在一起。1800年的大西
洋世界中，什么是战争，什么是革命，什么是内战？同样的问题也可
以针对19世纪中叶提出，彼时美国和中国（太平天国运动）同时经
历着巨大的制度危机。或者，针对东欧和中东欧在1917—1923年之
间的历史进行追问，等等。

国家建构与内战 154

　　在内战结局的走向上，欧洲传统有两种经验模式，分别是：从伯

罗奔尼撒战争以来就绵延不断的自我戕害式的希腊模式；作为制衡派系僭越的奥古斯都治世式的罗马模式。换句话说，就是小国寡民与天下治世的区别。[1]

此外，还有一个有目共睹的第三种模式：复仇模式 —— 它是叛乱、革命和内战在军事上决出胜负后的历史常态。可以举出下述例子：

——在 1524—1526 年德国农民战争之后，甚至是近代早期所有农民起义结束之后的结局都是如此；

——1793—1794 年镇压旺代起义的过程；

——1864 年中国太平天国运动的垮台之后；

——1871 年巴黎公社的终结；

——在新兴苏联境内各种反布尔什维克势力的挫败；

——1939 年初以后西班牙境内，主要是在佛朗哥统治时期，也就是在一个不妥协的报复性的政权内 —— 此政权不断地与来自国外的西班牙民主人士斗争；

——1927 年的中国，以及此后几年内中国共产党人所遭受的残酷压迫。还有 1945—1951 年，反过来，对反革命分子的清洗。

不同形势中的残酷场景总是一样的：对特定人群的处决、刑讯拷问、羁押、没收财产、长期剥夺权利和污名化，以及强制性流放。

....

[1] 社会学研究的兴趣在于稳定秩序的重建，参考玛丽·奥尔森·伦斯贝利（Marie Olson Lounsbery）、弗里德里克·皮尔森（Frederic Pearson）：《内战：内部挣扎和全球影响》，多伦多，2009 年（*Civil Wars: Internal Struggles, Global Consequences*, Toronto 2009），第 197—222 页。试图把 1940 年以来的数据和个案研究纳入分析的是莫妮卡·杜菲·托夫特（Monica Duffy Toft）：《保证和平：内战的长久性安置》，普林斯顿 / 伦敦，2010 年（*Securing the Peace: The Durable Settlement of Civil Wars*, Princeton, NJ/London 2010），第 1 章和第 4 章。

　　原则上讲，在战后的处境中，内战可能会有完全不同的转变方式：内战中某一方的胜利、一种几乎无休止的乱局、对方的妥协、某个列强的干预，最后还有一种来自外部的外交斡旋——就像最近的联合国维和部队和圆桌会议，即便它们只终结了大约所有内战中的三分之一。在迄今为止的历史发展中，还找不到大有可观的规律，能够捋顺内战的特定根源、外部条件和某种结局的走向。　　155

　　最后，谈几点关于内战和国家建构之间关联的思考。这是在学术研究中尚未深入的领域。但是，如果把时间限定在 20 世纪中叶以前，那么还是可以提炼出几点观察的。

　　第一，在几乎所有关于内战的定义中，都没有把参与者身上的意识形态动机考虑进去，例如上文中提到的曼弗雷德·施密特的定义，以及笔者本人对内战的尝试性解释，都是如此。人们在那些——紧随埃德蒙·伯克（Edmund Burke）的步伐，他对自己所亲历的法国大革命发表了最犀利的评论，尤其是他晚年反对"弑君和平"的长篇大论①——所谓"世界内战"受到鼓吹的地方就会发现此种迹象。在这里，欧洲教派战争在意识形态上的针锋相对，被另行解释成是世俗性的。即便是那种认为在世界大战期间、布尔什维克主义和法西斯主义盛行期间发生了一场"欧洲内战"的想法，也是靠这类耸人听闻的观念史而得以维系。它不是完全没有道理，至少西班牙的内战——

---

① 埃德蒙·伯克（Edmund Burke）：《论弑君和平》（Letters on a Regicide Peace）（1795—1797年），载《埃德蒙·伯克文选》，3 卷本，印第安纳波利斯，1999 年（*Select Works of Edmund Burke*, Bd. 3, Indianapolis, IN 1999）。年老体衰的伯克试图说服欧洲的统治者，法国大革命不会导致一场国与国之间的战争，而是一场受意识形态驱使的内战。"不是法国在扩张成一个帝国去君临他国，它是一拨致力于建立一个普世主义帝国的派别，首先要征服的便是法国。"见于伯克的第二篇文章，第 157 页。

由于它在欧洲乃至全世界覆盖整个政治光谱的动员效果 —— 成为政治性原则信条的"结晶"方法。

我们还是要微察秋毫，不要走极端化的路线。意识形态上的敌意，不是那么容易被捕获到的。西班牙内战中共和派的自由与法西斯主义之间一目了然的冲突，完全是一个例外。至于蓄奴派与废奴派之间的对决，究竟是不是美国内战中显著的意识形态主轴，仍然存在争议。

156 国家建构与意识形态化的内战之间可能的关联，或许过于碎片化，以至于它还不能作为一种假设，但我们至少要把这个问题拿出来讨论一下。某种高度意识形态化的动机 —— 作为一种路径依赖 —— 使得一个由内战获胜方组建的政权，承诺自己早期所宣传的政治秩序模式。那些人们认为以其名义取得了内战胜利的意识形态，一方面，对于自己的追随者来说一定要得到兑现，另一方面，它们在历史哲学或者历史神学上的优越性已经得到证明。通过它，内战变得两极分化，还塑造了一种敌—友的二元对立。这种二元对立在内战结束之后就会变得一无是处，成为现实中重建（例如建国）顺利进行的一种障碍。内战结束之后，精神对峙方面的降温，进展十分缓慢，因此也就成为"国际和平使命"最重要的教化任务之一。

第二，内战绝非都是由非正规武装参与的"小规模"战争。至少，美国内战和 1940 年代处于决战阶段的中国内战，都有大规模军队在战场上对峙，并根据当时通行的战争规则进行战斗。在 1850 和 1860 年代中国太平军与清朝官兵之间的战争中，发生了 19 世纪（包括现代以前的所有战役都算在内）最激烈的攻城战。在西班牙的内战中，野战直到 1937—1938 年仍然起着决定性的作用。总之，内战在军事上并不缺乏专业性。

　　包括上文提到的斯塔提斯·卡里瓦斯在内的当今社会学家对内战的研究，把内战中的作战方式分成三类：① 一是传统的战争（例如2011年利比亚战争）；二是从埋伏处或人群中冒出来的农村或城市游击战；三是非常规战争，也就是利用相对简单的军事手段（例如用AK-47自动步枪而不是装甲车）进行的准军事帮派械斗，且没有士兵伤亡的代价。

　　总的来说，回顾历史上的内战，我们还是可以得出一条具有普遍意义的结论（虽然不同内战之间存在着细微差别），即内战是与平民的大规模动员和高水准的军事化结合在一起的。比起游击队员来，民兵组织更符合内战的战斗形象。人们是如何动员这类半常规和非常规部队的？内战结束后如何解除他们的武装？他们如何重新适应社会？这些问题有点类似于裁军——但也不尽相同。内战国家内全民皆兵的现象，是内战的典型遗产——而暴力垄断的实现，则属于国家浴火重生的最紧迫任务。它可以通过完全不同的方式来化解：例如1949—1950年中国政府强制性解除了人民的武装，也可以是民主式的做法——放任武器的私有化，还可以由国家来回收武器（例如过去几十年在非洲所发生的），或者类似于"罗马式"的——给民兵退役老兵分田分地。

　　第三，在长时间的内战之后，不能保证战前曾经存在过的国家组

① 斯塔提斯·卡里瓦斯（Stathis N. Kalyvas）：《内战中的战事》（Warfare in Civil Wars），载伊莎贝拉·杜威斯泰因（Isabelle Duyvesteyn）、杨·昂斯特鲁姆（Jan Angstrom）主编：《反思战争的本质》，伦敦，2005年（*Rethinking the Nature of War*, London 2005），第88—104页。还有亚当·洛克伊尔（Adam Lockyer）：《外国干预和内战中的战事》（Foreign Intervention and Warfare in Civil Wars），载《国际研究评论》（*Review of International Studies*）2011年第37期，第2337—2364页。

织会重现。内战很少是一场疾风骤雨般的插曲，在其结束之后仍能重新回到曾经的常态中去。往往在内战之后，国家的构造会改头换面。由人民解放军参与的最后一场中国内战，同时也是一场争夺领土的战争。不仅国民党被打败了，而且人民共和国的疆域达到了自 1760 年（即"封建制"清朝的疆界）以来中国历史上的最大值。新疆和西藏的解放，在某种程度上是内战的附带战利品。在中国，内战同时也是一场国家统一的战争。假如蒋介石赢了，估计他也会跟对手毛泽东一样，采取大一统的政策。

如果回顾 20 世纪下半叶的历史，就会遇到一个新类型：去殖民化的战争。我们完全有理由不把 1945—1965 年二十年间后殖民主义国际格局的形成，视作权力的转移，而是我们今天会议的主题"革命、战争与国家和民族的诞生"。当然，确实存在和平的权力交接，例如在菲律宾、突尼斯和摩洛哥，在锡兰（斯里兰卡）或者在非洲西部的大多数殖民地。但是，它们毕竟是少数。

在去殖民化的战争中，主要有两种类型：一种是解放运动的武装起义，将殖民者从本国驱逐出去（有不少例子，其中阿尔及利亚是最显著的。一个往往遭到忽略的是，同时也是解放战争的爱尔兰内战）；另一种是对殖民政权企图 —— 即在军事上恢复在二战中丧失的统治地位［多半是日本占领下的亚洲］—— 的反抗，尤其是在越南和印尼。

一些去殖民化战争的情况相当复杂 —— 正如"准民族国家与帝国的较量"这种民族主义的标准叙事所折射的。从几年前一项生动的研究中我们了解到，在殖民人口中有众多不同的政治、民族和宗教群体怀着特定的利益聚到一起，他们利用战争冲突及其所造成的混乱局面，以期在后殖民时代的国家建构中争得一席。一些解放战争中包含了小规模的内战，这些属于殖民势力的把戏（例如英国人在肯尼亚的所作所为），他们是为了挑拨离间。属于这一类事件的是印度次大陆在 1947 年（大致是 1946—1948 年间）的分裂，那是一场压缩版的内战，据统计造成了 20 万到 200 万人死亡，1500 万人流离失所。①

亚洲近代史上的民族和国家是从战争、内战，偶尔也从革命中诞生的 —— 情况特别复杂的是越南，在那里社会主义革命和反殖民主义革命在 1945 年 8 月同时取得了胜利，但是后来在一场长达九年的战争中输给了卷土重来的法国人，紧接着又发生了南越和北越之间的内战。这种复杂的对抗，也曾于 1942—1949 年间短暂地出现在印度尼西亚，只不过在更加紧凑的时间段内完成了。在该历史时期，在一个"脱离国家的空间"内有不同的群体很不愉快地互相交手：日本人、荷兰人和印尼方面的各路势力，彼此之间不遗余力地残杀。统一的印度尼西亚国家，是如何从 1950 年代的暴力行径中走出的，是"民族和国家诞生"的范本。

159

结论

如果本次演讲能够以与开始时同样轻松的语气来结束，那会多么美好。然而这个主题的沉重性，不允许我这么做。"内战"或"公民之战"（在其中，人们根本就没有机会成为公民）[译按：德语的"内战"，写作 Bürgerkrieg，字面意思是"公民之战"]，或者用更好听

---

① 伊恩·塔尔伯特（Ian Talbot）、古哈尔帕尔·辛格（Gurharpal Singh）：《印度的分裂》，剑桥，2009 年（*The Partition of India*, Cambridge 2009），第 2 页。

的词，叫"国家内部的战争"，今天在全世界广泛分布。在离南欧不远处的叙利亚就上演着内战。迪特尔·朗格维舍在书中时或提及 19 世纪的好战自由主义分子——他们叫嚣战争能带来进步（根据迪特尔·朗格维舍的说法，他们的理由还是很充分的）——的期望，落空了。[①] 即便是蕴含在"建国战争"这个冷冰冰概念中的黑格尔式的慰藉——根据过去几十年的经验——也给人留下了不快。[②]（译按："建国战争"是由约翰尼斯·布克哈特［Johannes Burkhardt］用来解释欧洲三十年战争的概念。他认为三十年战争不是宗教战争，而是欧洲建立新型政治秩序的进程——新的国家得以建立。）不是所有掉刨花的地方，都是"世界精神"在刨木头。（译按："世界精神"是黑格尔的一个哲学概念，是决定一切社会现象和人类历史过程的力量。此句化自德国的一句著名谚语"刨木头的地方，就会掉刨花"——意思是"所有好的事情，都有不利的一面"。作者这句话的意思是，不是世界上所有的战争［"掉刨花"喻战争］，都具有黑格尔"世界精神"层面的进步或正面意义。）

---

① 迪特尔·朗格维舍（Dieter Langewiesche）：《进步口号下的战争：19 世纪欧洲政治舞台上的战争以及当下"正义内战"观念的溯源》（ Fortschrittsmotor Krieg. Krieg im politischen Handlungsarsenal Europas im 19. Jahrhundert und die Rückkehr der Idee des bellum iustum in der Gegenwart），载克里斯汀娜·贝宁豪斯（Christina Benninghaus）等人主编：《欧洲在路上：比较社会文化史文集》，法兰克福 / 纽约，2008 年（ Unterwegs in Europa. Beiträge zu einer vergleichenden Sozial- und Kulturgeschichte, Frankfurt a.M./New York 2008），第 23—40 页。
② 约翰尼斯·布克哈特（Johannes Burkhardt）：《不仅是三十年战争的三十战争："建国战争"的理论》（ Der mehr als Dreißigjährige Krieg. Theorie des Staatsbildungskrieges），载托马斯·耶格（Thomas Jäger）、拉姆斯·贝克曼（Ramus Beckmann）主编：《战争理论手册》，威斯巴登，2011 年（ Handbuch Kriegstheorien, Wiesbaden 2011），第 335—349 页。

保护、权力与责任

—— 帝国时代及其之后的庇护 *

今天要给诸位分享的几点思考，与其说是论战，还不如说是试 160
探 —— 提出问题比提供答案更重要。这些思考以冒险的方式追问：
作为专业人士的历史学家究竟能够知道什么，以及应该讨论什么。因
为，即便我们在历史学领域内小心翼翼地探讨，也会牵涉政治学、国
际法学，甚至还有伦理哲学。历史是一汪巨大的经验蓄水池，人们可
以从中学习到行为目的与行为结果之间变化多端的关联。但是，从历
史中不会得出放之四海而皆准的行为准则。当政治家从他们智库中的
哲学家和社会学家那里采纳意见时，他们往往会了解到，特定的抉择
会产生什么样的后果，有时候也包括对政治家应该怎么做的忠告。但
当他们咨询历史学家时，听到的则是不要做什么。历史学家干的是批
判的活儿。他们不会直面"规范"的问题［例如社会规范、法制规范
和道德规范］。因此，他们陷入了尴尬境地 —— 不久前，就发生在本
人身上 —— 在某次演讲结束之后，学术圈以外的听众抛出以下提问：
历史学能够给我们［的心灵］带来什么样的抚慰？

....

* 受"人文科学研究所"的邀请，本人于 2014 年 12 月 4 日在维也纳举办雅恩·帕托什卡（Jan
Patočka）纪念奖座。部分内容曾经以"保护、权力和责任：帝国时代及其之后的庇护"为题，发表
在《变迁：欧洲时事杂志》（*Transit. Europäische Revue*）第 46 期（2014 年冬季卷），第 3—23 页。
感谢莱因哈德·布隆梅特（Reinhard Blomert）和沃夫冈·艾格内尔（Wolfgang Egner）对本文提出
的中肯意见。

对 1990 年国际政治划时代转折之后的诸多期待，后来都被证明是泡影，例如永久性的资本主义繁荣、后民族主义和后帝国主义时代欧洲的和谐、不同宗教的和睦相处，还有地中海南部"某某之春"民主化进程。至少，西方的时代精神曾被认为是标杆，即便有一些其他选项，数量也很少。在乐观的 90 年代中催生了一种对 21 世纪新秩序两大支柱的逐渐消退但尚有余温的信念：交流的冲突有减无增，普世的价值（最重要的就是人权）为 70 亿人舒适地共同生活提供了一个最好的前提。

本次讲座不直接讨论人权（这是当下思想史学者津津乐道的题目 ①），而是采取一种迂回的做法，受到了"雅恩·帕托什卡纪念奖座"最近几期讲座题目的启发。此系列讲座的主题——可能不是刻意为之——在过去几年内触碰了一系列关乎时代诊断的核心关键词，例如：合法性、公平、责任、大同主义等。②

对于上述一串认知世界的范畴，我还能增添什么样的主题，还是颇费一番思量的。我的建议是：保护。就像雅恩·帕托什卡在其遗作《欧洲与后欧洲》（被视为他的代表作）中所说的，"要专注于问题" ③，因此，我不再泛泛而谈，从而不必要地引起一场历史学家与

---

① 譬如斯蒂芬-路德维希·霍夫曼（Stefan-Ludwig Hoffman）主编：《伦理政治：20 世纪的人权史》，哥廷根，2010 年（*Moralpolitik. Geschichte der Menschenrechte im 20. Jahrhundert*, Göttingen 2010）；杨·埃克尔（Jan Eckel）：《善意的矛盾：1940 年代以来国际政治中的人权》，哥廷根，2014 年（*Die Ambivalenz des Guten. Menschenrechte in der internationalen Politik seit den 1940ern*, Göttingen 2014）。

② 关于历届讲座的题目，参考 http://www.iwm.at/events/lectures/patocka-memorial-lecture。

③ 雅恩·帕托什卡（Jan Patočka）：《欧洲与后欧洲：后欧洲时代及其思想观念问题》（Europa und Nach-Europa. Die nacheuropäische Epoche und ihre geistigen Problemen），载雅恩·帕托什卡著，克劳斯·内伦（Klaus Nellen）、吉日·内梅克（Jiří Němec）编：《哲学史的另类论文和补遗》，斯图加特，1988 年（*Ketzerische Essais zur Philosophie der Geschichte und ergänzende Schriften*, Stuttgart 1988），第 207—287 页，引文出自第 229 页。

政治学家、社会学家、国际法学家和伦理哲学家们都要参与的讨论。

"保护"的语义学

在西方的思维中，保护的范畴不属于理论性参照的"保留曲目"。在概念史辞书集大成者的 8 卷本《历史的基本概念》中没有提到这个词条。① 如果人们在关于哲学、神学、社会学和政治学的手册和词典中查"保护"一词或者同一语义范畴的术语，也是徒劳。法律思维中没有一个关于"保护"的宏观范畴，只有大量具体的保护形式，例如基本法律保障、解除合约保护、专利保护，等等。在政治学尤其是国际关系理论中，人们会遇到一个相近的词汇"安全"，这是一个技术性的术语，它的含义中没有对弱者的慈善、关爱和照顾。在社会学中，经典的社会学家都没有讨论过此题目。不过，最近由乌尔里希·贝克（Ulrich Beck）发起的一场围绕风险和"风险社会"（风险社会必须要留心该如何保障不可预测的险境）的讨论，与我们的主题所见略同。②

普遍日常用语中的丰富词汇（从"保护漆"到"保护费"，从

162

---

① 奥托·布伦内尔（Otto Brunner）、维尔纳·康策（Werner Conze）、莱因哈特·柯塞勒克（Reinhart Kosseleck）主编：《历史的基本概念：德国政治—社会语言的历史词典》，8 卷本，斯图加特，1972—1997 年（*Geschichtliche Grundbegriffe. Historisches Lexikon zur politisch-soziale Sprache in Deutschland*, 8 Bde., Stuttgart 1972-1997）。

② 乌尔里希·贝克（Ulrich Beck）：《风险社会：走向另一种现代性》，法兰克福，1986 年（*Risikogesellschaft. Auf dem Weg in eine andere Moderne*, Frankfurt a.M. 1986）；以及贝克的一部文集：《全球风险社会：寻找失落的保障》，法兰克福，2007 年（*Weltrisikogesellschaft. Auf der Suche nach der verlorenen Sicherheit*, Frankfurt a.M. 2007）。

"股权保护"到"防虱保护疫苗")擢升为在分析上和规范上皆可用的范畴，相比之下，上述专业领域中所表现出的窘迫，就显得很怪异。具体情况需要具体分析。例如，社会学是作为一套关于现代性的话语而兴起的，它是作为一种资产阶级社会和个体的理论——这些个体已经从早期保护纽带的束缚中解脱了出来，成为能够自由行动的行为体。保护的观念与某种前现代甚或是古代，纠缠在一起——它关乎的与其说是社会，还不如说是共同体。封建君主为他们的藩属和奴仆提供庇护，使他们免受敌人的侵犯；教会把他们的信众网罗到他们威权的保护伞之下；家长控制家里的一切，因为他要对外保证家庭是一个受保护的空间。公民社会是基于人人平等的原则，至少理论上如此。与此相反，某种保护关系，总归是发生在不平等双方之间的关系，也就是说它是不对称的，是一个掌权的保护伞与没有权力或只有很少权力的个体之间的关系，后者甚至还有可能成为前者的牺牲品。作为过去二百年的一般性理论共识，现代性是基于人作为市场参与者、财产所有人（从马克思主义思想看来，它只是自我财产的所有者）和国家公民这三重身份上的平等。[①]

经过 20 世纪，这种平等性通过各种名目和实践得以普世化。基于性别、皮肤、民族和宗教的正当性歧视，几乎从所有国家的法律规定中消失了。只有生物学意义上的弱者，也就是年幼者、残疾人士以及年老者，会被不平等地对待，他们处在特定的法律保护之下。在国

163

---

① 迪特尔·格斯温克尔（Dieter Gosewinkel）在一部大作中表明了，在现实中国家公民是如何被形式多样地划分等级的。他在书名中也使用了"保护"这个关键词，见《保护和自由？20 世纪和 21 世纪欧洲的公民社会》，柏林，2016 年（*Schutz und Freiheit? Staatsbürgerschaft in Europa im 20. und 21. Jahrhundert*, Berlin 2016）。

际政治和受联合国影响与监督的国际法庭中，是不管实力上的差异的。一个小国家原则上享有与大国同等的主权地位，而不是处在某种特殊的卵翼之下。

探讨非对称性保护关系，或者把保护提升到一个政治和社会分析上的范畴，具有某种"保守"的意味。保护，始终与自由的受限、受保护者的依赖、行动自由的放弃等有关。有受保护需求的人，即不能完全支配自我的人，是不完整的，只是半自主独立的、需要帮衬的，并且以双重方式受约束和处于劣势：其一是来自保护者，其二是来自让保护成为必要的威胁。一般来说，两者相较，保护者算是两害相权取其轻。保护者所施加的权力，与他所抵御的更大的权力甚至是暴力比起来，还算是可以忍受的。在现代社会中，这种保护关系的非对称性特点只有一个例外，那就是人们作为客户而购买的保险。在本人与本人的责任保险之间有一种金钱关系，不存在像厄恩斯特·布洛赫（Ernst Bloch）所说的主顾之间的不对称关系。

保护的需求

如果仔细观察就会发现，保护关系中双方地位的落差，不是在意识形态上建构的，因此对于将其斥为"保守"的责难来说，并不完全契合。它在于事物的本质。随着现实中不平等（无论是某国有经济体内财富和收入的不平等，还是国家甚至全世界经济和军事实力的不平等）的提升，被感知到的和被明确表达出来的保护需求得到了增长。

譬如，资本主义的全球扩张，并没有导致普遍性生存保障之乌托邦的实现。在世界范围内，工会组织与它在 19 世纪中叶兴起时同样重要。中国矿场和南亚纺织厂内的状况，显示了不受保护工种的现实处境——对于这些工种来说，缺乏一种有效的自组织，即集体自我保护机制。今天，有上亿的人生活和工作在没有基本保障的条件之下。其中就包括难民和被驱逐者，如今他们在全世界的数量是空前的。过上逃难的生活，意味着没有保障的生存境况——"有所依"是难民的基本目标。

在那些社会福利不足或根本就没有福利可言的社会里，不受保护或易受伤害是一种集体命运。[①] 这一点不仅适用于人均收入最低和国家结构不健全的国家，也存在于其他国家。例如，社会学家丝奇雅·沙森（Saskia Sassen）就曾使用"驱逐"的概念来指称美国和其他地方在2007年次贷危机中无法再承受房贷的上百万人群。[②] 为了形成某种明确的规范，或许人们可以凝练出一条对当下和过去都适用的标准：一个社会的文明水平，取决于它保护弱者的程度。为此，人们需要一种弱者的社会学，必须要建构出与各色权力理论同样知名的理论，以便人们能够把受保护者与不受保护者（当然也包括大量中间人士）之间的公开话语，定位到某种"不受保障"的刻度上。在尽可能的情况下，还要辅之以自然科学和人类学关于保护的学说——必须以生物学上的一个事实为前提，即绝大多数物种会保护他们无助的后代。

① 关于该问题的介绍，参考阿尔曼多·巴里恩托斯（Armando Barrientos）、大卫·胡尔姆（David Hulme）主编：《对穷人和赤贫人士的社会保障：概念、政策和政治》，纽约，2008年（*Social Protections for the Poor and Poorest: Concepts, Policies and Politics*, New York 2008）。

② 丝奇雅·沙森（Saskia Sassen）：《驱逐：全球经济中的残忍和错综复杂》，马萨诸塞州剑桥，2014年（*Expulsions: Brutality and Complexity in the Global Economy*, Cambridge, MA 2014），第125—128页。马修·戴斯蒙德（Matthew Desmond）：《驱逐者：美国城市中的贫和利》，纽约，2016年（*Evicted: Poverty and Profit in the American City*, New York 2016）。

　　我们有很多理由把"保护"上升到世界观的范畴。如果谁宁愿要　　165
抽象一点，那么以下事实会让他满足，即"保护"这一范畴在形式上
的定义与其适用性之间是统一的。属于它形式上的特征有，原则上任
何事物都能受到保护，因此"保护者"和"受保护者"之间的保护性
基本关系（或许是黑格尔"主人与奴仆"关系的现代改良版），被嵌
入了更普遍的互惠关系。例如，"国家保护"的概念是多义的。在狭
义上，它当然是指为抵御处于某一集体法律秩序之外敌人的国家保护
（准确地说，是自我保护），例如恐怖分子或者带有革命目标的暴力运
动。国家保护，也是一种古典自由主义"人身保护令"意义上对人和
公民的保护，即防范不受约束的"滥权"——也就是古代政治学理论
所谓的"暴政"，今天在西方国家更多的是防范不合理的行政决议。

　　"保护"概念另一个形式上的特征在于，它总是以某种具有威胁
的对立面作为前提，例如具有攻击性的强权（对此，单个国家在某
个军事同盟［例如在内部不对称的北约］中寻求保护）、结构上有优
势的贸易竞争（对此，保护关税能派上用场）、生活的不确定性（对
此，人们对保险业有大量的需求）。属于形式上特征的，还有与未来
的关系。只有在尚未为时已晚、紧急援助和抢救仍然是最后救命稻草
的时候，人们才能有把握地寻求保护。因此，在基本结构上，"保护"
具有一种可期的保险特征。它是一种未来受损风险之降低与自身行动
自由受限之代价两者之间的交换（或"交易"）。

　　为了勾勒出"保护"概念的完整面貌，最后还有两点思考。第
一，"保护"概念（至少在自由主义者眼中）所具有的保守意味——
它在以前当然也是具有社会主义特征的（作为对无产阶级不受自由市　　166
场竞争侵害的保护）——通过"保护自然"的观念，彻底反转了极性。

自然保护的观念是很古老的。它于近代早期在欧洲重现，但是在过去几十年内被赋予了完全新的内涵。它当初是本土资源之看护（护林员的常规任务）与自然保护区（例如自然公园的观念，最初它是如何适应北美生态的）感性审美之防护二者间的联系，今天则是关涉对全球面临危害之现状的保卫。因此，从很多方面来看，出于防止地球环境持续恶化而对生物多样性和气候的保护，是以人类社会为出发点的（这一点必须要强调，因为有些非人类的物种会从全球变暖中获益）。

在生态学领域，保护的观念早已蕴含了进步主义的价值观。消耗资源的、以生产方式为导向的"社会主义"（例如，在"脏乱的"民主德国的［社会主义］晚期阶段，这一点就很明显）与节约资源的"生态主义"之间的矛盾，使得欧洲政治古老的左派和右派结构也陷入了动摇。在今天看来，与其说对煤矿工地的保护是进步的，还不如说对生存自然环境和气候的保护是进步的。

第二，有腐败嫌疑的保护，属于"保护"概念所承载的消极含义。即便是在从事不平等社会关系研究的学者眼中，它也不应该被排除在考虑之外。作为一种对外施加影响之工具的"保护"，属于社会生活中抵抗现代化的通则。但是，它却是随着现代化的进程而得以广泛传播的，主要因为获得了越来越多可整合和再分配的资源。如果人们执意去寻找在某种程度上实行纯粹能者上原则的复杂社会——其中帮派、朋党、师门、宗族、结社等其他"关系"在个体的升迁上不起任何作用，那将是徒劳。这类极度理性社会中不讲人情和冷冰冰的选才制，是不人性的和没有活力的。生活方式过于极端的"现代化"（引用马克斯·韦伯的学说），势必会放弃非正式关系的生产力，因此是次优的。

　　另外，非常规升迁的陡增，也就是体制内的腐败，是政治和行政失灵的罪魁祸首，更是政治秩序缺乏合法性最普遍的根源。作为人事安排手段的私人庇护，并没有随着 19 世纪和 20 世纪社会关系的普遍理性化而消失。欧洲古典历史学家和所有人类学家都信赖的古老概念——"庇护主义"，在当下社会关系的研究中依然是必不可少的。[①]阶级和阶层结构的层次越不分明，非正式关系网络的重要性（例如，在经济史和企业史中）表现得就越明显。关系网络的"非正式"，并不意味着滥权，虽然它提高了非常规贸易的可能性，而且需要制度上和社会伦理上的逆势而为。

国际政治中的"保护责任"："保护国"的归来

　　或许人们认为，在国家林立的世界秩序中，关系相对简单。其中有定义明确的行为体，也就是获得国际承认的主权国家政府。位于国家之上的是国际组织层面（首先就是联合国），即便是在情况特殊的欧洲也有具有联盟特征的超国家制度结构，即欧盟和相关组织。国与国之间的关系，在本质上是通过国家之间的条约或普遍认可的国际法来约束的。在某种程度上，它们始终是居于幕后的——只要在情报　　168

[①]　蒂娜·西尔格尔斯（Tina Hilgers）对"庇护主义"这个概念做了尽可能准确的界定，参考《庇护主义及其概念的拓展：对概念和分析层面进行区分》（Clientelism and Conceptual Stretching: Differentiating among Concepts and among Analytical Levels），载《理论与社会》（*Theory and Society*）2011 年第 40 期，第 567—588 页。"庇护主义"绝非仅限于"欠发达社会"，参考西蒙娜·佩阿托尼（Simona Piattoni）：《庇护主义、利益和民主表征：历史和比较视野下的欧洲经验》，剑桥，2001年（*Clientelism, Interests, and Democratic Representation: The European Experience in Historical and Comparative Perspective*, Cambridge 2001）。

窃听之下还有某些东西是安全的，那么一般来说它们在全球公共领域内总归是比秘密外交的时代要更加透明。自冷战结束以来的四分之一个世纪，许多时代诊断者认为国际政治已经去意识形态化了，已经从无所不在的两极分化中走了出来，并且释放了更大的能动性，从以国家利益为重的现实政治上升为谋求关乎全人类共同福祉的"崇高"目标：世界和平、普世规则（在理想的情况下，甚至是"过于正面"的"人权"），以及减少和消除饥饿、疾病和失学。在这样一个世界内，作为庇护所的"保护"本身，只是作为"自助者，人助之"而有所必要，将成为监管上的放手和不加管束的关怀。①

可惜，迄今为止的现实，让上述美好的憧憬落空了。或许人们有必要成为历史学家，才会对此有清醒的认识，因为 1999 年 6 月由维和部队保证安全的一个联合国过渡政权在科索沃建立——"保护国"的概念被直接用来描述该政权。一个类似的构造于同年 10 月在东帝汶被指定成立，在此之前它仍被吞并势力——印尼，步步紧逼。"保护国"的概念难道不是贬义的吗？从 1939 年 3 月至 1945 年 5 月德国投降，不是存在"波希米亚和摩拉维亚保护国"吗？它是被纳粹德国吞并掉的捷克的官方名称。"保护国"不是欧洲殖民政权广泛实践的一种形式吗？它们直到 1950 年代和 1960 年代的去殖民化才消失。德意志帝国的殖民地不是叫"保护领"吗？德国的殖民军事力量不是称为"保护军"吗？那个时候，究竟是保护何人、抵御何人呢？

早在 1992 年，"保护区"（全称"联合国保护区域"）就在克罗地

---

① 关于这一点，大卫·钱德勒（David Chandler）有诸多提示，参考《从科索沃到喀布尔：人权与国际干预》，伦敦／维吉尼亚州斯特灵，2000 年（*From Kosovo to Kabul: Human Rights and International Interventions*, London/Sterling, VA 2000），第 1—2 页。

亚（稍后在波斯尼亚和黑塞）建立了，当然它的效率是有疑问的。美国在 2003 年伊拉克战争中拎出这个概念，并制造了"保护区"，在保护区内的伊拉克库尔德人能够躲避萨达姆的迫害。（此外，1937 年底西门子公司的代理人约翰·拉贝和其他一些西方国家的人，在南京从残酷的日本军人手下解救了上千名中国人。他们是用纳粹旗帜覆盖一片地区，谎称其为"保护区"。）[1]2014 年底，伊拉克的雅兹迪教派信徒和基督教教徒发言人呼吁建立这样的保护区，其目的是为了保证这些群体不受伊斯兰国恐怖分子的迫害。

　　此外，在经过近半个世纪的酝酿之后，联合国终于在 2005 年敲定了"保护责任"（Schutzverantwortung，又译"国家保护责任"，英文 Responsibility to Protect，简称 R 2P）。[2]毫无疑问，对于它的解读，在法学家和政治家中是有激烈争论的，但是它的基本思想还是很容易提炼的。它分两步走。第一步，任何一个国家的政府都有"义务"（也可以理解成"责任"），为自己的国民谋安全和福利。如果它在此项义务上失职到一定程度（到了侵犯人权的地步），那么，第二步，国际社会就有责任（至于在这种情况下是否是具有强制性的"义务"，政治家和法学家们仍然在争论）打破不侵犯他国主权的原则，

---

[1]　埃尔文·维克特（Erwin Wickert）：《约翰·拉贝：南京的德国好人》，斯图加特，1997 年（*John Rabe. Der gute Deutsche von Nanking*, Stuttgart 1997），第 53 页等；张纯如（Iris Chang）：《南京暴行：二战前夜在中华民国首都南京的大屠杀》，苏黎世，1999 年（*Die Vergewaltigung von Nanjing. Das Massaker in der chinesischen Hauptstadt am Vorabend des Zweiten Weltkriegs*, Zürich 1999），由松雅·豪泽尔（Sonja Hauser）从英语译成德语。

[2]　关于"保护责任"签署的历程及其深刻的历史背景，参考安妮·奥尔福德（Anne Orford）：《国际威权与保护责任》，剑桥，2011 年（*International Authority and the Responsibility to Protect*, Cambridge 2011）。奥尔福德认为达格·哈马舍尔德（Dag Hammarskjöld）担任联合国秘书长期间（1953—1961 年），是"保护责任"的孕育期。

代替失职的政府来重建宜居的生活环境。然而，由于"保护责任"在许多方面还没有明细的解读，所以在执行过程中还有很大的能动性，譬如自 2011 年以来的叙利亚内战，赤裸裸地从外部给一个本应遵循不偏不倚、天下为公的联合国准则的"干预"划出了政治边界。

　　"保护责任"的呼吁——对那些在国际政治格局中被视为无助对象的人群和国家负有跨国责任，也可以在历史上找到先例。[①] 国联，也就是联合国的前身，在 1919 年推出了"托管"原则——它作为战前殖民主义的对应概念，包含了责任的要素——尤其是在那些国联托管地，即曾经受德国和奥斯曼帝国控制、后来逐一被战胜国（英国、法国、澳大利亚、新西兰、日本和南非）委任统治的地区。于是，一种受托管的"监管殖民主义"得以建立，它的最终目标应该是从政治制度建立的"庇护所"中走出来，走向殖民地的独立自主。[②] 在密克罗尼西亚群岛，联合国实际上一直扮演着类似的角色，直到 1994 年为止。

170

··

① 关于"家长制"从殖民时代到当下的延续性，参考迈克尔·巴内特（Michael Barnett）：《人道帝国：一部人道主义史》，纽约州伊萨卡／伦敦，2011 年（*Empire of Humanity: A History of Humanitarianism*, Ithaca, NY/London 2011）；强调"维和"的著作是金伯利·马尔滕·齐思克（Kimberly Marten Zisk）：《加强和平：从帝国历史中吸取教训》，纽约，2004 年（*Enforcing the Peace: Learning from the Imperial Past*, New York 2004）；安妮·奥尔福德（Anne Orford）：《解读人道主义干预：人权与国际法中的强制执行》，剑桥，2003 年（*Reading Humanitarian Intervention: Human Rights and the Use of Force in International Law*, Cambridge 2003），第 158 页等。
② 关于托管制的兴起和本义，参考苏桑·佩德森（Susan Pederson）：《卫道者：国联与帝国危机》，牛津，2015 年（*The Guardians: The League of Nations and the Crisis of Empire*, Oxford 2015），第 23—79 页。

人道主义干涉

在"保护责任"的准则中，托管制的代理行为是与一种更早的行为模式捆绑在一起的，即人道主义干涉。在早期依据 1648 年《威斯特伐利亚和约》的国际法解释中，一般来说，这样的干预是不被认可的，因为它会侵犯他国的主权。但在现实的国家运作中，所谓主权更多的是一个幻想。总会有人实施干预，时或还有出于保护异国臣民的大规模国家行动，例如奥兰治威廉三世 1688 年 11 月对英国的入侵。[1]在维也纳和约体系中，从 1815 年起"干预"被允许用来阻遏革命，但是遭到了英国政治家的拒绝——他们不是要在人民起义前拯救反动的南欧君主，而是要用"不干预"政策来保护后者境内的自由派异议人士。在具体历史冲突中"保护性干预"的相对性和价值绑架，自此成了国际政治中的"老大难"问题。

对主权国家的保护性干预，最近提升到了联合国"保护责任"原则的层面，于是引起了基于人道主义的干预，典型的就是欧洲和北美派遣军队去外国，把各自的国民从有生命危险的处境中营救出来。有许多这样的例子。自古以来最震撼的恐怕是 1900 年夏八国联军对清　171

---

① 特里姆（D. J. B. Trim）：《结论：历史视野中的人道主义干预》（Conclusion: Humanitarian Intervention in Historical Perspective），载布伦丹·西姆斯（Brendan Simms）、特里姆（D. J. B. Trim）主编：《人道主义干预史》，剑桥，2011 年（*Humanitarian Intervention: A History*, Cambridge 2011），第 381—401 页，尤其是第 381—383 页；克里斯托弗·卡普曼（Christoph Kampmann）：《威斯特伐利亚体系：光荣革命与干预问题》（Das Westfälisches System, die Glorreiche Revolution und die Interventionsproblematik），载《历史学年鉴》（*Historisches Jahrbuch*）2011 年第 131 期，第 65—92 页；提姆·哈里斯（Tim Harris）：《革命：英国君主制的重大危机（1685—1720 年）》，伦敦，2006 年（*Revolution. The Great Crisis of the British Monarchy, 1685-1720*, London 2006），第 273 页。

帝国的入侵——发生在义和团围攻北京使馆区并切断驻华使馆与国外的电报传递，甚至扬言要杀死外国人之后。表面上看，这是中国向外国列强的宣战，但实际上是一场（成功的）干预——以对中国的野蛮惩罚而结束。[①] 来自当代的一个戏剧性的例子，是 1976 年 7 月以色列安全部队解救了乌干达恩德培机场的 102 名人质。不是那么富有戏剧性、但更常见的，则是当下的海外撤侨。[②]

对"保护责任"准则的承认，意味着将一个更加广泛的干预形式合法化，并将其纳入到国际政治的工具选项中：使用武力，不仅是为了有利于"干预势力"（从来就没有被国际法明确批准过）的本国国民，而且也是为帮助被迫害的外国人。一种高度情绪化甚至是煽动性的语气，首先于 2011 年春利比亚危机达到高潮之际、然后在同时期爆发的叙利亚内战中充斥于传媒和政治中，并且让冷静的国际法学家们不寒而栗：当一个政府"对自己的国民开战时"，那么人们允许且必须使用军事手段予以制止。干预，无论在具体情况中是否被称为"人道主义干预"，几乎成了国际政治中一种虚拟的标准工具。在去殖民化和冷战结束后的时代内，一个空前宽阔的合法性频谱已经为"干预"行为准备好了，在其中，卷土重来的帝国主义，和理论上古老、但在程序上已经彻底颠覆了的人道主义，都能找到各自的位

172

---

① 相蓝欣：《义和团战争的起源：一项多国视角的研究》，伦敦/纽约，2003 年（*The Origins of the Boxer War: A Multinational Study*, London/New York 2003）；大卫·思尔贝（David Silbey）：《义和团与中国境内的"大博弈"》，纽约，2013 年（*The Boxer Rebellion and the Great Game in China*, New York 2013）。

② 沙伊奥·泽尔巴（Shaio H. Zerba）：《中国在利比亚的撤侨行动：一种新型的外交紧急状况处理——保护海外公民》（China's Libya Evacuation Operation: A New Diplomatic Imperative–Overseas Citizen Protection），载《当代中国杂志》（*Journal of Contemporary China*）2014 年第 23 期，第 1093—1112 页。

置。[①] 很显然，历史在重蹈覆辙。

干涉和保护的不同历史阶段

　　当然，事情没有那么简单。如果历史会重复的话，那么它就可以人为规避和延后了。人们必须要提防两种片面倾向。一方面，如果把当下"人权干涉主义"（迄今为止，它最重要的行为体仍是西方大国）看作是古老帝国主义的重现，甚或在根本上否认一种以"保护责任"为依据之政策的合法性，无疑是错误的。"新帝国主义"这个词并没有说服力，即便人们必须要看到如下事实并予以尊重：对"保护责任"的异议的提出是基于现实政治的考虑。另一方面，需要批判那种教条的历史观：即认为 1990 年冷战的结束标志着国际政治进入了一个新的时代，此后古老的强权主义 —— 正如年迈的亨利·基辛格在 21 世纪初所强力鼓吹的[②]——被一种受价值驱动的人权政策以全球化的名义给取代了。1648 年至 1990 年间，如果人们可以大致勾勒出一个非常简单的模式的话，那就是"威斯特伐利亚秩序"——据此，主权国家可以在自己的领地内完全自主，而国家彼此之间的关系则遵

①　关于笔者前期的思考，参考于尔根·奥斯特哈默：《和平中的战争：关于帝国主义干预的形式和种类》（Krieg im Frieden. Zu Form und Typologie imperialer Interventionen），载奥斯特哈默：《民族国家以外的历史：关系史和文明比较的研究》，第 2 版，哥廷根，2002 年（Geschichtswissenschaft jenseits des Nationalstaats. Studien zu Beziehungsgeschichte und Zivilisationsvergleich, 2. Aufl., Göttingen 2002），第 283—321 页。关于 19 世纪干涉性人道主义的起源，参考盖瑞·巴斯（Gary J. Bass）：《自由之战：人道主义干预的起源》，纽约，2008 年（Freedom's Battle: The Origins of Humanitarian Intervention, New York 2008）；以及西姆斯、特里姆主编：《人道主义干预史》中的若干章节。
②　亨利·基辛格（Henry Kissinger）：《世界秩序》，慕尼黑，2014 年（Weltordnung. München 2014），由卡尔海因茨·都尔（Karlheinz Dürr）、恩里克·海因曼（Enrico Heinemann）从英语译成德语。

173　循均势、博弈和威慑的权力机制。此后，这一秩序逐渐——没有人幼稚到对历史上走过的弯路视而不见的程度——被国际政治的一套新伦理规范阻滞了，最终被宣告无效。

　　在上述两个极端之外，还有另外一种关涉国际秩序中保护关系的历史值得一提。在年代上，它分为两个阶段（事实上是以冷战的结束为分界线的），更多的是从实用主义而非历史哲学的角度出发：虽然在现代时或还有不以联合国授权为名义的干涉（譬如 1999 年北约空袭科索沃），但还是存在一种普遍的共识，即在缺乏一个拥有某种联邦执行权的世界政府前提下，为了达到"保护责任"的目的，联合国安理会可以授权军事行动，并且这类军事行动通常不是单方面的。①随着具有否决权的安理会常任理事国之间冷战封锁的逐渐退却，安理会获得了必要的行动自由以通过此类授权——这种能动性，当然很快又会萎缩。

　　这个基本原则，当然不能解决所有的具体问题。属于这些问题的主要有三类：

　　首先，我们要面对的问题是，侵犯人权的级别（往往调查的时间不充裕，而且没有可核实的信息），应该如何在经验上确凿无疑地予以鉴定，并在政治上仔细权衡地加以评价：如果某个政权的政策导致相当程度的难民潮——流民潮自 19 世纪晚期以来就被国际法学家解释成"自由的威胁"，就一定是"种族灭绝"（这是一个既有明确指向，又让人捉摸不透的词汇）开始了或即将来临了吗？或者足以构成

----

① 关于干预的授权，参考克里斯蒂娜·加布里拉·巴德斯库（Cristina Gabriela Badescu）：《人道主义干预与保护责任：保障和人权》，伦敦／纽约，2011 年（*Humanitarian Intervention and the Responsibility to Protect: Security and Human Rights*, London/New York 2011），第 48 页。

"种族灭绝"了吗？ [1] 媒体和宣传在其中起了什么样的作用？在一个不透明的冲突泥淖中——例如 2011 年以来的叙利亚——该如何识别出犯罪者和受害者？

其次，即便在美国新保守主义者从有政治影响力的职位上退下来以后没有人再持"条件允许的情况下，为了传播民主和西方价值观可以不惜发动战争"这样的看法了 [2]，但还是可以预期，任何一种针对冲突状况的保护性干预措施，或者通过附带性损害而牵连第三方的干预措施，都具有破坏性的影响。一个"失败国家"不会因为别人对其狂轰滥炸而变得更加稳定。在什么样的托管之下，一个长时期的占领统治才是合理的？在战胜国占领统治下成功重建的著名例子（1945年以后的德国和日本）已经是很久以前的事了，不能再作为衡量标准，而且它们都是特例，因为与索马里、海地和东帝汶不同，在德国和日本没有"民族建构"的基本需求。其他情况下的结局，则是喜忧参半。被视为解放、和平、重建工程的占领伊拉克和占领阿富汗，今天看来都是失败的。与此形成鲜明对比，希腊在 1830 年的建国——它是英国和俄国舰队干预奥斯曼人所引发的后果（因为奥斯曼人对希腊群岛动粗）——在欧洲尤其是巴伐利亚王国的帮助下，进展得相

174

---

[1]　史蒂芬·欧特尔（Stefan Oeter）：《人道主义干预与国际法禁止暴力的边界：国际法究竟是在保护谁？国家主权、集体自决还是个体自主权？》（Humanitäre Intervention und die Grenzen des völkerrechtlichen Gewaltverbots. Wen oder was schützt das Völkerrecht: Staatliche Souveränität, kollektive Selbstbestimmung oder individuelle Autonomie?），载赫尔弗里德·穆恩科勒（Herfried Münkler）、卡尔斯滕·马罗维茨（Karsten Malowitz）：《人道主义干预：一个处理外交冲突工具的基本概念和相关讨论》，威斯巴登，2008 年（Humanitäre Intervention. Ein Instrument außenpolitischer Konfliktbearbeitung. Grundlagen und Diskussion, Wiesbaden 2008），第 29—64 页，尤其是第 36 页。
[2]　这一点也是与最重要的人权文件——《联合国宪章》相违背的。参考卡尔斯滕·马罗维茨：《人道主义干预：一个处理外交冲突工具的基本概念和相关讨论》，第 41 页。

对比较顺利。在一阵短暂的"外科手术式打击"之后，干预者会撤回，然后丢下他们干预的对象不管，那么就会带来古典政治学理论中比"暴政"更遭人唾弃的东西：无政府状态（例如，推翻独裁者卡扎菲之后的利比亚）。政治上的无政府状态对应于社会上的无政府状态，后者不是孤立个体之间没完没了的争斗，而是催生了各自独特的保护需求——这种需求被暴力团伙和"暴力非国家行为体"（例如军阀、帮派组织、"蛇头"）所利用。

最后，保护性人道主义干涉，也可以不是出于国际良知的直接、及时的营救行动。如果它们对于干涉对象来说来得如此突兀，犹如晴天霹雳——就像贝多芬歌剧《费德里奥》中大臣唐·费男多的突然出现，那么背后一定隐藏着复杂的政治盘算——其中，民族国家政府、军事手段、联合国官僚、人道主义游说组织，甚至是政治家，都是重要的参与者。这点与 19 世纪的干预没有什么不同——其中除了在希腊问题上的干预之外，还有不少针对奥斯曼帝国的其他干预。[①]如果要寻找纯粹受理想驱动的、不掺杂任何政治成分的干预措施，那是枉然。那个时候就跟今天一样，信念伦理观与受利益驱使的强权政治是混杂在一起的。在国际关系中，没有一部从利己主义到利他主义的线性进步史。

在多数情况下，上述两种情绪是混杂在一起的。16 世纪，英格

[①] 大卫德·罗德格诺（Davide Rodogno）：《反对大屠杀：1815—1914 年间奥斯曼帝国境内的人道主义干预——一个欧洲概念的兴起及其在国际上的实践》，普林斯顿，2012 年（*Against Massacre: Humanitarian Intervention in the Ottoman Empire, 1815-1914. The Emergence of a European Concept and International Practice*, Princeton, NJ 2012）；亚历克西斯·赫拉克利德斯（Alexis Heraclides）、阿达·狄亚拉（Ada Dialla）：《漫长的 19 世纪内的人道主义干预：为后世树立先例》，曼彻斯特，2015 年（*Humanitarian Intervention in the Long Nineteenth Century: Setting the Precedent*, Manchester 2015）。

兰支持尼德兰人起义，既是出于与受压迫新教徒在意识形态上的团结一致，但同时也是为了避免西班牙在大西洋海岸的盘踞以及由此引起的无政府状态。17 世纪，克伦威尔对意大利皮埃蒙特受到镇压的瓦勒度派新教徒伸出援助之手，尽管英格兰在当地没有任何利益可言——这是罕见的跨越国界的"理想主义"的例子。① 19 世纪早期，全球各大海洋上的皇家海军反对奴隶贸易，并非直接出于大英帝国地缘政治和经济利益的考虑。② 这些在本质上都是理想化的，无论是在奴隶贸易的问题上，还是出于人权考虑的行动。不过，在近代早期至当代的许多其他情况下，出于对 19 世纪所谓"大屠杀"或在今天被称为"侵犯人权"行径的愤慨，更多的则是秀肌肉和搞扩张的托词。

　　或许有人质疑，"保护责任"的实施不应该主要由它的主导意图来评判。如果受某种目的驱动的干预达到了阻遏犯罪的目标，那么该行动就是成功的。尤其是如果没有出现大范围的暴力乱局（或没有燃起新的血腥冲突，譬如萨达姆倒台后的伊拉克），那它更是成功的。一个目的不纯、却取得皆大欢喜结局的例子，是 1979 年越南对柬埔寨的干预。

　　至于为什么 19 世纪乃至当下，某些列强只是在一些地方进行了干预，而在另外一些同样需要干预的地方却没有，这个问题还没有从纯粹人道主义的立场得到回答。现实行动需要某种政治意愿，而后者

176

①　特里姆（D. J. B. Trim）：《如果一名君主对自己的人民实行暴政：近代早期欧洲为了别国人民而进行的干预》（If a prince use tyrannie towards his people, Intervention on Behalf of Foreign Populations in Early Modern Europe），载布伦丹·西姆斯、特里姆主编：《人道主义干预史》，第 29—66 页。
②　一个很好的总结，参考詹姆斯·华尔温（James Walvin）：《跨越：非洲、美洲和大西洋贸易》，伦敦，2013 年（Crossing: Africa, the Americas and the Atlantic Slave Trade, London 2013），第 8 页。

在民主政治的条件下又是由内部政治所决定的。2011 年 3 月 17 日联邦德国对联合国安理会空袭利比亚决议的杯葛，具有政治角逐的背景 —— 两场德国地方选举即将举行，而且鉴于德国奉行的"军事低调文化"，在位的政治家担忧参战会违逆民意。①

在上述前提下，"国际保护"的历史可以粗略地勾勒出以下轮廓：

在近代早期欧洲民族国家的格局中，教派之间的团结意识，是跨越国界军事行动的一个常见理由。早在 16 世纪就已经出现了以下想法，即"非正义"的统治者不仅可以由他自己的国民来推翻，而且可以在外国势力的帮助下（极端情况下，甚至完全由外国势力主导）来推翻。在个别情况下，非正义君主确实被罢免了 —— 他们的行为在其他君主眼中显得太出格了。1648 年于明斯特和奥斯纳布吕克签订的《威斯特伐利亚和约》，是历史上首次把行为体进行了等级化，并且定义了欧洲列强的小圈子。它的意义在于缓和了教派之间的紧张关系，或用现代的话讲，叫冲突模式的去意识形态化，而不在于创造彼此独立"权力单子"的幻想。但威斯特伐利亚秩序并没终结受宗教驱动的或至少以此为名义的对少数族裔的迫害。1685 年路易十四撤销了南特法令，造成逾五万名胡格诺派信徒从法国逃往德国境内。同时，较小行为体的地位遭到了削弱 —— 波兰的四分五裂，在欧洲列强争霸的局面下，是符合各方利益的。

在法国大革命和拿破仑的时代，干涉主义与闪电战的战术指令

---

① 沃夫冈·塞贝尔（Wolfgang Seibel）：《利比亚、"保护责任"准则，以及德国在 2011 年 3 月 17 日对联合国 1973 号决议的杯葛》（Libyen, das Prinzip der Schutzverantwortung und Deutschlands Stimmenhaltung im UN-Sicherheitsrat bei der Abstimmung über Resolution 1973 am 17. März 2011），载《和平立场》（Die Friedens-Warte）2013 年第 88 期，第 85—113 页。

一样，在历史上第一次成为受世俗意识形态的驱动。1798 年在埃及，177
拿破仑以一种高级文明传播者的姿态出现在欧洲的边缘。欧洲文明化
使命的不同国家变体（英国比法国更具有宗教色彩），是整个 19 世纪
欧洲殖民扩张的动因。"文明化"——对殖民地人民很少施加像欧洲
内部日耳曼化或俄罗斯化那种强制性措施——在当时的思维中，意
味着非欧洲人的自我保护，即从本土传统和宗教中解放出来——本
土传统和宗教被视为走向更高发展阶段的绊脚石。

　　属于殖民政权统治手段的还有间接统治，它游弋于现有秩序之
上，很少对其加以干涉，并且不抱有宏伟的文明化使命的野心。在这
些情况下，本土格局在现代化面前受到保护。为此，保护国的形式提
供了一种恰当的保护罩。保护国是"殖民主义之光"的一种形式。这
一选项往往也是出于国际政治的考虑而做出的抉择：为了实现多元、
丰富的主权形式，或者为了不要用一种极端的吞并方式，去过度挑衅
其他的殖民势力。①

　　"保护"的观念在此阶段有三种表现形式。第一，非欧洲统治者
和人民偶尔主动向某个殖民势力寻求保护，主要是为了逃脱一个更加
残酷的命运——屈服于一个具有种族歧视倾向的移民政权。② 第二，

---

① 玛丽·杜胡尔斯特·刘易斯（Mary Dewhurst Lewis）：《分割的规则：1881—1938 年法属突尼斯的主权和帝国》，加州伯克利／洛杉矶／伦敦，2014 年（*Divided Rule: Sovereignty and Empire in French Tunisia, 1881-1938*, Berkeley, CA/Los Angeles/London 2014），第 165—167 页。
② 关于一个具体的案例，参考亨利克·津思（Heryk Zins）：《1885 年"贝专纳保护地"成立的国际背景》（The International Context of the Creation of the Bechuanaland Protectorate 1885），载《普拉：非洲研究杂志》（*PULA Journal of African Studies*）1997 年第 11 期，第 54—62 页；尼尔·帕尔森（Neil Parsons）：《卡马国王、乔伊皇帝与伟大的白人女王：非洲人眼中维多利亚时代的不列颠》，芝加哥／伦敦，1998 年（*King Khama, Emperor Joe and the Great White Queen: Victorian Britain through African Eyes*, Chicago/London 1998）。

欧洲列强通过"宗教保护领"（也就是单方面把传教士和本土基督徒纳入外国势力的保护之下），介入了诸如中国和奥斯曼帝国这些名义上独立的国家。[①] 在这种情况下，保护可能成为间接性颠覆政权的特洛伊木马，因为任何对某个受保护人群的干预，很容易被解读成战争的"导火索"。第三，1897 年柏林会议克服了相关国家的阻挠，有史以来第一次把保护少数族裔的法律条文写进了国际条约。虽然它在绝大多数情况下只是"一纸空文"，但是却为后来 1919 年《巴黎和约》的签订做了铺垫。[②] 这项法律上的创举，主要为巴尔干半岛新建立的国家中犹太少数族裔考虑的。具有决定性意义的是，以下的观念开始流行：权力当局不可以随意处置自己的臣民。这一点倒不全是出于人道主义的考虑，也出于对新建国家局面稳定的担忧。保护少数族裔的规定显得格外引人注目，因为在帝国主义争霸的时代人道主义干涉比以往任何时候都要罕见。一旦殖民地划分完毕，那么人们就会遵守规

₁₇₈

---

① 最详尽的个案研究，参考恩涅斯特·杨（Ernest P. Young）：《教会殖民地：中国的天主教会与法国的宗教保护领》，牛津/纽约，2013 年（*Ecclesiastical Colony: China's Catholic Church and the French Religious Protectorate*, Oxford/New York 2013）。

② 卡洛里·芬克（Carole Fink）：《捍卫他人的权力：1878—1938 年间大国列强、犹太人和国际少数族裔的保护》，剑桥，2004 年（*Defending the Rights of Others: The Great Powers, the Jews, and International Minority Protection, 1878-1938*, Cambridge 2004），第 37 页。关于当下的情况，参考格尔奥格·布伦内尔（Georg Brunner）：《"少数族裔保护"的自治概念——剖析与视角》（Autonomiekonzepte zum Minderheitenschutz-Bestandsaufnahme und Perspektiven），载格尔利特·曼森（Gerrit Manssen）、博古斯拉夫·班纳扎克（Bogusław Banaszak）主编：《中东欧的少数族裔保护》，法兰克福，2001 年（*Minderheitenschutz in Mittel-und Osteuropa*, Frankfurt a.M. 2001），第 29—63 页。对"少数族裔"基本概念的探讨，参考茱莉亚·杜尔乔夫（Julia Durchow）：《国际法对少数族裔的保护适用于一个文化多元的国家吗？——以南非白人为例》，巴登—巴登，2000 年（*Völkerrechtlicher Minderheitenschutz in einem multikulturellen Staat? Das Beispiel der weißen Bevölkerung Südafrikas*, Baden-Baden 2000），第 15—29 页。

矩 —— 对属于其他势力范畴的地区不要加以干涉。①

这一点同样适用于其他的外部条件，例如在 20 世纪 50 年代到 80 年代的冷战期间，超级大国在插足对手势力范围的问题上，相对还是比较谨慎的。在这一阶段内，最成功的几次践行"保护责任"的案例，都是来自亚洲的行为体，例如在 1971 年的东巴基斯坦分裂战中，面对巴基斯坦军方对孟加拉平民的血腥干涉，以及由此引爆的涌向印度境内的流民潮，印度做出了反应。这场战争导致了一个新的国家 —— 孟加拉的成立。② 印度在那个时候似乎阻止了一个更大规模的"人道主义"灾难。20 世纪下半叶"一个政府对自己国民发动的"最坏的一场"战争"，由越南在 1979 年终结 —— 他们通过军事袭击解除了柬埔寨红色高棉政权的武装。这一行动 —— 从中期来看，在联合国的帮助下它使得柬埔寨进入一个相对有利的发展阶段 —— 在 21 世纪早期的思想舆论中，是"保护责任"的榜样。在冷战后期，越南的举动在西方主导的公共领域中很少获得同情，因为它是苏联的附庸。西方公共舆论对红色高棉的兴趣锐减 —— 有两百万柬埔寨人遇害（几乎是全体人口的四分之一）—— 即便是几十年之后听起来都是匪夷所思的。

179

2005 年将"保护责任"纳入国际政治的义务性准则，在国际保护的历史上是一项创举，因为该原则不仅限于对具体弊端的逐一矫

----

① 关于 19 世纪中叶以来国际法中"不干预"准则的加强，参考马克·斯瓦特克－艾温斯坦（Mark Swatek-Evenstein）：《人道主义干预的历史》，巴登－巴登，2008 年（*Geschichte der Humanitären Intervention*, Baden-Baden 2008），第 157 页等。

② 关于难民潮是如何成为印度实施干预之关键契机的，参考司琳娜特·拉格哈文（Srinath Raghavan）：《1971：孟加拉建国的一部全球史》，马萨诸塞州剑桥／伦敦，2013 年（*1971: A Global History of the Creation of Bangladesh*, Cambridge, MA/London 2013），第 206 页。

正。这不只是国家主权零星地遭到干预，更多的是接受一个由全球共同体（由联合国安理会代表）批准的"改朝换代"——从外部来看不啻为一场革命。这一转变，更多的是被当作"标准规范"进化的一个直接后果。人类对侵犯人权的关注提高了，而对施暴者（包括政治官员）的容忍降低了。针对战争罪犯的国际刑事法庭于 2002 年在海牙的设立，是迈向"全球是非观"的又一助力。

即便颇费周折地把这样一种价值转变（就像 1800 年在大西洋空间内还被视为理所当然的奴隶贸易的去合法化）当作"自变量"——人们不必对其进行进一步的解释，也是情有可原的。但是，这个因素还不够。"保护责任"也是联合国"维和"概念所引发问题的一个直接后果。虽然时或取得小规模和较少受到关注的"战绩"，但是装备简易的联合国"蓝盔"驻军——由于恪守中立的立场，且只能在自我防卫中使用武力——并不能阻止大规模的犯罪行为。全球公共舆论首先在 1994 年卢旺达种族灭绝以及次年在斯雷布雷尼察"保护领"内的大屠杀中想到使用联合国维和部队。联合国维和部队在柬埔寨的国家维稳中做出了杰出贡献。不过，越南军队在 1978/1979 年之交，却是在没有国际委托的情况下，独自推翻了红色高棉的恐怖统治，而把柬埔寨暂时交给国际接管的联合国代表团，直到 1992 年才进入该境内。因此，"保护责任"的准则，是既有的联合国手段不足的后果，也是出于对未受安理会授权的"非正规的"干预会重演的担忧。联合国机构自己提出"保护责任"的倡议，这是合乎逻辑的，并由具有影响力的知识分子为其背书（他们呼吁从"维和"走向"逼和"），而且是在这样一个社会舆论中——美国自 2001—2002 年"民主党政权更替"以来在小布什总统的执政下将其奉为外交目标之一（也称

"布什主义")。①

　　对生存受威胁群体的保护，在与某个国家的主权或者国与国之间的和约相冲突的情况下，一定要得到优先考虑（理论上在全球共同体内是一致的）。至于是否是最优先的考虑，仍然是争论的焦点。对大屠杀的预防、阻遏和惩罚，在 20 世纪下半叶逐渐发展为国际秩序中的最高关怀。这些准则的实施，总是发生在这样一种具体的环境中：既要照顾到众多行为体的现实政治利益，也要考虑到对大国干预行为的普遍不信任。在道义上和国际法上不容置疑的准则，并不能直接导致如下的实践——在暴力行动及其后果与直接的人道主义益处之间实现合理的平衡。在现实主义者的畏惧和犬儒主义（他们相信不能也不应该改变任何东西），与理想主义者或"有道义的国际主义者"的盲目乐观②（他们恨不得推翻每一位暴君，并拉到海牙刑事法庭上审判）之间，有着广阔的次优可能性的灰色地带。

保护的悖论

181

　　上述思考应有助于让当下的"保护"构想更加明确，并能公开讨

---

①　沃夫冈·塞贝尔（Wolfgang Seibel）：《国际组织的政治化：以联合国和保护责任为例》（Politisierung internationaler Organisationen. Eine theoretische Einordnung am Beispiel der Vereinten Nationen und des Prinzips der Schutzverantwortung），载尤金尼亚·孔塞桑－海蒂特（Eugénia da Conceição-Heidt）、马丁·柯赫（Martin Koch）、安德烈·里斯（Andrea Liese）主编：《国际组织：自主权、政治化、组织间关系与变迁》，巴登—巴登，2015 年（*Internationale Organisationen. Autonomie, Politisierung, interorganisationale Beziehungen und Wandel*, Baden-Baden 2015），第 239—265 页，尤其是第 247 页。

②　安妮·奥尔福德（Anne Arford）：《伦理干涉主义与保护责任》（Moral Internationalism and the Responsibility to Protect），载《欧洲国际法杂志》（*European Journal of International Law*）2013 年第 24 期，第 83—108 页。美国哲学家迈克尔·沃尔泽（Michael Walzer）是该领域内的权威人物。

论。这或许会推动某种"比较保护学"学科的发展。前卫的当代学者也许会对标"风险社会"创造出"保护社会"的概念，并将其载入社会学史册。

上文中，我们对一门呼之欲出的"保护学"只讨论了其中一个、但在政治上却特别重要的方面，即对其他国家内生存受到威胁的群体的保护，要比对我们自己国家内相关群体的保护讨论得更加详细。除此之外，关于此主题还可以想到不少额外的方面，例如，国际经济中市场保护的合法性（自由主义者总是将其诋毁为"保护主义"），自2014 年以来因为 TTIP（《跨大西洋贸易与投资伙伴协议》）再次成了争议的主题；或者针对传染病的保护，今天我们信任医生、药剂师和卫生学家的能力，当这种能力达到极限时，我们就会陷入恐慌；或者对我们私人领域和信息的保护，大公司和情报所对它们比我们自己还感兴趣；或者针对一切形式的操纵的预防，以及针对那些对我们判断力和抉择自由形成干扰（随着互联网的普遍，变得有增无减）的保护。如果放在四十年前，中欧的许多人一提到"保护"这个词，首先想到的就是通过福利社会来提供公共服务和降低风险（在美国，所谓"奥巴马医改"，始终是一个引发恶性争吵的话题）。此后，威胁的层次更丰富了，预防的必要性也就增强了。这些预防措施，涉及的不仅是诸如核安全和气候保护的议题，还有宜居生活环境的搭建——它要避免人类落入有紧急保护和帮助需求的困境，甚至还有针对恐怖袭击的保护——这再次引起了那个问题，即我们究竟愿意或能够为开放社会投入多少安全保障的费用。

"保护"的动机是与"目标冲突"和"悖论"捆绑在一起的。自我保护，往往是以牺牲保护他人为代价的。利己主义和利他主义，是很难彼此相容的。来自非洲和近东的难民乘船来到欧洲寻找保护，但欧洲人对他们反复加以防范。人们有时候防御不足，有时候却防御过度。"保护需求"能够变成一种偏执的自闭。"保护"将整个社会割裂和等级化。在世界上的许多国家内，不仅是超级富豪，而且大量中产阶级都隐蔽在有高墙深院的"封闭小区"内。那么，谁来保护我们不受"保护者"的侵害呢？这不是一个新窘境。17世纪霍布斯就已经讨论过了：如果公民在一个公开的或潜伏的内战中把自己托付给或屈服于当权政府，那么由谁或什么来约束这个政府呢？这些问题也适用于当下。人们发现，在霍布斯和伟大哲学家雅恩·帕托什卡的圈子内，当人提出问题时，问题总是比答案更重要。

过去

—— 论历史的时间视阈 *

一

183 在祝贺和感谢寿星阁下，并证明历史学能为本次庆典有所贡献之际，我以一种迂回的形式开场，似乎是对历史学的实质内容有所回避的表现。既然这是一个直面"历史"的机会，为什么要谈论"时间"呢？为什么不直接讨论人们能从历史中学到什么呢？历史，对于解释当下有何价值？历史趋势如何才能在未来延续？

我之所以这么做，是因为这些很难回答。当下的历史学家，已经不再把自己视为历史的编纂者了。最后一位历史编纂者是 1953 年获得诺贝尔文学奖的丘吉尔，当时人们很难给他颁发一座诺贝尔和平奖。我们所谓的历史学，作为一门科学，不仅是指狭义的历史课题研究，而且也要安排妥当"实验装置"。（译按：默克尔总理曾获物理化学博士学位，所以奥斯特哈默在本次演讲中使用了一些自然科学的术语。）今天我要谈论的时间，就是这样一种"实验装置"。我们讨论的主题越宏大，谈论时间的必要性就越大。

与其他门类的科学一样，历史学家日常处理的主题都是碎片化
184 的。人们更愿意对具体的问题给予透彻的解答，以超越某一单纯的

---

* 本文完整稿系首次发表。原文是 2014 年 7 月 14 日在柏林康拉德·阿登纳纪念馆为默克尔总理 60 周岁生日所准备的演讲。讲稿节选曾发表在 2014 年 7 月 19 日的《法兰克福汇报》上。

［学术］观点。有时候，很有必要把这些科研成果放置于更宏大的叙事中去，人们称之为"杂烩"，但严格来讲这叫"综合分析"。这类成果就是那些即便不是专业人士也能够阅读的书籍。历史学家去追问历史大势以及历史的推动力，就更加少见了。这类书籍注定能够引起公众的共鸣，但也是风险很高的。从过去两百年的历史轨迹中得出的所谓历史规律来看，以下的平庸论断无疑都是正确的：世界民众势必觉醒；人均寿命在延长；全球彼此相隔遥远地区的互联在持续加强；通过工业化可以实现全社会的福利保障；任何帝国终将陨落；等等。

于是，猎奇的公众，被学者们对世界历史反反复复的揭秘所困扰。美国古典学者伊恩·莫里斯（Ian Morris）最近出版了一部抽象的全球人类发展索引，囊括了过去五千年的历史。[①] 莫里斯宣称，西方（"西方"是当时历史语境中的所指）统治世界直到公元 550 年，从 1773 年又再次统治世界——直到今天，但是会在 2103 年被中国取代。大概没有人会在九十年之后去检验这位斯坦福大学教授的预言是否会成真。

对历史大势的预判——对此，社会学家比历史学家要更加随意——多数不会应验。世界革命还没有胜利，代议制民主也还没有在全世界普及。民族国家与宗教一样，不会消失；全球化没有消除世界性的财富不均，反而进一步加剧了不均。贫困和疾病仍然存在。其

---

① 伊恩·莫里斯（Ian Morris）：《谁统治世界？为何有些文明处于统治地位而有些文明处于被统治地位》（译按：中译本《西方将主宰多久》），法兰克福／纽约，2011 年（*Wer regiert die Welt? Warum Zivilisation herrschen oder beherrscht werden*, Frankfurt a.M./New York 2011），由克劳斯·宾德尔（Klaus Binder）、沃尔特劳德·哥廷（Waltraud Götting）、安德里斯·西蒙·多斯·桑多斯（Andreas Simon dos Santos）从英语译成德语。

至在第二次世界大战的惨痛经历之后，还有引爆战争和内战的苗头。在奥林匹克运动会和足球世界杯中，人性得以短暂地统一到由媒体动员起来的全球体育发烧友的集体中去，但是还做不到去维护某种世界性的社会准则，更不要说去实现这一准则了。例如，仍然存在严重歧视女性的现象，以及近似于腐朽奴隶制的劳工关系。

  然而，绝非仅仅是上述那些进步性的祈愿未能得以实现，就连一些至暗的末日场景，从世界大战的流言，到"树木枯死"以及尚未引爆的"人口炸弹"——这在七十年代是一个令人恐惧的话题，也没有实现。更没有哪位历史学者或国际社会科学领域的专家，能正确并及时地预言过去几十年内发生的那些重大转折：伊朗革命和伊斯兰的政治化、社会主义阵营和苏联的垮台、民粹主义在巴尔干半岛等地方的卷土重来、地球上最大的共产主义政党转向了"土豆炖牛肉"的资本主义，以及 2008 年以来的全球经济危机。就连美国大选的"预言帝"内特·西尔弗（Nate Silver）本人，在如此复杂的历史进程面前，也没能预测成功。[①] 不过，未来的不确定性，在于事物的本身，而不在于某个个体或者全体学术界的误判。人文和社会科学能够描述各种可能性。他们当中的个别佼佼者，具有敏锐的洞察力。但即便是他们，也不能克服事物的复杂性。为什么政治和社会的变革，要比足球或天气更难预测呢？

  在这种情况下，要奉劝历史学家，要与他的读者周旋，甚至要克制自己对时髦趋之若鹜的心态。现在就来了"实验装置"的问题了：

------

① 　内特·西尔弗（Nate Silver）:《究竟是信号还是杂音：为什么有些预测失败了，但有些却没有？》，纽约，2012 年（*The Signal and the Noise: Why So Many Predictions Fail-but Some Don't*, New York 2012）。

既然历史很难直接或用肉眼来发现它的奥秘，那么我们不禁要问，应该采取何种路径去接近它呢？一个可能的答案是：通过"时间"这个"镜头"来间接地接近它。①

我们首先需要快速地解释一下历史学家的本职工作是什么，以及他们能够知晓什么。用康斯坦茨大学的中世纪史专家阿诺·鲍斯特（Arno Borst）的话说，所谓历史学观念，就是"认识时间的差异性"。② 人们很认可这句话，并且也对他的第二句话表示赞同，即所谓历史学观念，就是把当下放置于它的历史脉络中去理解。历史学家并没有一味沉湎于由陌生和遥远的过去所构筑的封闭的特殊世界内 —— 那是由无数单个历史事件和经验构成的，还有我们在博物馆内欣赏的历史文物。它们只是"古代"的一个方面。

人们把历史学者称为研究时代变化（各种各样的变化，其中有些

186

---

① 关于历史时间的最新研究，有一系列的论文集。阿恩特·布伦德克（Arndt Brendeck）、拉尔夫-彼得·福克斯（Ralf-Peter Fuchs）和爱迪特·科勒（Edith Koller）主编：《早期现代"时间"的威望》，明斯特，2007 年（*Die Autorität der Zeit in der Frühen Neuzeit*, Münster 2007）；克里斯·洛伦茨（Chris Lorenz）、柏柏尔·波芙尔纳杰（Berber Bevernage）主编：《打破时间：磨合当下、过去和未来之间的边界》，哥廷根，2013 年（*Breaking up Time: Negotiating the Borders between Present, Past and Future*, Göttingen 2013）；卡捷亚-帕茨尔·马腾（Katja Patzel-Mattern）、阿尔布莱希特·弗兰茨（Albrecht Franz）主编：《时间的因素：文化学视角的时间研究》，斯图加特，2015 年（*Der Faktor Zeit. Perspektiven kulturwissenschaftlicher Zeitforschung*, Stuttgart 2015）；亚历山大·格帕尔特（Alexander C. T. Geppert）、蒂尔·克斯勒（Till Kössler）：《对当下的执念：20 世纪的时间》（*Obsession der Gegenwart. Zeit im 20. Jahrhundert*, Göttingen 2015）。把西方对时间的知识进行汇总的研究是亚历山大·德曼蒂特（Alexander Demandt）：《时间：一部文化史》，柏林，2015 年（*Zeit. Eine Kulturgeschichte*, Berlin 2015）。还有佩涅罗佩·科尔菲尔德（Penelope J. Corfield）：《时间与历史之形状》，纽黑文 / 伦敦，2007 年（*Time and the Shape of History*, New Haven/London 2007）。
② 阿诺·鲍斯特（Arno Borst）引用阿莱德·阿斯曼（Aleida Assamnn）：《时间紊乱了吗？现代性中时间统治的兴衰》（*Ist die Zeit aus den Fugen? Aufstieg und Fall des Zeitregimes der Moderne*, München 2013），第 191 页。

变化延伸到了当下）的专家，至少是允当的。站在 21 世纪初的角度，人们可以问：究竟需要多少过去才能理解当下？我们应该关注于哪一个历史阶段？这些问题是本次演讲的主旨。我采取一种渐进、迂回的方式来回答上述问题。

我们不应在德意志民族史的谱系内来理解"时间"。然而，绝大多数历史学家的正当职责就是研究本国的过去。不过，如果当下几乎所有政治学的研究框架都是国际性或全球性的，那么只对本国历史感兴趣，就会失去了（在历史上曾经有过的）合理性。毫无疑问，我们应该做到：尽可能扩大学术视野；为我们下一代的学者提供便利；我们（具体地说，是政策）也应该在我们的教纲里体现出更多对外国历史的兴趣。也没有必要专注于早年历史书写中津津乐道的"五大文明"或"六大文明"。我们从哪里去找到精湛的专家，能够解释对于我们来说深奥的国家，例如泰国、阿富汗、中非，或者不是那么遥远的乌克兰？我们有足够这样的专家吗？今天必须要启动对国别研究的兴趣，这是外部世界对我们的压力。为此，我们必须要尽可能地了解世界。

187 针对民族国家所提出的问题，其答案越来越显得具有全球意义了。再动辄抬出那个具有神秘命运之力的单数"全球化"概念，就显得不够了。

二

本次演讲题目中的"过去"为何用了一个不常见的复数呢？过去是一个矛盾体。一方面，人群和国家的历史总是并流的。人类共同的生存需求（诸如世界和平、全球气候），抹平了差异。至少过去两个世纪内的主线是，随着愈加深入的全球化而带来了一种同质化。另一方面，在人们的思维中，这一共同的过去总是被拆分。于是，［人群与国家的历史总是并流］这一定论开始动摇——有人号称历史上有一股主流，所有其他的支流都要汇入其中：即一部现代化的、文明化的、西方霸权的历史。这是一种臆想。用奥多·马夸德（Odo Marquard）的话说，从一元论历史（Universalgeschichte），变成了多元论历史（Multiversalgeschichte）。① 社会学家今天不再谈某一种现代性，而是谈多元现代性，谈并行的多条历史道路——尽管这还是一个尚需完善的理论。② 世界历史有必要从伊斯兰教或佛教的视角来考察了。③ 谁还要继续用欧洲中心论去思考，就有必要提供充分的理由了。

在一个互相关联的世界内，历史成了首要的身份认同的资源。不仅是国家，就连宗教共同体、民族和各种受压迫的团体，都在坚持着对各自自身历史的叙事。这些对过去的叙事，并非都是可信的。历史

....

① 奥多·马夸德（Odo Marquard）：《一元论历史和多元论历史》（Universalgeschichte und Multiversalgeschichte），载《时代：寰宇史年鉴》（*Saeculum. Jahrbuch für Univeralgeschichte*）1982 年第 33 期，第 106—115 页。

② 艾森斯塔特（Shmuel N. Eisenstadt）：《多元现代性》，载《代达罗斯》（*Daedalus*）2000 年第 129 期，第 1—29 页。德译本《多元现代性》，魏勒斯维斯特，2000 年（*Die Vielfalt der Moderne*, Weilerswist 2000），由布丽吉特·施鲁赫特（Brigitte Schluchter）译成德文。

③ 塔米姆·安萨里（Tamim Ansary）：《未知的世界中心：来自伊斯兰视角的全球史》，法兰克福 / 纽约，2010 年（*Die unbekannte Mitte der Welt. Globalgeschichte aus islamischer Sicht*, Frankfurt a.M./New York, 2010），由于尔根·诺伊鲍尔（Jürgen Neubauer）从英语译成德语；彼得·弗兰科潘（Peter Frankopan）：《来自东方的光：一部新世界史》，柏林，2016 年（*Licht aus dem Osten. Eine neue Geschichte der Welt*, Berlin, 2016），由米夏埃尔·拜伊尔（Michael Bayer）和诺尔贝特·尤拉西茨（Norbert Juraschitz）从英语译成德语；大卫·罗伊（David R. Loy）：《一部佛教视野的西方史：缺失的研究》，纽约州奥尔巴尼，2002 年（*A Buddhist History of the West: Studies in Lack*, Albany, New York 2002）（这不是一部政治史，而是关于哲学思想史的思考）。关于"某某中心主义"问题的基本思考，胡里·伊斯兰奥卢（Huri İslamoğlu）：《伊斯兰兰式的世界历史？》（*Islamicate World Histories?*），载道格拉斯·诺尔特罗普（Douglas Northrop）主编：《世界历史指南》，马萨诸塞州莫尔登 / 牛津 / 奇切斯特，2012 年（*A Companion to World History*, Malden, MA/Oxford/Chichester 2012），第 447—463 页。

学的一项重要任务，就是对史料的批判。

不同"过去"之间的差异，并不仅仅体现在哪些群体利用了它们
188 去建构自我意识。有一份对世界范围内有关过去的模式作详尽罗列的
单子。这里我们举两个例子。

首先，某一特定的过去是否是从建国那一刻算起，会有很大的
区别。因此，德国的历史认知与美国的完全不一样。那种值得庆祝
的"新的起点"，已经从德国民众的历史观念中完全消失了。没有谁
再把自己视作日耳曼人的后裔了，阿斯特里克斯是法国人，查理曼大
帝今天被当作欧洲而非德国的先祖。没有人再郑重其事地把俾斯麦称
为"帝国缔造者"了。美国则完全不同，一种二元建国论，至今仍笼
罩在美国人的历史思维之上：第一次建国是 1770 年代和 1780 年代的
反叛者和立宪之父们，第二次建国是 1865 年内战结束之后。德国在
1949 和 1990 年的两次重大转折，并没有达到类似美国的那种集体情
感的级别，1945 年之后我们根本没有美国那种"国父"的概念了。

其次，过去的第二个变量在于，距离现在最近的帝国阶段，在多
大程度上被包括进历史叙事之中了。世界上绝大多数国家或地区，都
在某个时刻曾经是帝国的中央，或者是某个帝国的殖民地，有时它们
是两者兼具。今天几乎所有的过去都是后帝国的，不过方式各有千
秋。那些全球范围的、宏大的去殖民化浪潮中（大致来讲，是 20 世
纪 50 年代到 70 年代）从殖民地正式成为主权国家的地区，在他们的
历史建构中，殖民时代被蒙上了一层阴影，其历史分期具有三分法的
特征（译按：即殖民前、殖民期间和殖民后）。

曾经的帝国中央，因其帝国解体后的具体情况不同，而具有各自独
特的经历。俄罗斯今天毫无顾忌地选择了一条怀旧帝国式的特殊道路。

相对温和的日本，至今仍在参拜供奉在靖国神社里的战犯。对于挑起了两次世界大战的德国，则将对帝国的追忆限制在帝国时期残留下来的几条街道的名称上，例如吕德里茨路（Lüderitzweg）和温得和克大街（Windhukstraße）。早在 1920 年代，凯末尔主义——作为土耳其民族国家思想的一种特殊形式，就与奥斯曼帝国的过去（超过数百年的辉煌）作了切割；不过，最近又有人开始主张一种新奥斯曼主义的口径。特别令人惊讶的是，那些大型的西欧帝国诸如大英帝国和法兰西帝国是如此彻底地与其帝国的过去进行了了断。他们自身就处于政治光谱的右端，那里没有人怀念殖民时代，自从 1982 年马尔维纳斯群岛战争以来，这两个国家的海上干涉再也不受新帝国主义统治意志的支配了。

三

究竟应该根据何种属性和标准来描述历史的时间呢？历史时间的形式很少是单一的或中心化的。与永不停息的物理时间以及以物理时间为基础的历法概念不同，历史时间有着不一样的尺度。我们所试图窥探的时间，其"纵深"是可以延伸的。几年前在美国开始流行的"大历史"或"深度历史"，远远超越了四千年的书面文献历史，甚至延伸到生物体出现以前的自然史。[①] 不同学科之间的时间概念，正

---

① 大卫·克里斯蒂安（David Christian）：《时间地图：大历史导论》，加州伯克利 / 洛杉矶 / 伦敦，2004 年（*Maps of Time: An Introduction and the Big History*, Berkeley, CA/Los Angeles/London 2004）；丹尼尔·罗德·斯迈尔（Daniel Lord Smail）：《关于深度历史和头脑》，伯克利 / 洛杉矶 / 伦敦，2008 年（*On Deep History and the Brain*, Berkeley/Los Angeles/London 2008）；安德鲁·施里约克（Andrew Shryock）、丹尼尔·罗德·斯迈尔主编：《深度历史：过去和现在的构筑》，伯克利 / 洛杉矶 / 伦敦，2011 年（*Deep History: The Architecture of Past and Present*, Berkeley/Los Angeles/London 2011）。

在彼此趋同。譬如，古生物学、进化生物学和天文物理学逐渐都被视为历史学的范畴，因为它们也是研究时间的变化。[在历史学领域内，]环境和气候史必须要放置于足够长的时间段内考察，当迟缓和漫长的历史进程突然中断的时候，它们的重要性就凸显出来了。政治和军事史的时间段则趋向于比较短。当必须要做出[政治或军事]抉择的时候，它的时间往往是很短的。社会和文化变迁的时间段则是处于上述两者（译按：即环境—气候史和政治—军事史）之间，与其说是几个月、几周或几个钟头，还不如说是几年或几十年。

190 　　默克尔博士，您在 2010 年于柏林召开的历史学家年会的开幕式上曾经援引过莱因哈特·柯塞勒克的话。他是历史时间理论的创建者，绘制了一幅不同"时间层"的地质学图。[①] 在实际中，这些时间层之间产生了不容易消除的张力，甚至也不能通过让人心生共鸣的所谓"[政策的]长效性"或"可持续性"（Nachhaltigkeit，这个词在当下已经被滥用了）这一灵丹妙药来消除——这是开明保守派的中心思想。制定的政策，在其执行过程中最好是短时段有效的，而且要时不时地回应一下具有长远影响的问题，例如如何处理核废料的安全问题。对于政策而言，自古就有一种理想状态，即所有由政策引起的以及被政策所干预的社会变化都是实验性的和可修正的。但是，不是所有事情都像税法和教改那样拖延和反复的。我们举一个极端的例子：20 世纪的热战基本都是一直打到分出胜负，很少是以签订和约的形式结束的。第一次世界大战的导火索，不仅在于孤注一掷的贵族

① 莱因哈特·柯塞勒克（Reinhart Koselleck）：《时间层：历史学研究》，法兰克福，2000 年（*Zeitschichten. Studien zur Historik*, Frankfurt a.M. 2000）。

在一开始的不妥协，而且在于头几个月的大屠杀之后没有人及时制止它。1914 年降临节时，整个欧洲失去了敬畏和理智。杀人机器轰鸣向前。（译按：作者举一战的例子，是为了说明人们在政策执行中过于保守、死板，如果能及时调整，注重政策"短时段有效"的原则，就会避免很多灾难。）

处于风云突变和漫漫长夜两个极端之间的任何时代经历，都有戏剧性的构成。每一部时代的"传记"，除了伊始的平静，还会遇到始料未及的大喜大悲的转折。历史学家将其称为"历史分期"，而且乐此不疲地对此进行着讨论。也有一些坚持己见的、令人尊敬的人远离了此类讨论，因为在他们看来这是再清楚不过的事情。例如，遵守某一宗教历法的人；或者把德国的当代史按照巅峰时刻来划分的人：1954 年—1974 年—1990 年—2014 年 —— 如果他是一位德国历史学家的话，那他一定是一位足球史专家。

重大历史事件对于历史编纂者来说是省事的，因为他们可以轻松地落实历史分期的时间节点，例如革命、战争、统治时期结束（譬如罗马帝国皇帝奥古斯都的统治结束，距今恰好是 2000 年）。不过，有些惨绝人寰的事件，在时间轴上不是那么与世界历史的分期相吻合 —— 并非人们所想当然的那样。其中就包括 2001 年 9 月 11 日，有人认为这个日子没有下述年份更具有划时代的意义，如 1989/1990 年、2000 年，甚至 1979 年 —— 那年是伊朗革命的年份，也是中国甫进入改革开放的起点，更是教皇保罗二世和撒切尔新自由主义转向获得影响的时间点（美国在两年之后的 1981 年，随着里根总统的上台，也进入了新自由主义的阶段）。社会和文化史的碾磨机碾碎谷子的速度较为缓慢。技术革命往往需要很长的时间去影响到大众的日常。因

191

特网的发展史具有一段鲜为人知的潜伏期，可以追溯到 20 世纪 70 年代早期。直到 90 年代中期，世界上许多地区的"数字缺口"才得到革命性地填补。

四

时间最重要的维度是节奏或速度，即事物在一定时间段内变化的程度。过去四分之一个世纪内的一个根本变化是加速（或"节奏变快"），这一点可以从传播媒介、社会文化的变迁和个人的主观经验得到印证。在最后一批邮政马车退役之际，以及拿破仑驱使着他的军队在欧洲闪电作战之际，众多当时的人就曾感慨节奏太快了。因此，节奏是否变快，只能在技术的意义上〔，而不是主观经验上〕才可以准确地衡量。19 世纪第三个 25 年内全球的电报有线化和 100 年后因特网的创建，是（至少是自 13 世纪蒙古人的驿站系统以来）通信技术的两个最重要的加速推动力。在货物和乘客运输方面的证据，就显得没有那么具有冲击性了。轮船、铁路、汽车甚至飞机的速度，相较于过去三十年互联网技术的全球化对世界范围内彼此依存节奏的提速，是望尘莫及的。在 2003 年协和飞机退役之后，飞机的速度反而变慢了。（译按：协和飞机是世界上唯一投入商业运营的超音速飞机。）总之，不是所有事物都会加速的。

假如社会变迁在长时段内有所加速，那是不易察觉的。至于泰勒制和早期流水线时代的工人生活（在 1936 年查理·卓别林的电影《摩登时代》中有所讽刺）是否比今天更加安逸，也是一个问号。政治变得愈加匆促，但从长远来看，它的根本节奏不一定变得更快了。

在民主条件下，政治通过选举周期来保持稳定的节奏。过去几个世纪内的重大转折，也都是在变动密集的历史阶段内发生的。剧变，在古代也可以像今天一样迅速。三十年战争和百年战争是例外。全部靠步行和骑马的亚历山大东征，只持续了十三年。宗教改革以极快的速度在整个欧洲引起了轰动。五百名西班牙人在科尔特斯的率领下，两年之内就制服了阿兹特克帝国。拿破仑在 1805—1809 年之间把欧洲折腾个底朝天。总之，要注意，如果过分夸大［当下的］"加速"，它就变得空洞了。

现在我们回到演讲开头提出的主要问题，在接下来的时间也将围绕着这个问题展开，即究竟需要多少过去，才能够理解当下？

在此，"时间视阈"这个概念对我们有所帮助。所谓视阈，是指可见的远方边界。这里我是在唯意志论的意义上使用这个概念的。不是要问：我们能够看多远？（大历史学派会理所当然地说：一直到 130.8 亿年前的宇宙大爆炸，它的痕迹能够从宇宙射线中探测出来。）[1] 而是要问：如果我们从当下的视角出发，我们愿意看多远，以及必须看多远才行？换句话说，我们该从哪里开始叙述编年史？一句含糊不清的"从前怎么怎么样"，或者一些模棱两可的句子（对于喜欢瓦格纳歌剧的人来说，就是《尼伯龙根的指环》第一部《莱茵河的黄金》前戏中的降 E 大调），是不能让人满意的。

这个问题的答案，当然不能一概而论。［一方面，］总是一味地追　　193
溯到宇宙大爆炸或者智人，也不是那么方便。另一方面，一名从德意

---

[1] http://www.washington.edu/news/2013/04/04/listening-to-the-big-bang-in-high-fidelity-audio/（2016年 6 月 11 日登陆）。

志历史发展中获取了历史经验的人，很少愿意接受以下的观点：仅仅因为我们自称最近进入了一个史无前例的"全球化时代"，就让历史上的过去都隐没了。真正的解决之道，在于允执其中，且没有定式。下面我分两个阶段与诸位探讨：先是从科学的角度，然后从一般意义上（也就是受政治控制的）历史观念的角度。

如果有人对 2013 年和 2014 年市面上出版的有关一战的诸多高水平图书有所关注的话[①]，就会明白，对一战起因进行深度排序的核心问题就是：从何时起欧洲列强之间有可能会爆发一场大战？从何时起貌似要爆发大战？从何时起大战仍可避免？以及，从何时起一切都为时已晚了？一个类似的问题也可以在其他的历史现象中提出来：我们在处理［历史事件或进程］的先决条件和起因的时候，究竟要在时间维度上追究多深？下面举三个简单的例子。

五

当时人就已经把 1789 年爆发的法国大革命从法国历史的纵深来进行解释了：贵族、教会和君主对平民长达一个世纪的压迫必定要涤除，封建制度必定要垮台。这种关于大革命内部必然性的基本理论，一直到二战结束后仍然是没有争议的。它将大革命追溯到波旁王朝的

---

① 首先是克里斯托弗·克拉克（Christopher M. Clark）：《梦游者：欧洲是如何走上一战之路的》，慕尼黑，2013 年（*Die Schlafwandler, Wie Europa in den Ersten Weltkrieg zog*. München 2013），由诺尔贝特·尤拉西茨（Norbert Juraschitz）从英语译成德语；尤恩·莱昂哈德（Jörn Leonhard）：《潘多拉的盒子：一战的历史》，第 5 版，慕尼黑，2014 年（*Die Büchse der Pandora. Geschichte des Ersten Weltkriegs*, München 2014）。

古代政权组织中去。此后，文化史的解释处在了突出的位置，它同样也是长时段的考察，但是已经动摇了法国公众对阶级斗争的强调，带来了新的解释：是激进的启蒙知识分子摧垮了君主制。最新的解释，则重新校准了"时间"和"空间"的影响因子，得出了令人惊讶的结果。① "时间"因子被压缩了，与此同时"空间"因子在水平面上得到了拓展，于是人们跳出了法兰西的边界，把法国大革命放置于欧洲与大西洋及亚洲互动的语境中考察。至少，不公正的封建秩序在欧洲其他国家也存在，但那些地方并没有爆发革命。甚至 1780 年的英国在政治和社会方面要比英吉利海峡的另一端更加动荡和不安：英格兰有可能要变天，要知道英国人有过砍掉国王脑袋的经历。

　　是什么导致了波旁王朝在几年之内倾覆了呢？旧政权之所以轰然倒塌，是因为它突然暴露出了脆弱的一面，而且必须要承受政治进程中的外力（简单地说，就是第三等级［市民］的势力），这些势力曾一度是被禁锢的。也就是说，这是一起典型的因危机而引起的［革命］参与方扩容，从而导致了政权覆灭的案例。为什么旧政权会脆弱呢？首先是因为僵化的经济制度（与英国不同，法国缺乏中央银行和坚挺的国债），过度依赖于私人财力，于是助长了投机行为。为什么

① 参考林恩·亨特（Lynn Hunt）：《全球化语境中的法国大革命》（The French Revolution in Global Context），载大卫·阿米蒂奇（David Armitage）、桑贾伊·苏布拉马尼亚（Sanjay Subrahmanyam）主编：《全球化语境中的革命年代——约 1760—1840 年》，贝辛斯托克，2010 年（The Age of Revolutions in Global Context, c. 1760-1840, Basingstoke 2010），第 20—36 页；林恩·亨特：《1789 年全球金融的起源》（The Global Financial Origins of 1789），载苏桑·德桑（Suzanne Desan）、林恩·亨特（Lynn Hunt）、威廉·马克斯·尼尔森（William Max Nelson）主编：《全球视野下的法国大革命》，纽约州伊萨卡 / 伦敦，2013 年（The French Revolution in Global Perspective, Ithaca NY/London 2013），第 32—43 页。

194

这些脆弱性会暴露出来呢？因为波旁王朝在 1778—1783 年之间花了巨额代价去鼓动北美独立的十三州反对英国王室，并且在此期间投入了大量资金在印度建立贸易帝国，以此来挑战英国。为什么要制定如此昂贵的外交政策呢？是为了反击大英帝国，要知道这两个超级大国之间的竞争已经在全球三大洲上广泛布局开来。国际投资人与此有何干系？他们中的一些人涉足了能够通过短期满足需求来赚钱的投机性供应品。当投机的泡沫破灭之际，窘迫的财政机构让公众对法国政府的信任丧失殆尽，政府的部长们被公然斥为赌徒，波旁王朝也就巢倾卵覆了，法国的老百姓只是起了推波助澜的作用。

以上提炼出来的一串因果链，与早年对法国大革命的解释不同。在这一解释模式下法国大革命的原因是短时段的和全球性的，而不是长时段的和法兰西的。

第二个例子是 18 世纪所谓的工业革命 —— 它导致了西方生活水准的提高。最初人们认为，工业革命之所以发生，是因为长时段强劲的经济增长，人口增长和死亡的周期被打破，以及作为能源的煤矿得到开采。最新的对工业革命原因的研究 —— 与法国大革命的课题不同 —— 没有压缩时间的视阈，反而是拉长了。近几年有些学者甚至追溯到千年以前，用能否进入农耕和能否驯化动物，来分析当今世界的财富格局。[1]

教科书上采纳的说法是技术上的"自然发生论"，即 1770 年前后在英格兰发生的技术革命及其所带来的机器，尤其是蒸汽机使得廉

---

[1] 贾雷德·戴蒙德（Jared Diamond）:《贫穷与富裕 —— 人类历史的命运》，法兰克福，1999 年（*Arm und Reich. Die Schicksale menschlicher Gesellschaften*, Frankfurt a.M. 1999），由沃尔克·英格里希（Volker Englich）从英语译成德语。译按：中译本《枪炮、病菌与钢铁：人类社会的命运》。

价的棉制品在新式工厂里的量产成为可能。另外一种稍微不同的解释认为，工业革命之所以发生，是因为英国有一个统一的国内市场和一种偏好实际应用的文化，这对"大英帝国的区位优势说"是有所补充的。我们今天的阐释，具有长时段和全球性的特征。[①] 它强调，印度和中国是长达数世纪内最重要的棉制品产地和出口国。与他们相比，欧洲人在技术上是落后的，位于世界棉产品网络的边缘。因此，不应该把欧洲人在技术上的创新视为独立的变量或凭空出现的天才创举，而是欧洲从后发状态中奋起直追，通过进口替代战略来克服自身相较于亚洲的落后。

英格兰发现它与它的殖民地 —— 印度之间的关系是，自身处在追赶和赶超的位置上。最后，英格兰生产出既廉价又上乘的棉制品。在短短几十年内就已经上升到经济等级制的顶端了：大英帝国的棉制品出口摧毁了传统的印度织品网络。于是，英国人拥有可用作农业生产的海外殖民地，对他们更加有益了，这一点与印度和中国不同。英格兰人、苏格兰人和威尔士人迁入了英国的海外殖民地，为工业化的温室提供（部分是与来自非洲的奴隶一起）高产和廉价的原材料（包

196

---

① 乔治奥·列略（Giorgio Riello）、普拉桑南·帕尔塔萨拉提（Prasannan Parthasarathi）主编：《转动的世界——棉纺织品的全球史，1200—1850 年》，牛津 / 纽约，2009 年（*The Spinning World: A Global History of Cotton Textiles, 1200-1850*, Oxford/New York 2009）；乔治奥·列略、蒂尔坦卡尔·罗伊（Tirthankar Roy）主编：《印度是如何给世界穿衣的：1500—1850 年南亚纺织品的世界》，莱顿 / 波士顿，2009 年（*How India Clothed the World: The World of South Asian Textiles 1500-1850*, Leiden/Boston 2009）；乔治奥·列略：《棉花：制造现代世界的织物》，剑桥，2013 年（*Cotton: The Fabric that Made the Modern World*, Cambridge 2013）。同时参考斯文·贝克特（Sven Beckert）：《棉花帝国：一部资本主义全球史》第 3 版，慕尼黑，2015 年（*King Cotton. Eine Globalgeschichte des Kapitalismus*, München 2015），由安娜贝尔·泽特尔（Annabel Zettel）和马丁·里希特（Martin Richter）从英语译成德语。

括棉花）和食品（包括糖）。[1] 另外一个全球性的因素是：新式织布机需要长时段的棉花供应。这一点又在北美的美洲土著那里得以实现，他们有长期培育和种植棉花的历史。

总之，工业革命必须要放置于更长的时段内和更广的空间内进行考察。[2] 经济现代化不是起源于所谓一穷二白的前现代社会，而是以直到 18 世纪仍然相当具有活力的亚洲为背景的。欧洲不是先天优越于世界其他地方的。

六

第三个例子是中国向准超级大国和全球最大制造业国家的崛起，依靠的是一种显然不受外部干扰的、有着自身规律的发展，当然也有些过度敏感的人用一种担忧的心态来看待中国的崛起。

在此有必要强调时间视阈的深度排序。这些时间点是（不按照纪年的顺序）：1997 年、1978 年、800 年、1870 年和 1930 年。如果站在今天的角度只追溯到邓小平去世的 1997 年——彼时中国的改革开放已经开启，经济指数的上升幅度史无前例，与今天相比，这种变化似乎没有什么让人讶异的。但是它涉及的首先是一个治理体系的问题：一个共产主义政党为何能够在苏联阵营（延伸到中蒙边境）垮台

① 彭慕兰（Kenneth Pomeranz）：《大分流：欧洲、中国及现代世界经济的发展》，普林斯顿，2000 年（*The Great Divergence: China, Europe, and the Making of the Modern World Economy*, Princeton, NJ 2000）。
② 于尔根·奥斯特哈默：《大转折》（Große Transformation），载《水星：德国欧洲思想杂志》（*Merkur. Deutsche Zeitschrift für europäisches Denken*）2011 年 7 月第 746 期，第 625—631 页。

之后，（让所有人跌破眼镜地）走上如此有效的发展道路？

　　再把时间轴推到 1978 年，那是中国改革开放的转折点（那时西方的游客看到的是一个贫困的中国），那么中国近四十年的变迁就具 197 有轰动效应了。引起轰动的原因，不仅在于各项客观指数的迅速提升，更在于中国在 70 年代早期（即"文化大革命"后期）仍然是与朝鲜差不多的国家，甚至个人的尊严都会遭到践踏。现在，虽然还有不少人（农民和民工）至今尚未享受过这份尊严，但是还有数以亿计不关心政治的城市中产者，终于可以不再每天被人刁难或被群众运动裹挟了。他们走向了一个与资产阶级行为及其消费模式毫无违和感的专政体制。这一切得以实现，是因为一个精明的统治集团在意识形态和战略上所进行的成功的自我修正。

　　这样一种短时段的历史回顾还不足以解释今日的中国。我们必须要有一个中时段和相当长的长时段的视阈来考察。一个非常长的视阈是查理曼大帝所在公元 800 年 —— 今年也是查理曼诞辰 1200 年的年份 —— 到 18 世纪，这段时间内中国境内的富庶地区是世界上经济最有活力的核心区域。不仅精英阶层享受着一种以"前现代"的标准来看是很高的生活标准。中国历史长期以来就是生活富饶、思想先进、开疆拓土的历史。中国今天的很多表现，在西方看起来像是一个粗鲁暴发户的暴富行径，没有人把它当作是［中国］重返世界一流的历史常态 —— 例如查理曼大帝所生活的时代（译按：即中国的唐朝）。几乎所有的非共产主义政权都有这种看法。

　　最重要的是一种中时段的视阈，大约可以追到 100 年前，那是一段在今天的中国不太受待见的所谓帝国主义压迫的时代。我们可以把它视作中国第一次现代化进程的一个阶段。1870 年清政府尝试各 198

种方法，如何才能让新出现的私有企业资本为公家所用，既要促进它的发展，又要使其融入帝国体制。19 世纪中国人做得还不是很成功（至少与同时期日本改革的巨大成功相比是如此），但是一个长期有效的模式被探索出来了，即"官督商办"，翻译成白话就是：国家官员制定框架，并把控制权牢牢掌握在手中，商人则只管经营。今天没有人明确地把这种"官督商办"的模式与中国当下的发展模式相比拟，不过确实是贴切的。中国社会内部的资本主义长期存在着一种路径依赖，不仅是在近代以前的黑暗时期，甚至在新中国成立后的很长一段时间内都是如此。

最后让我们把镜头瞄准 1930 年。在第一次世界大战之后，中国开启了第二次现代化浪潮的短暂阶段，中国共产党正是在此背景下诞生的。在这一时期，中华民国政府十分软弱，私有企业资本首次能够相对不受约束地扩张。我们有理由将其称为"中国资本主义发展的黄金时期"，这种现象在此后的一百年中只在英属香港和海外华人中得以保留。[①] 许多现代的制度，例如银行、股票、百货商店，当然也包括工会，都是那时候出现的。同时，在年轻的知识分子当中，西方的自由、民主和公民社会的思想开始被接受。从此以后，这些思想对于中国的政治文化来说就不再陌生了。我的结论是：中国今天的崛起，虽然绝非长久以来就"事先规划好的"，但却是有很多铺垫的。每一种特定的时间视阈，都能提供一个独特的解释。

---

① 标准的读物是玛丽-克莱尔·贝爵尔（Marie-Claire Bergère）：《19—20 世纪中国的资本主义与资本家》，巴黎，2007 年（*Capitalisme et capitalistes en Chine: XIXe-XXe siècle*, Paris 2007）。

七

　　至此，我们已经用了三个实例来窥探历史学家的日常工作场景。作为一个政治的门外汉，我揣测政治也有两种不同于历史学的书写过去的方式，这对于学术来说是很有启发的。

　　第一点，政治家会纪念历史人物或事件，例如今年（2014年）有一系列的纪念活动：一战100周年、二战75周年、汉诺威公爵继承英国王位300周年、纽约港建造400周年、马基雅维利《君主论》发表500周年，还有前面提过的奥古斯都和查理曼大帝的例子。这些历史纪念活动被郑重其事地对待，对于历史学家来说是一件欣慰的事情。这可以让历史学家获得关注，甚至是某种回报。当然也有一点不同意见：这些纪念日是以一种机械的和直白的方式进行，而我们早已从历史学的角度严肃地处理过了。历史纪念最好能够做到，让那些充满尖锐评判的今昔对比，远离纪念活动。著名的英国历史学家杰弗里·巴勒克拉夫（Geoffrey Barraclough）也曾做过今昔对比，只不过不是在某个纪年日上。他于1982年把当时的世界与1914年做了一个对比：那是核大国之间关系极不稳定和矛盾一触即发的阶段，就像1962年10月的古巴导弹危机一样。[1]［1982和1914年之间的］这种历史相似性，要比今天的人们对恰逢百年［1914和2014年］之后危机重演的迷信式恐惧，要更加令人信服。

　　把历史上的不同时期进行对比，可以是有益的，但并不一定。进

---

① 杰弗里·巴勒克拉夫（Geoffrey Barraclough）：《从阿加迪尔到世界末日：对一次危机的剖析》，伦敦，1982年（*From Agadir to Armageddon: Anatomy of a Crisis*, London 1982）。

入 21 世纪以来，学界时兴把美国建立全球霸权的"单边主义"比作公元 2 世纪罗马帝国的鼎盛期。这并非一个有洞见的历史类比。最近，美国残存的单边主义形式，则更多地被用来与罗马皇帝加卢斯（根据公元 4 世纪晚期罗马帝国史家阿米亚努斯·马塞里努斯 [Ammianus Marcellinus] 的记载，在 [蛮族] 偷袭之下加卢斯的帝国暴露了缺陷），而不是伟大的世界领导者图拉真作对比了。[①] 2008 年金融危机爆发之际，没有被人拿来纪念的事情反而更加重要，即 1929 年开始的大萧条。大萧条可以 [在人们的脑海中] 迅速地、令人不安地抑或是有益地被激活，且并不局限于专业历史学者。大萧条作为一种全球性灾难（其影响所及甚至超过了第一次世界大战）的特征，时隔八十年后并没有被人遗忘。1929 年大萧条与 2008 年金融危机之间的差异——1929 年的黑色星期五，经济危机从股票市场引爆——微乎其微。对 1929 年大萧条及其后果的追忆，可以加深我们对局面严峻性的认知。[②]

第二点，也是我要讲的最后一点，作为政治门外汉在书斋里能够想到的是，政府首脑、外交部长和外交官员总是会遇到从谈话对象口中说出准官方的历史叙事。此类历史叙事在某种程度上会被郑重其

① "当一家之主在私密的房间里与他的妻子耳语时，连他信任的仆人也不在场，但第二天皇帝就知道了，仿佛是预言家安菲阿拉俄斯（Amphiaraos）和马尔西乌斯（Marcius）揭秘一样。"摘自阿米亚努斯·马塞里努斯（Ammianus Marcellinus）：《衰亡前的罗马帝国》（Das Römische Weltreich vor dem Untergang, Amsterdam 1997），奥托·韦赫（Otto Veh）译，阿姆斯特丹，1997 年，第 3 页。这部书的成书年代在公元 384 年以后（具体时间不详）。这段记载具有一种现实意义，影射 2013/2014 年美国全球性的监听事件，连默克尔总理的手机也遭到窃听。

② 参考巴里·埃森格林（Barry Eichengreen）：《镜厅：大萧条、大衰退，我们做对了什么，又做错了什么》，牛津，2015 年（Hall of Mirros: The Great Depression, the Great Recession, and the Uses-and Misuses-of History, Oxford 2015）。

事地对待。当一个人代表国家讲述本国历史的时候，如果好为人师地有违历史本真，那就显得不明智了。不过，这种历史叙事首先考虑的是政治因素和外交辞令，历史真相的考虑是放在第二位的。如果作为政治因素，往往要求他们有一种敏锐的判断。在有争议的历史议题上——岛屿和半岛［的归属］最让人头疼——尤为棘手。这点再次说明了，我们政治家和外交家的工作是不足称羡的，他们是很辛苦的。

我们必须要在两种时间视阈之间做出区别：一种是为了历史学分析而拣选和精心校准的时间视阈，另一种是由其他完全不同的因素所决定的官方或集体历史意识的时间视阈。后一种历史观并非清一色地都是臆想，但往往会蒙上神话传说的阴影，其内容易受经验主义的影响。时间视阈越深邃、越迫切地往早期起源阶段去追溯，神话的成分就越大。今天德国人的历史观在世界上正好属于非典型的，因为它是后神话主义的，且几乎没有办法用实例来解释。这是联邦德国的一项重大的文化遗产。其他地方并非如此。放眼世界，世界上有一系列或多或少的虚构性历史叙事——作为"有用的"过去——它们可以在不同程度上被利用。① 大致可以分成四大类。

第一，以很深邃的时间视阈进行的"延续叙事"：人们信誓旦旦地把某些事物放置于上百年甚至上千年的背景中，号称拥有某种无法比拟，当然也是无可证否的宝贵经验，并且享有这样或那样的古老权利。矛盾的是，这类国家非常依赖延续和传统，但这些传统本身却经历了深刻的革命性转变。

---

① 在杰里米·布莱克（Jeremy Black）的书中有不少例子，但没有系统性和阐释性的例子：《克里奥之战：实践中的历史书写》，布鲁明顿/印第安纳波利斯，2015 年（*Clio's Battles: Historiography in Practice*, Bloomington/Indianapolis 2015）。

第二，"受害者叙事"。它们是被用来以最大的敬意和诚意要求赎罪和赔偿的——这是自二战以来世界范围内的一项巨大进步。但偶尔也有质疑的声音。因为近几十年来刚被推翻的殖民主义，可能要为今天非洲的许多问题负责，但有些问题则与殖民主义无关。殖民主义被视为当下所有社会弊病的症结，是不合适的。

第三，"英雄神话叙事"，它没有因为现代化而遭涤除。虽然它们中的绝大多数是无害的，但是诸如斯大林头像还是让我们许多人引起不适感。当然，人们若是硬让蒙古人去回忆他们所尊崇的成吉思汗的凶横品性，或者让乌兹别克人去谈论他们所敬仰的帖木儿的身体缺陷，还是有失礼节和迂腐死板的。

第四，移民社会的时间视阈本身是被压缩得很短的。囿于原住民文献史料的缺乏，毛利人或者美洲土著在文献中的记载不如欧洲征服者和定居者们那么详细，后者闯入了他们的生活视野。在 1788 年第一艘囚犯船队靠岸以前的澳大利亚历史，在很大程度上是史前史。由于当下地球上相当一部分的社会是移民社会，也就是大规模迁徙的产物（也有是通过奴隶贸易的），我们面对的是相较于欧洲、中东和东亚来说比较短暂（缺乏古典或中世纪）的时间视阈。那么，决定这种历史叙事的动机就完全不同了，例如移民、殖民化、族群冲突、流散环境、少数族裔问题、宗教多元性、文化和生物交融、文化摄入和超族群的国家建构。这些社会中的多元性汇合在一起的经验，构成了浅显易懂的［国家］统一神话和［民族］大熔炉想象。从传统上讲，欧洲人很难理解移民社会的多元过去，即便有许多移民本身就是从欧洲迁出去的，而且今天的欧洲也不再是一座孤立的碉堡了。移民社会的历史绝对不是我们所习以为常的那种连续的、单一的和一元文化性的民族国家史。它们逐渐受到欧洲史观，甚至是全球史观的渗透。当外交官员在世界舞台上面对不同时间视阈和出发点的历史叙事时，一定要意识到，在这些叙事背后往往暗含着强烈的主权和领土诉求。

　　思辨的历史学家的时间，与塑造我们当今世界的人（译按：指政治家）的时间是不同的。前者的职责是公布历史档案，后者则是等着利用现成的成果。两者的关注点有所交集，那就是我们所生活的"当下"。我们历史学家追问的是那些造成当前这种状态的所谓"因果链"（马克斯·韦伯语）。[1] 在座的诸位中绝大多数自身就是积极的因果链接者，但你们也遭遇过棘手的状况，即与这一链接相悖的情况。历史学家对于这种矛盾已经习以为常了。从诸位的职业习惯来看，历史学家是乐观宿命论者的极端形式——讽刺家。作为国家公民，在不拒绝服从特定的道德和政治表态的前提下，他们是不乐意用空洞和通俗的话来给人以抚慰的。在此如履薄冰的情况下，我想结束本次演讲。

---

[1]　马克斯·韦伯（Max Weber）：《宗教社会学文集》第 1 卷，图宾根，1920 年（*Gesammelte Aufsätze zur Religionssoziologie* I, Tübingen 1920），第 1 页。

世界历史与时代诊断 *

事件的语境

　　套用一句广告语：一个全球化的世界，需要一种符合时代的历史观。这一点似乎是不言自明的。这种历史观，只能是全球性的。如果不是从一种同样具有全球性的"历史学"中来，它还能从何而来呢？历史学家们，你们若是想响应社会舆论的呼吁，就要对得起你们书写世界历史的时代！ ①

　　历史学家、政治学家兼批判性公共评论家的奥古斯特·路德维希·施洛塞尔（August Ludwig Schlözer）18 世纪晚期在哥廷根就说过类似的话。那时，世界各地的资讯汇聚到哥廷根：来自叛乱的北美、不安定的印度，来自刚由库克船长及其随行科学家们调查过的南海（译按：德语中的"南海"[Südsee]，是一个指代南太平洋的习惯称谓，在地理上对应巴拿马以南的区域。），甚至来自始终难以触及的中

....

＊　本文原稿是 2012 年格尔达·汉高（Gerda Henkel）讲座的讲稿，同时也是感谢"格尔达·汉高奖"的致辞——于 2012 年 10 月 29 日在杜塞尔多夫的老市政厅举行。由格尔达·汉高基金会单独刊行（明斯特，2013 年），同时也发表在《法兰克福汇报》2012 年 10 月 31 日第 254 期，第 6 版。
①　这句话典出恩师厄恩斯特·舒林（Ernst Schulin）的一句名言"历史学家，你们要对得起时代！"法国大革命时期的历史书写（介于启蒙和历史主义之间），参考厄恩斯特·舒林：《历史研究：走向现代的历史化阶段》，法兰克福 / 纽约，1997 年（*Arbeit an der Geschichte. Etappen der Historisierung auf dem Weg zur Moderne*, Frankfurt a.M./New York 1997），第 81—113 页。

国。^①"世界史"的基本框架，自施洛塞尔的时代以来，就没有怎么变化过。主要是基于以下三点论述：

（一）地球上所有民族和社会的历史，具有同等价值，值得同样的关注，即便他们在特定的旨趣下会呈现出不同的重要性。欧洲中心主义，也就是认为西方比其他地方更优越，只能在个别情况下破例使用（例如，当书写一部受欧洲形塑的 19 世纪史时，是不能完全避免欧洲中心主义的），但是它不允许作为原则性观点、政治性诉求和道德性立场。"我们"欧洲人，不是所有事物的准绳——无论是在过去还是在现在。^②

（二）世界人群（在 18 世纪，人们会说"人类"）客观上构成了一种互动的语境，即使许多人主观上并没有意识到这一点。在某个地方出现的"诱因"，可以在海角天涯引起反响。历史，就是从这些冲破各种边界的形形色色的关联和因果链中来。当一名历史学家用一副

204

---

① 关于施洛塞尔及其研究领域，参考安德烈·德·梅罗·阿罗约（André de Melo Araújo）:《哥廷根的世界史学派：启蒙时代晚期的普遍史思想研究》，比勒菲尔德，2012 年（*Weltgeschichte in Göttingen. Eine Studie über das spätaufklärerische universalhistorische Denken*, Bielefeld 2012）；马丁·比德斯（Martin Peters）:《古老帝国与欧罗巴：作为历史学家、统计学家和公共评论家的奥古斯特·路德维希·施洛塞尔（1735—1809 年）》，明斯特，2003 年（*Altes Reich und Europa: Der Historiker, Statistiker und Publizist August Ludwig von Schlözer (1735-1809)*, Münster 2003）；还有乌尔苏拉·贝歇尔（Ursula A. J. Becher）:《奥古斯特·路德维希·施洛塞尔——一项历史话语的分析》（August Ludwig von Schlözer—Analyse eines historischen Diskurses），载汉斯·埃里希·贝德克尔（Hans Erich Bödeker）主编:《启蒙与历史：德国 18 世纪历史学研究》，哥廷根，1986 年（*Aufklärung und Geschichte. Studien zur deutschen Geschichtswissenschaft im 18. Jahrhundert*, Göttingen 1986），第 344—362 页。
② 围绕欧洲中心主义的讨论，参考阿里夫·德里克（Arif Dirlik）:《没有中心的历史？关于欧洲中心主义的反思》（History Without a Center? Reflections on Eurocentrism），载本尼迪克特·司徒赫泰（Benedikt Stuchtey）、埃克哈特·福克斯（Eckhardt Fuchs）:《跨越文化边境：全球视野下的历史书写》，美国马里兰州拉纳姆，2002 年（*Across Cultural Borders: Historiography in Global Perspective*, Lanham, MD 2002），第 247—284 页。

世界史的眼镜（当然他也有一副近视眼镜）来看待问题时，那么他会看到——就像施洛塞尔在 1772 年所提到的——"事件的语境"[1]，处于"一些历史琐碎细节"的背后。[2] 这种语境具有两个维度：空间上的同时性和历史上的先决条件。施洛塞尔提到："任何事件，一定要以双重方式来解读。一是纵向的，即向前和向后推；一是横向的，即推及四周和同时期的事物。"[3]

（三）在施洛塞尔的时代，纵然"风俗和习惯"（用我们今天的话说，叫"民族和文化"）之间存在差异，人群之间存在冲突，人类还是构成了一个命运共同体，具有共同的生存利益。我们将"通过文明交际规则的统一，可以维护这一共同利益"这个观念归功于启蒙，主要是施洛塞尔同时代的那个人——康德。今天，与康德对和平的担忧相关的，还有对不同人群在经济上的公平分配以及对抵御生态威胁的考虑。人们可以将之称为"大同主义"工程。它给世界历史配置了一种政治化的项目。譬如，一种只对本民族或本地区在"世界历史"中的地位感兴趣（在一些国家，这是世界史书写的重要目标）的历史书写，就越出该项目的边界了。

205   上述三点，基本上足以构成历史学家的实践在理论上的立足点了。其他的东西则可以作为累赘物抛弃掉，例如：总是执念于从宇

---

[1]   奥古斯特·路德维希·施洛塞尔：《普世史的理解》，2 卷，哥廷根 / 哥达，1772—1773 年（*Vorstellung seiner Universal-Historie*, 2 Bd., Göttingen/Gotha 1772-1773），1997 年重印，瓦尔特罗普（Waltrop），第 1 卷，第 46 页。

[2]   奥古斯特·路德维希·施洛塞尔：《世界史主要内容的摘要和语境》，2 卷，哥廷根，1785—1789 年（*Weltgeschichte nach ihren HauptTheilen im Auszug und Zusammenhange*, 2 Bde., Göttingen 1785-1789），第 1 卷，第 1 页。

[3]   奥古斯特·路德维希·施洛塞尔：《普世史的理解》，第 1 卷，第 46 页。

宙大爆炸或旧石器时代到现代之间漫长延续性的想法；或者幻想存在某种确凿无疑的"高级文化"，能够在牺牲所谓"不中用"历史人物的代价下独占我们的利益；或者认为世界史无非就是所有伟大和出众事物（例如大人物、残酷的战争和令人惊叹的文化成就）大杂烩的想法。至于人们该如何实践史学研究，则有不同的建议。譬如：世界史究竟应该由个人还是由有所分工的专家团队来书写？是否应该尽可能地把来自不同国家的观点整合进来？网罗史料并把历史的多样性表现出来，是否比纠缠于空洞的宏大问题（例如当下对"西方兴起"的追索）更好？这些是见仁见智的，需要上手实践，没有什么金科玉律。"金科玉律"这个词，受到来自学术上和评论上的批判。人们指望"金科玉律"能够取其精华，去其糟粕。

这些听上去都是浅显易懂的。但并不是没有质疑，而且这些质疑需要认真对待。"世界史"的概念——为了简单起见，这里与相对少见的"全球史"概念不作区分——具有某种庸俗和狂傲的意味。它让人联想到巍峨的建筑物和夸夸其谈、自视甚高的人物。伟大的世界史家，例如施洛塞尔同时代的人——19世纪的爱德华·吉本、马克斯·韦伯和爱德华·迈尔（Eduard Meyer），还有20世纪的布罗代尔——从没有自我吹嘘过，也从没有如此自封过。自封为伟大世界史家的，倒未必配得上。[1] 兰克晚年的著作16卷本《世界史》（1881—

---

[1] 笔者对20世纪世界历史书写史的解读，参考于尔根·奥斯特哈默：《世界历史》（World History），载阿克塞尔·施耐德（Axel Schneider）、丹尼尔·沃尔夫（Daniel R. Woolf）主编：《牛津历史书写史》（*Oxford History of Historical Writing*）第5卷《1945年以来的历史书写》，牛津，2011年（*Historical Writing since 1945*, Oxford 2011），第93—112页；关于世界历史书写的一部全史，参考埃尔维·英格伯特（Hervé Inglebert）：《世界与历史：关于普世史的文集》，巴黎，2014年（*Le monde, l'histoire: Essai sur les histoires universelles*, Paris 2014）。

1888），让他晚节不保。斯宾格勒《西方的没落》一书，近一个世纪以来罕见地始终占据着书架的一角，但对于我们中的大多数人来说，几乎难以卒读。凭借七千多页的《历史研究》（1934—1961），汤因比跻身于全球顶级历史学家行列，甚至被奉为神。今天，他几乎被人遗忘了（绝对不是合理的），很少有谁的名声如此迅速地消失过。[①]美国世界史泰斗威廉·麦克尼尔（1917—2016），后期令人诧异地疏远了他的代表作《西方的兴起》，转而从事更有决定意义或者不是那么绝对化的课题。

　　讲究的学者，对勃勃雄心的百科全书式所谓"大综合"，评价不高。一句精辟的箴言，岂不比连篇累牍的书更有价值吗？研究型历史学家——我们"体面"的主要职责始终是对档案和物质文化遗存的详细分析——会对这样的同行心生嫌弃：他们像忙碌的嗡嗡蜂鸟一般，用花蕊里的蜂蜜去滋养那些不起眼的学问，却回避了本学科内严格的实证要求。他们岂不是半个社会学家了？因为只有社会学家才会对黑格尔的异类呐喊心生同感，即"如果事实与理论不符，那么事实更糟糕"。简言之：世界历史书写是一项实证之风愈加严谨的高风险工作，近乎杂技上的走平衡木——如果人们疏忽了传授专业规范，甚至可能会误人子弟。于是，人们宁愿把书写世界史的工作交付给业余的写手——在德语中，"专业类书籍"（Fachbuch）是屈尊于"非虚构类书籍"（Sachbuch）的——甚至是无知无畏的编书者。

　　世界史，似乎很容易成为传播知识的媒介。

---

① 一位偏重历史的社会学家主张对汤因比进行重新评价，参考克里斯汉·库马尔（Krishan Kumar）：《文明叙事和汤因比的回归？》（The Return of Civilization- and of Arnold Toynbee?），载《社会与历史的比较研究》（Comparative Studies of Society and History）2014 年第 56 期，第 815—843 页。

　　"这项繁重的尝试现在终于结束了"，几年前在"全德汽车俱乐部"的广告词中出现过——它推出一本超过 12000 个词条的《世界历史词典》。该书的前言中写到，"所有重大的历史事件、时代和文化"都已经囊括其中，"各大陆、国家和城市中的历史进程"在年代上"重新编排"。① 全书彩印、廉价，且只有 1 卷。

　　根据修辞学的原则，在控告之后一定要紧接着某种反驳：针对 207 这些质疑的反驳。当然，有些异议原则上是有道理的。然而，自 20世纪 90 年代以来，发生了一些事情，即高水准的世界史书籍持续出版——这是不同寻常的。本人自己的理想境界，当然只是今天被讨论的众多理想境界之一。它可以这样概括：一部理想的世界史，是一种非百科全书式的、一种绝不求全且只在个别情况下才压缩成综合作品的尝试，而且是宏大但并非总是全球范围的历史进程的分析。

　　这些进程，在原则上（我们联想到施洛塞尔的"纵向"和"横向"）是两部分紧密联系在一起的不对偶类型：一个是时间内的发展进程，一个是空间内跨越边界从而与远方建立的联系——通过人群的流动、货物的流通或思想的传播来实现。② 在此之上，还有第二个层面，即比较的层面。原则上，人们可以把任何事物与其他事物进行比较，甚至可以把苹果和梨拿来比较。至于比较是否有意义或者是否有说服力，只有做了才知道。如果在具体情况下"行不通"，那就直

----

① 沃尔夫-艾克哈德·古德曼（Wolf-Eckhard Gudemann）：《世界历史词典：从石器时代到当代》，居特斯洛，1998 年（*Das Lexikon der Weltgeschichte. Von der Steinzeit bis zur Gegenwart*, Gütersloh 1998），"前言"。

② 社会—历史语境中的进程，参考莱纳·舒采谢尔（Rainer Schützeichel）、斯特凡·约尔丹（Stefan Jordan）主编：《进程：形式、动因和解释》，威斯巴登，2015 年（*Prozesse. Form, Dynamiken, Erklärung*, Wiesbaden 2015）。

接放弃。总之：世界史的这种书写方式，必须要接受历史学各门类知识的洗礼，而且要一头扎进史料堆中。"比较"最重要的形式，是新式的专题研究，即把不同国家和文明交织在一起，并依托不同语种的文献资料。今天，谁要写一部综合性世界史著作，却不想偷懒只翻检民族国家历史的手册，那么他是幸运的，他可以阅读到大量涉及许多学科方向的出色研究作品——这些参考文献，一般来说，只限于很窄的学术圈子。通过圈外的、好奇的世界史学者它们得以重见天日。

208 当代史

　　然而，这一切又意味着什么呢？世界史家究竟知道什么，这些知识又始于何处？这些问题引出了时代诊断的命题。因为，世界史书写也可以有益于时代诊断，自"当代史"史家伏尔泰以来 [1]，以及自施洛塞尔以来（他还是一位早期的"政治学家"），该领域内的大家就针对他们自己所处的时代使用过。任何一个"当下"，都有自己对"过去"的独特理解。但是，反过来，有关"过去"的知识，对于理解"当下"有什么帮助呢？对于这个问题的答案，呈现出两极分化。

　　在一个极端上，答案是：没有什么帮助。人们消遣历史，作为茶余饭后的谈资，而且颇感欣慰的是，展览、电影和插图历史杂志不仅把德国的过去，而且把世界上所有民族和文明的过去都形象生动地展示了出来。所有这种对过去的消遣式追忆，都应该是浅显易懂的。不

---

[1]　伏尔泰的《查理十二传》，1731 年（*Histoire de Charles XII*, 1731），是在这位瑞典国王去世十三年后面世的。

过，人们不指望通过历史来更好地理解当下的世界格局。这是一个十分合理的立场，可能是绝大多数历史爱好者对历史的态度。任何人都不能被逼迫从历史中学到什么。在历史中找点乐子或刺激，足矣。

在另一个极端上，人们认为当下只不过是既有趋势的延伸而已，有人将之称为"路径依赖"。人们只需仔细观察，因为一旦在历史中找到了规律，就可以用来预知未来。这种历史趋势论，是马克思主义所独有的，曾一度在西方过了时。今天，马克思主义史学家再次回归，敢于去预测，并试图从很长时段的历史发展中推导出"亚洲的兴起"和"西方的没落"。[1] 这样一种历史解释直接导致对"当下"的 209 理解跟对"过去"的理解十分相似。如此一来，人们不是从历史中学到的东西太少，而是根本就没有机会学，因为"当下"本身是"预设好的"。绝大多数历史学家，在好古怡情与寻求规律两个极端之间采取了一种中立的哲学立场。作为启蒙思想家的施洛塞尔，并不难找到自身的位置：对过去的理性重构，在历史中"总是找到因果之链"，这就足以能让好奇的理性头脑很满足了，如果它是世界历史的话，那就更加如此了："历史学家乐于处理微观（地方）史的课题。但是，他们也对宏大题材感兴趣。"[2]

在规范化的学科分类中，"当下"不是历史学家的主要阵地，而是社会科学学者，尤其是社会学家、政治学家和经济学家，他们在几

[1] 一个例子是美国考古学家的畅销书，伊恩·莫里斯（Ian Morris）：《谁统治世界？为何有些文明处于统治地位而有些文明处于被统治地位》（译按：中译本《西方将主宰多久》），法兰克福/纽约，2011 年（*Wer regiert die Welt? Warum Zivilisation herrschen oder beherrscht werden*, Frankfurt a.M./New York 2011），由克劳斯·宾德尔（Klaus Binder）等人从英语译成德语。

[2] 奥古斯特·路德维希·施洛塞尔：《世界史主要内容的摘要和语境》第 1 卷，第 8 页。

十年前对历史的兴趣比今天更浓。但是今天几乎所有大学里都存在，且在不同国家形成了不同传统的所谓"当代史"①，也能对许多人仍然有记忆的当代和近代历史做出一定的贡献。当历史学家提到"当下"时，他想的当然不是今天早报上的内容。著名历史学家汉斯·罗特费尔斯（Hans Rothfels）在 1953 年把"当代史"的概念引入德国，他的定义是自德国革命和美国加入一战的 1917 年以来的历史。② 罗特费尔斯在 1917 年是 28 岁，"当代史"对于他来说实际上是他自己所见证的时代。同理，人们也可以套用到今天，把历史学家及其读者的"当下"理解成过去的三十年、四十年，甚至是五十年。现在或许有人会认为，我们的"当下"（譬如说自 20 世纪 70 年以来）不能用"全球"以外的词来领会，就像施洛塞尔曾经说过的"从一座塔楼上看"（对于 1770 年的他来说，想不到比塔楼更高的参照物了）③，或者用一种来自蔚蓝地球之外的太空视角来看——对此我们已经习以为常了。但令人诧异的是，在最新的文献中却不是这么回事。

....

① 亚历山大·诺真纳德尔（Alexander Nützenadel）、沃夫冈·施德尔（Wolfgang Schieder）主编：《作为问题的当代史：欧洲研究中的民族传统和视野》，哥廷根，2004 年（*Zeitgeschichte als Problem. Nationale Traditionen und Perspektiven der Forschung in Europa*, Göttingen 2004）。

② 汉斯·罗特费尔斯（Hans Rothfels）：《作为职责的当代史》（*Zeitgeschichte als Aufgabe*），载《当代史季刊》（*Vierteljahreshefte für Zeitgeschichte*）1953 年第 1 期，第 1—8 页。

③ 这个塔楼的比喻，在耶稣会通信甚至是 1600 年的知识文化中就已经存在了，参考马库斯·弗里德里希（Markus Friedrich）：《罗马的长臂？ 1540—1773 年耶稣会的全球管理和通信》，法兰克福／纽约，2011 年（*Der lange Arm Roms? Globale Verwaltung und Kommunikation im Jesuitenorden 1540-1773*, Frankfurt a.M./New York 2011），第 54 页。施洛塞尔是一位乐此不疲的观察者，他还督促其他人变成观察者。在对同事提到旅行的方法时，他说，"要尽可能下榻在酒店的前院。（译按：住在前院是为了便于观察）。观察是必要的"，参考施洛塞尔：《关于陆地和海上旅行的讲义》，由威廉·艾贝尔（Wilhelm Ebel）出版，哥廷根，1962 年（*Vorlesung über Land- und Seereisen*, Göttingen 1962）。

全球冷战

究竟该如何构思（还谈不上书写）一部当代世界历史呢？我们不可避免地只能勾勒出一个不太完整的轮廓。它始于冷战。[①]

人们脑海中的"冷战"，是两个超级大国（即美国和苏联）之间的"对决"。冷战大约开始于 1947 年（美国把对共产主义的遏制作为自身的战略）和 1949 年（苏联第一次核爆和新中国的成立）之间。冷战结束于 1989 年 11 月柏林墙倒塌和两年后苏联解体之间。根据教科书的说法，两个时间节点之间构成了一个时代——"冷战的世界"。它具有一系列尖峰时刻：柏林的多次危机、1962 年 10 月的古巴危机、80 年代早期中程导弹的部署、80 年代美国太空竞争所引起的紧张氛围。其中的一些危机，具有世界末日般的威胁。在 1983 年 10 月，几乎是千钧一发差点造成了核战争，由于高度敏感的苏联一度误以为北

[①] 这里没有必要，也无法做到，把关于冷战的参考文献做一个筛选。一部很好的导论来自于一位研究东南亚的专家罗伯特·麦克马洪（Robert J. McMahon）：《冷战简史》，牛津，2003 年（*The Cold War: A Very Short Introduction*, Oxford 2003）；贝尔纳德·司徒威尔（Bernd Stöver）：《冷战》第 4 版，慕尼黑，2012 年（*Der Kalte Krieg*, 4. Aufl., München 2012）。此外，还有三部作品很有用，都是以全球为视野的。梅尔文·莱夫勒（Melvyn P. Leffler）、文安立（Odd Arne Westad）主编：《剑桥冷战史》，3 卷本，剑桥，2011 年（*The Cambridge History of the Cold War*, 3 Bde., Cambridge 2011）；理查德·伊姆尔曼（Richard H. Immerman）、佩特拉·格德（Petra Goedde）主编：《牛津冷战手册》，牛津，2013 年（*The Oxford Handbook of the Cold War*, Oxford 2013）；阿尔捷米·卡林诺夫斯基（Artemy M. Kalinovsky）、克莱格·戴格乐（Craig Daigle）主编：《劳特利奇冷战手册》，伦敦／纽约，2014 年（*The Routledge Handbook of the Cold War*, London/New York 2014）；对于本文中接下来的思考尤其重要的书，是文安立的《全球冷战：美苏对第三世界的干涉与当代世界的形成》，剑桥，2005 年（*The Global Cold War: Third World Interventions and the Making of Our Times*, Cambridge 2005）。

约在着手真实的核袭击，于是准备反击。[1] 这些固然没错，但是冷战作为两个超级大国之间对决的形象，还远远不够，而且西方在"冷战中获胜"的侥幸心理，是建立在对时代的狭隘认知之上的。

在冰冷的威胁性均势的僵局之下，还有很多国家在寻求着自身的目标，人们会想到法国、中国和执行新东方政策时期的联邦德国。自60 年代以来，在军事战略的两极化之外，又兴起了一种政治多极化。欧洲殖民帝国的瓦解——主要是通过世界范围内的民族解放运动，从根本上改变了东、西对立的特征。自柏林墙建立以来——它不仅在象征意义上，而且是在事实上把两大阵营的对立凝固了起来——欧洲就不再是冷战最重要的舞台了。冷战变成了对第三世界的政治和社会发展施加影响的竞赛。在许多刚独立不久的前殖民地和许多没有被殖民的国家（例如中国和伊朗）内，在现代化精英（无论是资本主义还是社会主义的）与受宗教或极端意识形态驱使的思想派别之间产生了分歧。它的影响波及当下，例如 1979 年（20 世纪下半叶最具影响力的年份之一）伊斯兰主义反现代派在伊朗获胜；同时期的中国则相反，邓小平实施了改革开放；在印度，民族主义实力增强，但只是短暂地（在世纪之交）获得过政权。

在世界上的许多地方，内部的发展都受到两个超级大国的干预。美国和苏联动用了 19 世纪帝国主义的手段。对于冷战具有决定意义的核武器，在干预方面并没有起到什么作用：两个超级大国虽然可以彼此震慑，但是却不能用他们的核弹威胁两大阵营以外的任何国家。

----

[1]　格奥尔格·施尔德（Georg Schild）：《1983：冷战中最危险的一年》，帕德博恩，2013 年（*1983. Das gefährlichste Jahr des Kalten Krieges*, Paderborn 2013），第 183 页。

除了少数特例之外，这种干预具有灾难性的后果（无论是从哪一方来看）。当代大量所谓"失败国家"是此种冷战的牺牲品。苏联对于它自己的干预政策，并不感到欣慰。从长远来看，如果不实行中国在改革开放以后那种向市场经济的转变，苏联的社会主义社会和经济模式是难以为继的。没有什么比 1979 年圣诞节入侵阿富汗的决定 —— 那是一个在年迈官僚艰难领导之下做出的决定，给苏联的衰亡带来更加致命的一击了。其后果是代价巨大的九年之战。苏联没有倒在柏林墙下，它是在兴都库什自掘了坟墓。

我们可以直白一点地说，冷战是换汤不换药的帝国主义，是一种比 19 世纪英国和法国的帝国主义更容易自摆乌龙的帝国主义。冷战不是以西方的绝对胜利而结束的，因为它释放了某种反西方的极端主义力量 —— 他们本是美国用来打压对手的战士，由中央情报局弄巧成拙地变成了反西方的势力。在军事上负隅顽抗的阿富汗塔利班武装，不是什么从蛮荒之地跑出来的原始野蛮人，而是被美国抛弃的盟友。一种全球史视角对冷战的新解释认为，亚洲、非洲和拉美，根本就不是某种北大西洋"体制竞争"的次要舞台，相反，从一开始就是不受超级大国支配的国际政治角逐的中央竞技场。① 212

迁徙

如果人们开阔一下视野，就会发现在所谓的"体制"竞争之上竟

---

① 参考杨·杨森（Jan C. Jansen）、于尔根·奥斯特哈默：《去殖民化简史》，普林斯顿，2017 年（*Decolonization: A Short History*, Princeton, NJ 2017），该书是德语版的一个扩充版本。

存在着惊人的相似。仅举一个例子。20 世纪下半叶，是人类移动剧增的时代。[1] 这种移动，通过人口的激增获得了助推力。冷战两大阵营内的权力精英都害怕这种人口增长，因为它可能会以"南方暴乱"（译按："南方"喻指南半球国家或第三世界）的形式表现出来。苏联的"南方"火药桶位于边境之内，即帝国境内的穆斯林地区。国家层面对人类繁殖的干预（例如，西方发展计划中的"生物权力"或者中国的"计划生育"），史无前例地在世界上普及了开来。[2]

那个时代的移动趋势，显得很矛盾。一方面，数百万人的移动，借助飞机和工业化大众旅游业而提升。对于 1960 年的欧洲人来说，一场跨大西洋的飞行还是很稀有的奢侈之举。另一方面，世界上所有国家都比以前更加限制人们进出自己的国境。横亘中欧的铁幕、朝鲜半岛至今未被穿越的"三八线"、在美国—墨西哥边境和北非—以色列边境的铁丝网，都是为了限制人员流动而建。冷战的结束，没有让移民和移民管控这一真正意义上的全球话题消失。世界根本没有越来越开放和来去自由。欧洲在 1995 年以来逐步实现的《申根协定》框架下所享有的旅行自由，与美国"9·11"以来日趋严格的入境管

213

....

[1] 移民的话题，对于施洛塞尔来说并不陌生。参考马丁·埃斯彭霍尔斯特（Martin Espenhorst）：《"移动"的欧洲人：关于施洛塞尔所处时代欧洲人群的历史建构》（Der «mobile» Europäre. Zur historischen Konstruktion des europäischen Menschen bei Schlözer），载海因茨·杜赫哈特（Heinz Duchhardt）、马丁·埃斯彭霍尔斯特：《奥古斯特·路德维希·施洛塞尔在欧洲》，哥廷根，2012 年（August Ludwig [von] Schlözer in Europa, Göttingen 2012），第 197—212 页。

[2] 关于"生物权力"的概述，参考艾莉森·巴什福尔德（Alison Bashford）：《全球人口：历史、地缘政治和地球生命》，纽约，2014 年（Global Population: History, Geopolitics, and Life on Earth, New York 2014）；氏著：《1750 年以来的人口政治》（Population Politics since 1750），载约翰·麦克尼尔（John R. McNeil）、彭慕兰（Kenneth Pomeranz）主编：《剑桥世界史》，剑桥，2015 年（The Cambridge World History, Cambridge 2015），第 7 卷，第一部分，第 212—236 页。

控，形成鲜明对比。如果要写一部全球当代史的话，那么其中一个重要章节将是人群移动及其政治和行政举措：来自贫穷或内战地区的移民潮、来自南亚的大量劳工移民进入阿拉伯地区，还有最近来自全球各大洲的年轻学者在世界高等教育市场上的流动。①

一部广义上的当代世界史，应该要处理跨越边境的公民社会网络——它对冷战后期冲突程度的减轻和对核威胁的公开质疑有所贡献。戈尔巴乔夫与和气待人的"共产主义吞噬者"罗纳德·里根，在当时是合得来的。这样一部世界史还要表明，一种全球性的环境意识（不仅是对当地现实中威胁的反应）是如何兴起的——它把资源紧缺和能够供给的古老话题，再次提上了历史学的议程。它还应强调，以前从来没有过一种类似于当代的针对"人权侵犯"的监督和鞭策机制（1977 年"国际特赦组织"获得了诺贝尔和平奖），尽管它不被那些坚持在文化上"人权"具有特殊性的人士所承认，譬如当涉及女性权利的时候。在全球范围内展开的文化主义和普世主义之间在意识形态上的对垒——不像资本主义和"事实存在的"社会主义之间的对抗那样明确地给特定国家贴上标签——模糊了左派和右派的界限。所谓拥护普世人权的"左派"，必须要允许别人抨击自己是新帝国主义的干涉主义分子和藐视文化"本位"主义的人；反过来，以新左派"批判"姿态出现的秉持文化相对论的后现代主义，在一念之间就会转变成文化性的和以族群为中心的认同政治——也就是所谓的"右派"立场。

214

① 2012 年的这一思考，主要是针对来自地中海的难民——在 2015 年夏天进入了危急阶段，那是戏剧性的一幕。

仍然处于书写阶段的近几十年的当代史，核心是与全球化相关
的。需要指出的是，这个全球化不是单数的，而是复数的全球化。就
像"冷战"是概括 1940 年代后期至 1980 年代这段历史的一个（虽然
显得有所局限）标签一样，"全球化"也绝非仅是一个空洞的口号。
但如果把大量展示自身独特形式和地理模式的各种"局部全球化"，
甚至"非全球化"和"去全球化"，还有新型的不平衡格局以及新的
全球化赢家和输家都考虑在内，就会更有意义。简单来说，把触角伸
向地球最后一个角落的是牛仔裤、流行音乐和卫星电视，而不是因特
网，更不是法治国家的民主。

于 1809 年去世的奥古斯特·路德维希·施洛塞尔，要是活到今
天，恐怕就要亲自操刀这样一部全球当代史了。他身上具备了必要的
素质：好奇、学识、对同行专家的不胆怯，以及为时代把脉的意愿。
在 1779 年《为儿童书写世界史的筹备》一书中——是他写给 9 岁
的女儿多萝西娅的（她后来成为欧洲的第一位女哲学博士）[1]，他开宗
明义地阐明了世界史学家的首要旨趣——这迄今仍是一个没有明确
答案的问题："欧几里得在亚历山大里亚写《几何原本》时，在耶路
撒冷、罗马和汉堡分别在发生着什么？"[2] 对"同时性"的追问（当然
还有柯塞勒克的所谓"不同时的同时性"），是历史学家在他想象的
"巍峨高楼"上提出来的。然而，幽默机警的施洛塞尔，绝非"全球

[1]　巴贝尔·克恩（Bärbel Kern）、霍尔斯特·克恩（Horst Kern）:《女博士施洛塞尔：在启蒙的矛
盾中一位女性的生命历程》，第 2 版，慕尼黑，1990 年（ Madame Doctorin Schlözer. Ein Frauenleben
in den Widersprüchen der Aufklärung, 2. Aufl., München 1990 ）。
[2]　施洛塞尔:《为儿童书写世界史的筹备：一本写给儿童教师的书》，原版于 1779 年（ Vorbereitung
zur WeltGeschichte für Kinder. Ein Buch für Kinderlehrer [1779] ），由马可·德曼托夫斯基（Marko
Demantowsky）、苏桑娜·波普（Susanne Popp）整理出版，哥廷根，2011 年，第 87 页。

化"的聒噪式的宣传者。他反讽式地提出了一个"警示"，对于今天的世界史学者仍然适用：

> 塔楼是高的，即便对于成年人来说拾级而上也是累人的，而且从高处远眺容易引起眩晕。让我们现在还是留在平地上吧。[①]

[①]　施洛塞尔：《为儿童书写世界史的筹备：一本写给儿童教师的书》，第87页。

尾　声

抉择与开篇 *

一种音频转文字的小程序，是我在闲暇时偶尔借助的技术工 具之一。这个对新造词总是感到意外的神器，在听到读得急促并忽略中间连字符的"西格蒙德·弗洛伊德奖"（Sigmund-Freud-Preis）一词之后，毫无违和地给出了最接近的写法："西格弗洛伊德奖"（Siegfreude-Preis），意思是"胜利喜悦奖"。这是根据神秘的"平行算法"做出的弗洛伊德式无意识行为。这个无意识行为现在作为一项考验性任务，又抛回给了获奖者本人：你怎么看待这样一种"喜悦"，它在起初是一种无以言表、后来则逐渐充实的喜悦，也就是说它不是那种习惯了就会熵式衰减的喜悦。它是一种"胜利喜悦"吗？

世界上绝非只有我们德国是一个竞争机制下的胜利喜悦社会。喜悦往往来自于一种超越他人的成就感，当它是集体性体验的时候，表现得尤为明显。譬如我们德国人是足球世界杯冠军和出口强国，我们有精英大学，我们还出了一位教皇（译按：本笃十六世）。其他的胜利喜悦，则是日常活动中无以计数的独自喜悦。人们可以用埃利亚斯·卡内蒂（Elias Canetti）式的苛刻笔法去刻画"胜利喜悦者"的形象，他们是在众多竞争中——我们的社会中充满了竞争——或明

＊ 本文是"弗洛伊德科学散文奖"的致谢词，2014 年 10 月 25 日在达姆施达特国家剧院举办的"德国语言与文学学会"的年会之前进行。曾经以"抉择与开篇"为题，收入德国语言与文学学会主编：《2014 年获奖词》，哥廷根，2014 年（Preise 2014, Göttingen 2014），第 72—79 页。收入本书时，对引文注释进行了补充。

或暗赢得胜利的人。[①]

不必惊讶的是，弗洛伊德早就思考过这些旦夕祸福。他在 1936
年写给罗曼·罗兰的信中提到："喜悦一定是与某种罪恶感捆绑在一
起的。因此，它是一种不道德的，自古以来被禁止的东西。"[②] 我不想
在这个场合去解读弗洛伊德，故暂且不论他这句话实际上是针对父
亲的矛盾心理——父亲应该被超越，却不允许被超越。引用这段话，
是为了阐发"罪恶感"这个关键词。

就获奖者而言，罪恶感（或者某种相关的心理）是与评审团的某
种衡量标准有关的。它一定是内在的品质，因为外在的成就是一种不
可靠的衡量标准。弗洛伊德对此冷眼相看，1911 年他在《释梦》第 3
版前言中提到："既然我以前没有把读者对本人作品的冷落视为它们
缺乏价值的证据，那么现在也不该把大众对本书的热忱视为它是名著
的证据。"[③]

一种淡淡的罪恶感首先在于，人们只把——不抱有任何艺术意
志（译按："艺术意志"是奥地利艺术史家阿洛伊斯·李格尔［Alois
Riegls］提出的用以解释艺术发展的概念，指艺术家或一个时代所拥
有的自由的、创造性的艺术冲动）——有本事的国文老师教出来的
学生，才称为模范生。这就像一次没有遭遇过事故的行程，不值得表

---

① 埃利亚斯·卡内蒂（Elias Canetti）：《耳证人：五十种性格》，慕尼黑，1974 年（*Der Ohrenzeuge.
Fünfzig Charaktere, München 1974）。

② 西格蒙德·弗洛伊德：《写给罗曼·罗兰的信》（雅典卫城的记忆混乱）（1936 年），收入《弗洛
伊德著作集》（*Siegmund Freud Studienausgabe*），由亚历山大·米切尔利奇（Alexander Mitscherlich）、
安吉拉·理查德斯（Angela Richards）、詹姆斯·斯特拉齐（James Strachey）整理出版，法兰克福，
1969—1974 年，第 4 卷，《心理学研究》，1970 年（*Psychologische Schriften*, 1970）。

③ 弗洛伊德：《释梦》，第 3 版"前言"（1911 年），收入《弗洛伊德著作集》第 2 卷《释梦》（1972
年），第 24 页。

扬。如果在恰当的时机遇到了指明人生道路的书籍，或者重读诸多典型流派的代表作，也不算什么成就，只不过是运气好罢了。就本人而言，曾在 1968 年夏天读到拉尔夫·达伦朵夫（Ralf Dahrendorf）的《德国的社会与民主》（*Gesellschaft und Demokratie in Deutschland*）。[①]后期还会补充一些其他的养分，譬如尼采青年时期的魔幻文风，最后还有一点沮丧（属于"理论一代"的我们，还是颇感吃力的），因为对于能否在语言风格上模仿西奥多·阿多诺（Theodor W. Adorno）或雅克·德里达（Jacques Derrida），心里感到没底。于是，宁愿默默无闻，也不要去东施效颦。

其次，这种不适感在于，人们认为学者不过是从事一些不言自明的工作，当人们为读者和听众解释清楚语境之后，人们借助语境可以比学者更切实地从事研究。这听上去很幼稚，而且在一定程度上确实幼稚。它忽视了叙事的功夫。以实证研究为主的学者所遇到的表述困难，在既有的语言框架内都可以得到解决。人们偶尔造出一个新词，218并为此沾沾自喜，但如果没有人呼应的话，他会很沮丧。

由于人文学者写的书中并不总是充盈着雕琢和原创，所以这种写作方式是可以教和学的。一个喜人的现象是顶级学者开始操心此事了，例如瓦伦丁·格罗布纳（Valentin Groebner）在一部妙趣横生的书中，还有哈佛大学心理学家史蒂芬·平克（Steven Pinker）在 2014年出版的《风格感觉》一书中所做的。[②]不过，当史蒂芬·平克觉得

....

① 拉尔夫·达伦朵夫（Ralf Dahrendorf）：《德国的社会与民主》，慕尼黑，1965 年（*Gesellschaft und Demokratie in Deutschland*, München 1965）。

② 瓦伦丁·格罗布纳（Valentin Groebner）：《科学语言指南》，康斯坦茨，2012 年（*Wissenschaftsprache. Eine Gebrauchsanweisung*, Konstanz 2012）；史蒂芬·平克（Steven Pinker）《风格感觉：思考人士对 21 世纪写作的指南》，纽约，2014 年（*The Sense of Style: The Thinking Person's Guide to Writing in the 21st Century*, New York 2014）。

有必要谆谆教导他的读者注意主语和谓语一致时，他已陷入了深深的绝望。对于那些在他看来是语言混乱的一系列现象，他在平行栏中以言简意赅的方式予以纠正——人们在强烈的对比之下领略到英文的写作艺术。

让人不适的是，有人号称只尽"文化责任"（译按："文化责任"与"社会责任"是一组相对的概念。"社会责任"是一种伦理框架，指一个单位［无论是组织还是个人］有义务尽力在保障社会福祉的前提下采取行动。"文化责任"则与此相反），于是我们要自己完成这项职责了。在我们写作时，那个"超我"就像滴滴答答的钟表——它不断缩短着与"截止日期"（德语中也称为 Deadline，有点宿命论的意味）的间隔。然而，学术写作与其说是履行某种既定的职责，还不如说一连串的抉择，那是一种谨慎的决定。这一点有不少聪明人士已经注意到了，可以举出不少例子来，但如果我一一枚举的话，那我就要开始一堂写作课了。

对什么做抉择？史蒂芬·平克建议，把一段非虚构的文本，视作一件设计作品，在任何角度看它都是精心构思的：从单个句子到谋篇布局。人们还可以补充：文体本身就需要一种抉择。历史学家与被八股化的同行评审文章所束缚的社会学家不同，他们可以自由选择文体——从教科书到报纸访谈一应俱全，这是历史学家的大幸。历史学家甚至能给好莱坞的编剧干活，例如牛津大学教授罗宾·莱因·福克斯（Robin Lane Fox），他的工作就不限于作为学术顾问，还曾在奥利弗·斯通（Oliver Stone）拍摄的电影《亚历山大大帝》中的一场骑兵战中跑过龙套。

确定了文体之后，又面临着写作范围的问题。这两者是相辅相成的关系。唯一的经验之谈是：撰写大部头的书并不是一门特殊的技艺。相反，历史学随笔是最难的，正如驾驭各种文体的能手阿诺·伯斯特（Arno Borst）所理解的。当下阿诺德·埃施（Arnold Esch）、古斯塔夫·塞伯特（Gustav Seibt）和卡尔·施勒格尔（Karl Schlögel）等人很擅长历史随笔。[1] 还有一个趁早要做的抉择，是语调和叙述视角。本人书写18世纪史时的语调和视角，与书写19世纪史时有所不同。[2] 就19世纪史而言，本人对无所不知的叙事者视角略具讽刺的拟态（就像19世纪现实主义小说的特点），在今天是否还有足够的说服力，是值得商榷的。无论如何，20世纪史的书写，需要另外的叙事形式：将那些严重断裂的、分化的、可辨别的个体声音突出的叙事。自詹姆斯·乔伊斯（James Joyce）以来，人们就已经不再以史诗般的语调（由爱德华·吉本创建的传统）书写历史了。

通过对连续性和线性铺陈的质疑，并采用跳跃、转折和急剧紧张的节奏来与史诗叙事风格（至今仍有许多历史学家在坦然地使用）保持一定距离的自觉，最近又受到了动摇：2014年5月8日，马来西亚一名年轻记者卡里姆·拉斯兰（Karim Raslan）在吉隆坡发行的

----

[1] 阿诺·伯斯特（Arno Borst）：《蛮族、异端与艺人：中世纪的世界》，第2版，慕尼黑，1990年（*Barbaren, Ketzer und Artisten. Welten des Mittelalters*, 2. Aufl., München 1990）；阿诺德·埃施（Arnold Esch）：《时代与人生：历史学家和历史经验》，慕尼黑，1994年（*Zeitalter und Menschenalter. Der Historiker und die Erfahrung vergangener Gegenwart*, München 1994）；古斯塔夫·塞伯特（Gustav Seibt）：《歌德的权威：文章与讲稿》，施普林格，2013年（*Goethes Autorität. Aufsätze und Reden*, Springe 2013）；卡尔·施勒格尔（Karl Schlögel）：《欧洲的边境：在一片新大陆上游走》，慕尼黑，2013年（*Grenzland Europa. Unterwegs auf einem neuen Kontinent*, München 2013）。

[2] 于尔根·奥斯特哈默：《亚洲的去魔化：18世纪的欧洲与亚洲帝国》，第2版，慕尼黑，2010年（*Die Entzauberung Asiens. Europa und die asiatischen Reiche im 18. Jahrhundert*, 2. Aufl., München 2010）；于尔根·奥斯特哈默：《世界的演变：19世纪史》，第5版，慕尼黑，2010年（*Die Verwandlung der Welt. Eine Geschichte des 19. Jahrhunderts*, 5. Aufl., München 2010）。

《星报》杂志上谈及笔者的英文修订版《世界的演变：19 世纪史》，透露了一段个人的救赎经历。

　　他在几年前染上一个坏习惯不能自拔，每隔 30 秒就要"查"下手机，甚至夜不能寐，随着他深陷垃圾信息的旋涡，便得了神经衰弱，后来偶然读到托尔斯泰的《战争与和平》，才重拾心灵上的安宁。他说笔者的书让他有了同样的经历。用这位"24/7 一代"（译按：24/7 是一天 24 小时、一星期 7 天的缩写，是指任何时候都在工作状态）代表人物自己的话说，"虽然书中充斥大量具有深刻哲学意味的条顿式含糊其辞，但是通过阅读本书他得以从南亚走马观花式的政治泥淖中超脱了"。《19 世纪史》这样的书，不仅是现实世界的避难所，而且颇为矛盾的是，它也是虚拟世界的避风塘（译按：本来虚拟世界是现实世界的避风塘，结果《19 世纪史》成了逃避现实和虚拟两个世界的避风塘，故作者说这是矛盾的）。

　　如果具有治愈功能的文集能给市场带来"非处方的镇静剂"，那么对于作者来说是多大的喜悦，对于出版商来说是多大的前景！人们肯定乐于购买这种与克洛普施托克（F. G. Klopstock）《救世主》（Messias）齐名的高效的有益睡眠的读物——格拉贝（Christian Dietrich Grabbe）《玩笑、讽刺、讥讽及深层意义》中的人物角色"魔鬼"（Teufel）把《救世主》称为德国文学史上最催眠的作品。

　　下一步需要抉择的，是开篇的第一句话。可惜时间不允许我在此做一个关于史学论著开篇的诗学演讲。[1] 通过简单的检索（当然，检

──────────

① 以 100 部专著和 200 篇文章为样本，参考特雷弗·迪恩（Trevor Dean）：《历史学家是如何开篇的：史学论著中的开头》（How Historians Begin: Openings in Historical Discourse），载《历史》（History）2010 年第 95 期，第 399—417 页。

索也能成为一个专门的研究领域）会发现，历史学论著的开篇，大致可分为三种类型。

最常见的是月球望远镜式的开篇，用镜头语言来说，就是"全景"。吉本、兰克和许多其他的史学大家都这么开头的。最近卡尔·施勒格尔也是这么做的，"人们必须升到空中，才能俯瞰整个舞台"，还有托尼·朱特（Tony Judt），"二战以后，欧洲提供了一幅无法描述的悲惨场面"。[①]

不过，在当下，主流的开篇方式却是对丰满生活场景取"近景"，仿佛它们本身是作者所青睐的、以后也不会再沦落到其他随意的历史叙事之中。代表人物有克里斯蒂安·梅耶（Christian Meier）的《雅典》（1993 年）"在公元前 480 年夏末，已经是 9 月底了，在阿提卡海岸上演了惨烈的、悲伤的、庄严的一幕"。更有甚者，简直就要与历史人物亲密接触了，例如约翰尼斯·弗里德（Johannes Fried）在《查理大帝》（2013）中如是开篇："雨。在雨中。他站在雨中，在净界山下。"[②]

还有一种较为常见的是以某种定义或概念的界定来开篇（由于总是有学究气的嫌疑，所以在学位论文中会有所避嫌），例如马克·布洛赫（Marc Bloch）在 1939 年出版的《封建社会》中的开篇那样。[③]

221

....

① 卡尔·施勒格尔（Karl Schlögel）：《1937 年莫斯科的恐怖与梦》，慕尼黑，2008 年（*Terror und Traum. Moskau 1937*, München 2008），第 33 页；托尼·朱特（Tony Judt）：《欧洲：1945 年至今的一部大陆史》，慕尼黑，2006 年（*Europa. Die Geschichte eines Kontinents von 1945 bis zur Gegenwart*, München 2006），由马蒂亚斯·费恩波尔克（Matthias Fienbork）和海茵内尔·科博尔（Hainer Kober）从英语译成德语。

② 克里斯蒂安·梅耶（Christian Meier）：《雅典：世界史的新开端》，柏林，1993 年（*Athen. Ein Neubeginn der Weltgeschichte*, Berlin 1993），第 7 页；约翰尼斯·弗里德（Johannes Fried）：《查理大帝传：权力与信仰》，慕尼黑，2013 年（*Karl der Große: Gewalt und Glaube. Eine Biographie*, München 2013），第 17 页。

③ 马克·布洛赫（Marc Bloch）：《封建社会》，斯图加特，1999 年（*Die Feudalgesellschaft*, Stuttgart 1999），第 15 页。

弗洛伊德的开篇（同时也是对全书内容的概括）用另外一种方式，以力透纸背的遒劲在学术上采取了攻势。《释梦》的开篇是这样的："在下文中，我将表明，存在一种心理学手段，一旦将其用于释梦，任何一个梦都会显示出内涵丰富的心理学图景，它对应于苏醒者心理活动中相应的地方。"①

历史学著作很难达到这一点，不过，托马斯·巴宾顿·麦考利（Thomas Babington Macaulay）在 1848 年出版的《英格兰史》中还是做到了。原文有点长，这里暂且不引。②

掷地有声的一句，总是能带来奇效。例如托马斯·尼佩代（Thomas Nipperdey）的开篇"一切始于拿破仑"，或者沃夫冈·莱因哈德（Wolfgang Reinhard）的开篇"欧洲创造了国家"。年轻的席勒（Friedrich Schiller）甚至曾如此开篇："菲利普二世是一缕灰尘。"③ 精雕细琢的文风，能够给遒劲有力的开篇第一句赋予引人入胜的双重意

① 弗洛伊德：《释梦》，第 29 页。

② 《托马斯·巴宾顿·麦考利全集》，奥尔巴尼版，全 12 卷，第 1 卷，伦敦，1903 年（*The Complete Works of Lord Macaulay*, Albany Edition, 12 Bde., Bd. 1, London 1903），第 1 页。原文如下："我建议从国王詹姆斯二世开始写英格兰史，截止到当下人们仍然有记忆的时段。我要叙述那些使得一位虔诚的乡绅和教士与斯图亚特王朝格格不入的错误政策。"这种"我要"的语句足足有两页纸。

③ 托马斯·尼佩代（Thomas Nipperdey）：《1800—1866 年德国史：公民社会与强大国家》，慕尼黑，1983 年（*Deutsche Geschichte 1800-1866. Bürgerwelt und starker Staat*, München 1983），第 11 页；沃夫冈·莱因哈德（Wolfgang Reinhard）：《国家权力的历史：从古至今欧洲宪法比较史》，慕尼黑，1999 年（*Geschichte der Staatsgewalt. Eine vergleichende Verfassungsgeschichte Europas von den Anfängen bis zur Gegenwart*, München 1999），第 15 页；席勒（Friedrich Schiller）：《西班牙国王菲利普二世》，1785 年著（*Philipp der Zweite, König von Spanien* [1785]），收入《席勒全集》，由格尔哈德·弗里克（Gerhard Fricke）、赫尔伯特·戈普费尔特（Herbert G. Göpfert）整理出版，第 4 卷《历史学论著》，第 4 版，慕尼黑，1966 年（*Sämtliche Werke*, Bd. 4: *Historische Schriften*, 4. Aufl., München 1966），第 7 页。

味。例如古斯塔夫·塞伯特："歌德两次差点在战争中丧命。"① 有时候，这种开篇能够给人眼前一亮，譬如作为英国上议院议员的罗伯特·斯基德尔斯基（Robert Skidelsky）这样开篇："凯恩斯不仅是一名建制派，他还是建制派精英中的一员。"②

在上述名单上还缺一种最有腔调的开篇，即静谧的、几乎不可察觉的安逸式开篇：与男士读者抽支雪茄、与女士读者抿口拿铁（即对话的方式）。席勒用一句主观的评价，达到了这种亲密关系的效果："16 世纪发生的一件最具影响力的国家大事，在我看来，是尼德兰走向独立。"③ 著名的古代史专家彼得·布朗（Peter Brown）两年前在他的新书中把他"一般的思考"，以对话的形式呈现出来。④ 弗洛伊德在他关于米开朗基罗的雕塑作品《摩西》的文中，是这么开头的："我承认，我不是艺术鉴赏家，而是门外汉。"⑤ 在另一部作品中，他 222 以某项偶然的发现开篇："莎士比亚戏剧中的两幕场景（一幕是欢快的，一幕是悲惨的），让我对一个小问题茅塞顿开。"⑥

人们如何才做到这般"得来全不费工夫"呢？

....

① 古斯塔夫·塞伯特（Gustav Seibt）：《歌德与拿破仑：一次历史性相遇》，慕尼黑，2008 年（*Goethe und Napoleon. Eine historische Begegnung*, München 2008），第 7 页。
② 罗伯特·斯基德尔斯基（Robert Skidelsky）：《凯恩斯传》第 1 卷《背弃的希望：1883—1920 年》，伦敦，1983 年（*John Maynard Keynes. Bd. 1: Hopes Betrayed, 1883-1920*, London 1983），第 1 页。
③ 席勒：《尼德兰共和国衰亡史》（Geschichte des Abfalls der vereinigten Niederlande），载《席勒全集》第 4 卷，第 33 页。
④ 彼得·布朗（Peter Brown）：《透过针眼来观察：公元 350—550 年西方的财富、罗马的衰亡与基督教的塑造》，普林斯顿／牛津，2012 年（*Through the Eye of a Needle: Wealth, the Fall of Rome, and the Making of Christianity in the West, 350-550 AD*, Princeton, NJ/Oxford 2012），第 3 页。
⑤ 弗洛伊德：《米开朗基罗的〈摩西〉》，1914 年著（Der Moses des Michelangelo [1914]），载《弗洛伊德著作集》第 10 卷《造型艺术与文学》，1969 年（*Bildende Kunst und Literatur*），第 197 页。
⑥ 弗洛伊德：《三个匣子的主题思想》，1913 年著（Das Motiv der Kästchenwahl [1913]），载《弗洛伊德著作集》第 10 卷，第 183 页。

食人者与挂毯
—— 殖民时代的老虎[*]

历史学家对于自己要开设的专业讲座的题目，是很有兴趣的。对于私下鼓捣的事情，他也有嗜好，当然不必为读者所知。本书没有涉及作为笔者两大爱好之一的音乐。对于另一大爱好——动物，我不想敝帚自珍。因此，在书末我加上了一篇经过多年打磨的关于殖民主义的文章。不过，我不是"动物史家"，他们受到人和动物关系理论的濡染。对于我来说，很简单：每次去动物园，先去看老虎。

人类对老虎的爱与恨

老虎比狮子更大、更重，但未必更凶，在欧洲人看来，老虎是比狮子更具异域色彩的动物。① 狮子是非洲、中东和地中海文明中权

* 本文是在一篇旧稿的基础上经过大幅修改而成的，原文见克莱门茨·魏氏尔曼（Clemens Wischermann）编：《猫科动物与人类：小脚掌的社会史》，康斯坦茨，2007 年（*Von Katzen und Menschen. Sozialgeschichte auf leisen Sohlen*, Konstanz: UVK 2007），第 89—107 页。文章的原型是 2003 年 5 月 22 日在康斯坦茨夜校的一场演讲。丽莎·科尔格（Lisa Korge）为本文提出了建设性的意见。

① 很可惜，至今还没有一部关于老虎的环境史和文化史的专著。以大象为主题的书已经有了，参考托马斯·特劳特曼（Thomas R. Trautmann）：《大象与国王：一部环境史》，芝加哥／伦敦，2015 年（*Elephants and Kings: An Environmental History*, Chicago/London 2015）。关于老虎的书，只有一本将就可用，即苏斯·格林（Susie Green）：《老虎》，伦敦，2006 年（*Tiger*, London 2006）。

力的象征，老虎则是亚洲的化身。老虎分布在安纳托利亚到黑龙江流域，尼泊尔到巴厘岛的广袤地区。[①]事实上，老虎能够适应不同的生态环境——从世界上极冷的地方到极热的地方，至今它在动物界仍受到尊重。世界各地都有关于老虎的传说和童话。神灵（例如印度的湿婆）骑在它身上，人们在无数的浮雕和壁画上见到它的形象。今天，老虎的形象用来装饰国旗、纸币和邮票。东亚和东南亚的新兴经济体被称为"亚洲四虎"（译按：中文一般称"亚洲四小龙"）。 246

　　与狮子一样，老虎在欧洲自古代以来就已经为人所知了。罗马皇帝尼禄据说有一间虎厩。老虎是比狮子更稀有的动物，但是从来没有获得过比狮子更友善的名声。外号"动物之父"的阿尔弗莱德·布雷姆（Alfred Brehm）在他的名著《动物生活》第 1 卷中描述了老虎的"雄壮"，在他眼中，老虎比狮子更机敏，因此也是家养猫科动物的近亲。不过，他也附加了一句道德批评，老虎"不仅粗鲁，而且无耻"，甚至是"愤怒的化身"。[②]老虎在通俗文学和电影中的形象——例如在拉迪亚德·吉卜林（Rudyard Kipling）于 1894—1895 年出版的《丛林之书》中的老虎希瑞（Shere-Khan）[③]，是狡猾的孤僻者和恶棍的代表，与之相反，豹子则是获得好感的角色。

　　老虎是攻击性和乖张无常的动物符号。玛丽亚·卡拉斯（Maria

[①] 夫拉提斯拉夫·马扎克（Vratislav Mazák）：《老虎》，维滕堡，1983 年（*Der Tiger*, Wittenberg 1983），第 45 页，插图 20。

[②] 阿尔弗莱德·布雷姆（Alfred Brehm）：《动物生活：动物王国的一般知识》第 2 卷《哺乳动物》，莱比锡，1876 年（*Thierleben. Allgemeine Kunde des Thierreichs. 2., Säugethiere*, Leipzig 1876），第 394、397 页。

[③] 一个很有名的小说和电影里的老虎形象，见于扬·马特尔（Yann Martel）的小说《少年派漂流记》，2001 年（*Life of Pi*, 2001）。2012 年由李安导演搬上荧屏，获得了多项奥斯卡奖。

Callas）在她歌唱、戏剧和歌剧独唱事业的巅峰，被称为"母老虎"；法国战时总理乔治·克里孟梭（Georges Clemenceau）被称为"老虎"。全球最大的能源公司埃克森美孚公司在全世界投放巨幅的老虎广告牌，广告词是"把老虎装进您的油箱"。在 2007 年经济危机爆发之前，爱尔兰的经济被誉为"凯尔特虎"。1937 年丘吉尔勾勒了独裁者的政治形象 —— 他们骑在虎背上不敢下来。[①]

关于老虎母题的另一变种，在一首著名的佚名五行诗中有所体现，内容是关于里加的一名女子：

> 里加有靓女，出去骑老虎。
>
> 众人从游归，女子在其中，虎面有微笑。[②]

247 　　老虎在英国的名声很坏，是源于历史的偶然。英国人在 18 世纪晚期征服印度的过程中最大的敌人是蒂普苏丹（Tipu Sultan），他是印度南部的一位穆斯林统治者，自称"迈索尔之虎"，他发明了一种古怪的老虎信仰，还让他的士兵穿上虎纹战袍。此外，对蒂普苏丹用兵的一名英国将军 —— 爵士赫克托·蒙罗（Sir Hector Munro）的儿子，几年之后被一只老虎拖走了。在 1799 年塞林伽巴丹之役中蒂普苏丹战死后，人们在他的宫殿内发现了一件真虎大小的木质模型，嘴

---

① "独裁者总是骑在老虎身上，他们不敢下来。老虎正在变饿。"出自丘吉尔（Winston S. Churchill）1937 年 11 月的报纸文章《停战还是和平？》（Armistice－or Peace?），载《步步为营，1936—1939 年》，伦敦，1947 年（首版 1939 年）（*Step by Step, 1936-1939*, London 1947），第 174 页。

② 引自奈德·施尔林（Ned Sherrin）主编：《牛津幽默语录汇编》，牛津，1995 年（*Oxford Dictionary of Humorous Quotations*, Oxford 1995），第 38 页。

里叼着一个英国人。当摇动把柄时，老虎口中的人会自动摇摆，同时
老虎模具会发出虎啸的声音。这件木虎后来被展陈在伦敦的印度事务
部，作为一位亚洲暴君道德沦丧的证据。自 1879 年起，人们可以在
维多利亚和阿尔伯特博物馆内参观到此件文物。[1] 蒂普苏丹是英国帝
国主义宣传的眼中钉，仿佛是 18 世纪的 "萨达姆"，尽管他没有萨
达姆那么凶残。他对老虎的认同感，也对他不利。在战争的形象比喻
中，是［代表］英国的狮子战胜了［代表］印度的老虎。与此类似，
在 1857 年印度大起义期间，在《笨拙周刊》（*Punch*）杂志最重要的
动画师约翰·坦尼尔（John Tenniel）的一部著名动画作品中，表现
的就是英国狮击退了孟加拉虎的袭击。[2]

　　此后，许多资料中都提供了一个更为负面的老虎形象，拉迪亚
德·吉卜林是集大成者。老虎的外貌特征，都是妖魔化的、魔鬼化
的。它代表着阴险和狠毒，狡诈和卑鄙，是一个夜袭者，而且只从背
后袭击。老虎的残暴性被反复强化。一些书籍甚至把老虎刻画成吸血
鬼的一种，当它抓到人时，就会吸掉他的血 —— 就像自 1657 年起欧
洲文献所记载的那样。[3] 诽谤的恶语甚至把老虎说成是吃腐肉的，进
而将它推入了邪恶的万丈深渊。狮子则是 "温柔的杀手"，例如女猎
手玛丽·布拉德利（Mary Bradley）在 1929 年写到，狮子只有在自
己及其狮群都能食用的情况下才会猎杀。相反，老虎则会血腥地杀　　248

---

[1]　苏珊·斯特隆格（Susan Stronge）：《蒂普的老虎》，伦敦，2009 年（*Tipu's Tigers*, London 2009）。
[2]　《笨拙周刊》（*Punch*）1857 年 8 月 22 日，第 33 期，第 7 页。
[3]　彼得·布姆加德（Peter Boomgaard）：《恐惧的边缘：1600—1950 年马来地区的老虎与人》，纽
黑文 / 伦敦，2001 年（*Frontiers of Fear: Tigers and People in the Malay World, 1600-1950*, New Haven,
CT/London 2001），第 41 页。

掉偶然遇到的一切生物。[①] 叔本华 —— 在他看来,人类才是最凶残的生物 —— 曾经反过来为老虎正名,反对那些对老虎的污名,说老虎"只会掐死那些它要吃的东西"。[②]

后来的研究对上述偏激的评论有所矫正或反驳。但不可避免的是,这些研究都是以基于与老虎的短暂接触,甚或是道听途说。几百年来只有个别欧洲人亲眼见过老虎,它们其实是异常胆怯的。现代的技术手段,例如望远镜和遥控相机,使得长时段观察老虎在野外生活的日常成为可能。早在 1934 年瑞典摄影师兼作家本特·伯格(Bengt Berg)就已经以照片和文字的形式,为老虎争取生存权了。[③] 这类公开为保护老虎而准备的照片资料,自 1970 年代以来导致了老虎在公众心目中形象的巨大变迁。那些不利的方面,几乎消失了。取而代之的是一幅令人震撼的威猛形象。这一老虎形象去妖魔化和变友善的过程,也跟它自身实力的衰弱有关 —— 与它象征性的实力相反。据统计,今天世界上大约有 5000—7500 只老虎。它们的数量太少,以至于不可能再吃人了 —— 吃人也正是它为人所诟病的地方。

食人者

吃人让老虎成为陆地动物中的特例,虽然偶尔吃人的狮子也会获

---

① 彼得·布姆加德:《恐惧的边缘》,第 27 页。

② 亚瑟·叔本华(Arthur Schopenhauer):《附录与补遗:哲学小文》,第 114 节(Parerga und Paralipomena. Kleine philosophische Schriften, § 114),载《苏黎世版十卷本叔本华全集》,第 9 卷,苏黎世,1977 年(*Zürcher Ausgabe. Werke in zehn Bände*, Bd. 9, Zürich 1977),第 233 页。感谢沃夫冈·舒勒(Wolfgang Schuller)提醒我这一点。

③ 本特·伯格(Bengt Berg):《老虎与人》,柏林,1934 年(*Tiger und Mensch*, Berlin 1934)。

此"殊荣",譬如 1898 年两头察沃狮子吃了肯尼亚铁路工地上的两名工人。[①] 老虎与无害的家猫差别不是很大,后者以老鼠和山雀为食。从这个角度看,老虎就是大号的猫。因此,我们碰到的老虎,不过是可爱家猫的极端而已。

如果这篇文章接下来光讲有关食人虎的骇人故事,或者换句话说,只是说出一个事实,即阿尔弗莱德·布雷姆具有田园风情的表述:人类对于老虎来说只是一种"易于制服的野味",那就轻松多了。[②] 但是,我们真正了解老虎吃人的频次和实情吗? 由于对老虎的历史学研究最成熟的是对马来亚和今天印度尼西亚群岛(长期以来是在数量上仅次于印度的老虎栖息地),所以下面主要围绕这一地区展开讨论。动物学家在那里识别出许多不同的老虎亚种,其中苏门答腊虎是最常见的一种,属于大型西伯利亚虎的小版。

老虎是食人者(这里用的是英属印度猎手的命名 Man-eater,也

249

---

① 约翰·帕特森(John H. Patterson):《察沃的食人虎和其他的东非探险》,伦敦,1935 年(*The Man-Eaters of Tsavo and Other East African Adventures*, London 1935);约翰·塞登斯迪克(John Seidensticker)、苏珊·卢普金(Susan Lumpkin)主编:《大型猫科动物》,汉堡,无出版年份,推测是 1991 年(*Große Katzen*, Hamburg, ca. 1991),第 206 页。关于吃人的狮子,参考葛斯讷·克鲁格(Gesine Krüger):《螃蟹、虫子、猪和狗——动物是如何创造历史的?》(Krabben, Würmer, Schwein und Hund. Wie machen Tiere Geschichte?),载弗洛里安·格鲁姆里斯(Florian Grumlies)、安东·维泽(Anton Weise)主编:《世界历史中的压迫与解放——为了自由、咖啡和话语权而战》,汉诺威,2014 年(*Unterdrückung und Emanzipation in der Weltgeschichte. Zum Ringen um Freiheit, Kaffee und Deutungshoheit*, Hannover, 2014),第 26—41、38—41 页。关于对非洲豹子和"豹人"的谋杀指控,参考斯蒂芬妮·絷勒(Stephanie Zehnle):《豹子和"豹人"——空间和物种的边界跨越》(Leoparden, Leopardenmänner. Grenzüberschreitung in Raum und Spezies),载温弗雷德·斯派特康普(Winfried Speitkamp)、斯蒂芬妮·絷勒主编:《非洲的动物世界:历史学视角》,科隆,2014 年(*Afrikanische Tierräume. Historische Verortungen*, Köln 2014),第 91—111 页。

② 阿尔弗莱德·布雷姆:《动物生活》第 1 卷,第 394 页。

是为了避免使用意思稍有差别的 Kannibalismus［译按：Kannibalismus 既指吃人的人，也指吃人的动物］），专指杀害和吞噬人类的行为。吃人并非老虎的天性，而是在一个人与大型猫科动物杂居的环境内极为罕见的行为。不过，这也只是猜测，没法验证。那些突然遭遇老虎却又虎口脱险的人，留下了大量的记载。这些文献的说服力不够，因为我们无法读到那些没能虎口脱险的人的记载。

著名的猎虎者吉姆·科比特（Jim Corbett）在 1944 年出版的回忆录中指出，吃人的老虎十之八九是残疾的，多数是遭到猎人或豪猪袭击过的，而豪猪是老虎的二号杀手。在少数情况下，年老体衰是它们改变饮食习惯的原因。[1] 一旦尝过了人肉，老虎就会改变它的营养摄取习惯。豹子更容易做出这种改变。吉姆·科比特提出的猎伤，非常值得重视。在印度，猎杀老虎越是变成一种业余消遣［而不是职业猎杀］之事，那么不致命情况出现的可能性就越大。有人估计，1930 年代的印度，在欧洲人的枪口下，每五只老虎就有一只会受伤。[2] 所以，是人类的猎杀本身助长了老虎食人的行为。

250　　　个别吃人的老虎是"刽子手"。据文献记载，20 世纪初的印度，有一只老虎要为大约 700 条人命"负责"。查姆帕瓦特（Champawat）

[1]　吉姆·科比特（Jim Corbett）：《库马盎的食人虎》，新德里，1998 年（*Man-Eaters of Kumaon*, New Delhi 1998），初版于 1944 年，第 vii 页。德语译本：《食人者：一名猎虎者的经历》，苏黎世，1952 年（*Menschenfresser. Erlebnisse eines Tigerjägers*, Zürich 1952）。比较详细的讨论，参考阿尔杨·辛格（Arjan Singh）：《食人虎的传奇》，新德里，1993 年（*The Legend of the Maneaters*, New Delhi 1993），第 82—87 页。

[2]　马赫什·兰加拉詹（Mahesh Rangarajan）：《拉吉与自然世界：殖民地印度对"危险野兽"的战争》，新德里，1999 年（*The Raj and the Natural World: The War against «Dangerous Beasts» in Colonial India*, New Delhi 1999），第 36 页。

的母老虎害了至少 436 人，直到吉姆·科比特在 1910 年将它逮住。[1]
根据印度尼西亚的文献记载，有只老虎袭击了 69 人。不过，这种食
人虎到处都有，每个时代都有相关的记载。殖民政府一般会把老虎的
袭击破坏行为记录在案。于是，我们知道 1900 年在英属印度每年有
1200 人死于老虎和豹子的杀害（大约有 900 人是老虎所为），在荷属
苏门答腊则有 60 人，在爪哇有 50 人被害。[2]印度的数据应该被低估
了，因为有很多案例没有引起人们的注意，只有当场死亡的案件才会
被登记。苛刻的阿尔弗莱德·布雷姆曾抱怨，老虎在吃肉上有挑食和
浪费的习性。多数情况下，老虎只吃猎物身体的一部分，例如大腿、
胳膊或头，其余的部分则弃之不顾。他转引一家英属印度报纸的建
议："假如老虎把那些被它弄死的人都吃干净的话，就会省下不少人
命。"（在统计学意义上，这句话似乎没毛病。）[3]

　　在某些地区总是有一些离奇的老虎吃人事件发生，例如 1946 年
爪哇的一个省在十个月内有 64 人死于虎口[4]，1978—1987 年之间印度
中央邦的凯里（Kheri）有 170 人被老虎杀害。[5]如果把这些不幸事件
的数据摊到人均头上，那么在苏门答腊被老虎袭击的概率要比印度高
10 倍。[6]

　　对于殖民统治者而言，老虎从一开始就是个麻烦。早在 1625 年，
也就是殖民都市巴达维亚（今天的雅加达）刚建立后的几年，当地的

①　吉姆·科比特：《库马盎的食人虎》，第 1—27 页。
②　彼得·布姆加德：《恐惧的边缘》，第 61、68 页。
③　阿尔弗莱德·布雷姆：《动物生活》第 1 卷，第 395 页。
④　彼得·布姆加德：《恐惧的边缘》，第 84 页。
⑤　约翰·塞登斯迪克、苏珊·卢普金主编：《大型猫科动物》，第 205 页。
⑥　彼得·布姆加德：《恐惧的边缘》，第 74、78 页。

总督抱怨他的民众死于虎口的人数要高于死于外敌之手的人数。在前一年，有60人死于虎口，且无一例外都是爪哇人。[①] 老虎总是时不时地出现在固若金汤的城墙脚下。按早期的说法（也是带有种族主义色彩的说法），老虎的口味似乎更偏爱本地人。不过，它们应该很快就学会在全副武装的欧洲人和手无寸铁的爪哇人之间如何做出正确的选择了。

欧洲人的殖民推进，至少在爪哇没有把老虎变得更野性。巴达维亚及其周边人口的增长和农业的扩张，带来了野猪的数量上升，而野猪是爪哇虎的主食。这导致作为嗜血动物的老虎来到城郊地区，也提高了与人遭遇的可能性。老虎不是本性残忍的野兽，只是在意识到对手的危险以及捕猎的困境时，才会为之。在许多情况下，樵夫或者林农是很惬意的蛋白供应。即便在老虎从未尝过人味的情况下，把一只"正常"的老虎变成食人虎也不是那么难的事。只是一个机会的问题。吉姆·科比特所谓只有残疾的老虎才会对人构成威胁的说法，是不全面的。

如果我们反问有多少老虎被人杀害了，会有什么结果呢？或者更夸张地说：人类与老虎之间的战争是怎样的？战争的比喻，并非完全不恰当。结果是老虎暂时处于下风，这并不令人吃惊。所有动物的处境都是如此。不过，有两点是让人意外的。第一，整个殖民时代老虎的数量相对保持了稳定。据估计，1820年在苏门答腊、爪哇、巴厘岛和马来半岛总共有11600只老虎。到了1950年，还剩9500只了。[②] 此后，老虎数量更是断崖式下降。原因很明显：人类的定居、偷猎和

251

---

① 彼得·布姆加德：《恐惧的边缘》，第65、67页。

② 同上书，第213页（表10.2）。

武器愈加精良的狩猎，持续破坏着老虎的栖息环境。第二，老虎是大型动物中唯一能够与人进行长时间搏斗的物种（大白鲸莫比·迪克[Moby Dick]是孤军奋战，不代表鲸鱼这个物种有此非凡能力——见于小说《白鲸》），也是动物界唯一对于人类来说称得上是旗鼓相当的对手。荷兰环境史学家彼得·布姆加德（Peter Boomgaard）参考了可靠的文献之后得出结论，在19世纪中叶以前的苏门答腊和爪哇，从长时段来看，老虎伤人的比例要高于人伤老虎的比例。直到1900年，才开始出现人类对老虎的威胁高于老虎对人的威胁。[①]甚至在印度，虽然统计的数据不完整，也是到1870年老虎被杀的数量才首次变成虎伤人数量的两倍。[②]

老虎希瑞的形象，也不是完全凭空捏造的。人与老虎接触的场景是多种多样的。随着开垦土地的延展，人与老虎之间提高了接触的可能性，甚至铁路和电报路线的建设，都会闯入老虎的领地。在荒地或人烟稀少的地方，老虎与人几乎没有接触。（即便是在几乎把老虎赶尽杀绝的爪哇，在1997年和1999年的大火中，还有不少老虎从原始森林中走出来。）在其他地方，人们试图与老虎和平共处。在孟买的腹地，或者在拉杰普塔纳（Rajputana），几乎没有老虎袭击人的记录。[③]如果老虎能把野猪对农民的滋扰控制住，同时让农民的家畜免遭侵扰，那么老虎甚至能成为人类的朋友，有助于人类从狩猎和采集的生计方式转变成农耕。在印度和印度尼西亚，有一些"家虎"，它们受到人们的尊重，甚至在一些咒语中是祖先的意思，人们为它们喂

------

① 彼得·布姆加德：《恐惧的边缘》，第208、211、222页。
② 同上书，第76页（表4.4：因素 I, 8）。
③ 马赫什·兰加拉詹：《拉吉与自然世界》，第39页。

食——不过，[这些"家虎"]与其说是用来尽朋友之义务，还不如说是向政府缴纳的一种强制性税收（就像钱财一样）。[1]

在另一个极端的情况下，我们发现一些生态空间内，人类与老虎之间特别容易滋生冲突。自第一次见于报道以来直到今天，孟加拉三角洲（译按：又称恒河三角洲）的红树林沼泽，是印度境内食人虎最多的地方。[2] 可以毫不夸张地说，一只老虎可以纵越整个地区。在印度和南亚的许多地方，18 和 19 世纪的旅游者看到不少用寨栅来防御老虎的村落。还有不少房屋为了防御老虎，都是悬空建造。再有本事的老虎，也没有力气爬到茅草屋顶上去，而翻门越墙的事，老虎更不干。当人们坐在小屋内，外面有老虎环伺时，那是极为可怕的事情。这种情况下，武器帮不上忙。农民手中很少有气枪，而且也打不准。匕首一点用也没有。长枪只有在受过专业训练的猎人手中，才会发挥作用。如果一切都无济于事，那么整个村落都要遭到废弃。吉姆·科比特在 1938 年秋去寻找塔克（Thak）村的食人虎，发现那里几百名村民全部蒸发了，只剩下一只家猫。[3]

当农民的宝贵资产——牲畜得不到保障时，当水果和柴火的采集（主要由少女和老妪从事）变得不可能时，或者当众多幼童惨遭猛兽杀害时，人们就会舍弃他们的村落。于是，有很多令人心碎的故事，也有水牛从猛兽口中救下幼童的文学母题。[4] 有些地方，对于

---

[1]　彼得·布姆加德：《恐惧的边缘》，第 167、170 页。

[2]　马赫什·兰加拉詹：《拉吉与自然世界》，第 34、39 页。

[3]　吉姆·科比特：《库马盎的食人虎》，第 185 页。

[4]　这一母题见于 19 世纪流传甚广的小说《马格斯·哈弗拉尔》（*Max Havelaar*），作者爱德华·德克尔（Eduard Douwes Dekker），笔名穆尔塔图里（Multatuli），于 1860 年出版，是荷兰现实主义的代表作。

老虎带来的高度危险，只能硬扛。搬运工队伍往往在后面牵一匹老马，为的是紧急情况下丢给老虎吃。直到 1911 年，在西苏门答腊还有邮车被老虎掀翻，邮递员被拖进丛林里去的事情发生。在 1818 年有一则美丽的故事被记载了下来，一群当地的脚夫代表团受命把荷兰总督的一封信送给一位爪哇贵族，他们在路上遇到了一只老虎。这些使节试图劝服老虎，结果老虎［作为动物界的统治者］不想给它的同事——人世间的统治者所派的使者带来麻烦，就从了他们。老虎居然信奉外交豁免权，把路给让开了。①

猎杀老虎 ②

　　猎虎的行为不仅是一种奢侈之举，更是一种必要之举。在欧洲殖

....

① 彼得·布姆加德：《恐惧的边缘》，第 56 页。

② 通俗的作品有：葛斯讷·克鲁格（Gesine Krüger）：《猎史》（Geschichte der Jagd），载罗兰·波尔加兹（Roland Borgards）主编：《动物：文化研究手册》，斯图加特，2016 年（*Tiere: Kulturwissenschaftliches Handbuch*, Stuttgart 2016），第 111—121 页。关于殖民时代的狩猎，参考爱德华·斯坦因哈特（Edward I. Steinhart）：《黑色偷猎者与白色狩猎者：殖民时代肯尼亚的打猎社会史》，牛津，2006 年（*Black Poachers, White Hunters: A Social History of Hunting in Colonial Kenya*, Oxford 2006）；伯恩哈德·吉斯布勒：《狩猎与统治：德国殖民主义在东非的政治生态学》（Bernhard Gißibl, Jagd und Herrschaft. Zur politischen Ökologie des deutschen Kolonialismus in Ostafrika），载《历史学杂志》（*Zeitschrift für Geschichtswissenschaft*）2008 年第 56 期，第 501—520 页。系统讨论动物与帝国的文章是葛斯讷·克鲁格：《动物与帝国——后殖民的动物史：牛、马和吃人的狗》（Tiere und Imperium. Animate History postkolonial: Rinder, Pferde und ein kannibalischer Hund），载葛斯讷·克鲁格、艾琳娜·斯坦因布莱希尔（Aline Steinbrecher）、克莱门茨·魏氏尔曼（Clemens Wischermann）主编：《动物和历史：动物史的轮廓》，斯图加特，2014 年（*Tiere und Geschichte. Konturen einer Animate History*, Stuttgart 2014），第 127—152 页。葛斯讷·克鲁格：《殖民动物——自然、文化和历史》（Das koloniale Tier. Natur-Kultur-Geschichte），载托马斯·弗雷尔（Thomas Forrer）、安格利卡·林柯（Angelika Linke）主编：《何处是文化？——文化分析的视角》，苏黎世，2014 年（*Wo ist Kultur? Perspektiven der Kulturanalyse*, Zürich 2014），第 73—94 页。

民者到来之前，就已经存在了。有时候，整个村落的人都会出动，往往是在长者或者殖民官员的带领下，走上讨伐之路。尤其在爪哇，老虎更是被定义成用来复仇和消灭的军事敌人。信仰伊斯兰教的爪哇人比其他宗教信仰的人有更少的克制。他们的一神教禁止任何其他形式的信仰，在老虎身上伏藏着一种精灵——无论是好的，还是坏的。老虎被他们视为与他们作战的野兽。爪哇的猎虎群体自 1860 年就已经兴起了，而当地最专业的老虎猎手基本都是穆斯林。[①]

要把老虎杀绝的想法，现在似乎很少再有了。以前有过一种让"无辜"老虎存活的趋势。亚洲的非穆斯林人口，还有一部分受世俗影响的穆斯林，在对付老虎时会有一种不祥之感。这一点表明，人们对于被猎杀的动物有一种愧疚感——为出于客观原因而不可避免的谋杀（类似于一种"弑君"之举）感到负罪。有时候被杀死的老虎会像战利品一样在村子里展示，人们跳舞嬉戏以示庆祝。[②] 在其他地方，也有报道说被擒获的老虎遭到谩骂，用刀刺（以此来吸取老虎的力气），最后甚至还要鞭尸，皮毛则用来装饰或贸易。

把老虎尸体拖到市场上去卖的做法，到 20 世纪早期已经绝迹了。对于爪哇的贵族来说，老虎肉是一道美味，但是对于普通民众而言却不然。至少在东南亚，几乎没有证据显示老虎被杀是因为要取它的皮毛。老虎皮本身没有什么价值。用老虎皮装饰的房子，在贵族中也不流行。把狩猎战利品（虎皮）变成欧洲住宅内的挂毯，或用于动物躯体制成的老虎椅（译按：此老虎椅是指殖民时代用老虎骨架制成的椅

254

....

① 彼得·布姆加德：《恐惧的边缘》，第 121 页。
② 同上书，第 125、127 页。

子，而不是中国古代的刑具），似乎是欧洲人的发明。[①]20 世纪早期
在印度港口城市，游客们仍有虎皮甚至整个老虎尸体标本的需求。商
人和动物标本制作者往往会向当地的（不是英国的）猎人预定。主要
是美国人热衷于老虎皮和标本。[②] 某些人想要弄到老虎皮的尝试，成
了文学作品中被讽刺的对象。短篇小说《帕克尔泰德太太打虎》出
自赫克托·休·蒙罗（Hector Hugh Munro，1870—1916 年）的作品，
他的笔名是"萨基"（Saki）。他就是上文中提到的也叫赫克托·蒙罗
将军的后人，那位将军的儿子后来被老虎吃了。

　　当地人会用老虎爪子来做护身符。至今，中国人仍然相信老虎
骨头（类似的还有犀牛角）具有治愈和强身的功效，这点对于老虎的
保护来说是个威胁。这并不是古代中医流行的做法，更多的是一种幻
想——在 1945 年之前很少见。我们估计，或许是老虎的稀有性才导
致人们相信它的骨头具有价值和魔力。无论如何，老虎尸体转变成可
拆卸的商品，是 20 世纪中叶以后才发生的事情。[③]

　　这个问题很晚才引起国际上的注意。中国在 20 世纪五六十年代
把老虎视为社会主义农业建设的障碍，官方鼓励老百姓杀老虎。那时
候留下的老虎骨头和其他老虎珍品的巨量储备在 1990 年耗尽了，于
是中国在世界市场上有了［老虎的］需求，以此来抑制国内不断增长

---

① 　关于老虎椅——由印度行政参事会内的英国成员制作，参考莎拉·阿马特（Sarah Amato）：
《野兽财富：维多利亚时代消费文化中的动物》，多伦多／布法罗／伦敦，2015 年（*Beastly
Possessions: Animals in Victorian Consumer Culture*, Toronto/Buffalo/London 2015），第 203 页。

② 　约翰·麦肯齐（John MacKenzie）：《自然帝国：狩猎、保护和大英帝国主义》，曼彻斯特，
1988 年（*The Empire of Nature: Hunting, Conservation and British Imperialism*, Manchester 1988），第
182 页。

③ 　彼得·布姆加德：《恐惧的边缘》，第 128—130 页。

的商业偷猎行为。①

　　老虎是如何被猎杀的呢？村民最常用的一种方法是设置陷阱。铺满尖桩的坑，有一个缺点，那就是许多牲畜和行人也会掉进去。最有效的是木制的老虎笼。笼子里往往会放一只活的诱饵，例如山羊，然后通过一个机关锁上。如果人们需要一只活老虎时（例如作为贡品送给某位权贵），这是能想到的唯一办法。把抓来的老虎运走，往往是一件令人头疼的事。也有人用毒药或自射器——印度尼西亚当地的发明，来抓老虎。职业猎虎者是在螺栓步枪普及开来之后才开始出现的，这样可以减少不愉快的一幕发生——不得不用剩下的最后一颗子弹来对付好斗的老虎。同时，作为爱好和休闲的狩猎也开始出现了，在相对安全的距离内，或者带着能够应对临时故障的本地副手前往虎场。那些从本地的鹿和野猪身上不再感受到挑战的人，对于这种大型野兽的狩猎行为在他们自己的殖民帝国内得到发展，是乐观其成的。从 1915 年起，有老虎被人用汽车大灯照射并射击。大概从那时起，老虎与汽车之间的撞击开始见于记载，当然撞击的结果因人而异。

　　职业的猎虎者当然不屑于使用上述手段。他们中的个别人，专门为欧洲和北美的动物园和马戏团捕猎大型猫科动物。早在近代早期，就已经有一只老虎被偶然地放进一家欧洲动物园内了。在伦敦塔内曾经就有过一只老虎。② 欧洲第一座现代意义上的动物园于 1828 年

256

---

① 　约翰·塞登斯迪克（John Seidensticker）、莎拉·克里斯蒂（Sarah Christie）、彼得·杰克逊（Peter Jackson）：《骑虎：人类主宰的景观下的老虎保护》，剑桥，1999 年（*Riding the Tiger: Tiger Conservation in Human-dominated Landscapes*, Cambridge 1999），第 218 页。

② 　约翰·麦肯齐：《自然帝国》，第 179 页。对这座动物园前史的梳理，参考丹尼尔·哈恩（Daniel Hahn）：《伦敦塔内的动物：英国皇家野兽的精彩真实故事》，伦敦，2003 年（*The Tower Menagerie: Being the Amazing True Story of the Royal Collection of Wild and Ferocious Beasts*, London 2003）。

在伦敦开放，柏林在 1844 年紧随其后（直到 1875 年才有第一座大型肉食动物园开放）①，美国拥有动物园则是1890 年以后的事了。② 这些动物是由少数建有国际贸易网络的生意人负责供货，其中最重要的一位是来自汉堡、常驻伦敦的卡尔·亚姆拉赫（Carl Jamrach，1815—1891 年）。他早在 1864 年就派了他的一个儿子作为采购商前往印度，从而开启了欧洲和南亚之间的动物贸易。③ 约翰·哈根贝克（John Hagenbeck）是汉堡动物贸易商兼马戏团老板卡尔·哈根贝克（Carl Hagenbeck）的同父异母兄弟，在 1907 年终于建成了一座属于自己的动物园。他于1885 年以动物猎手的身份定居锡兰，在那里从本地供应商手中购买动物，甚至他还亲自去印度、马来半岛和印度尼西亚探险。这些人当然是使用更温和的狩猎手段，但是他们活动的结果却是

① 罗塔尔·狄特里希（Lothar Dittrich）、阿纳洛尔·瑞克-穆勒（Annelore Rieke-Müller）：《狮吼：1833—1869 年间德语世界内动物园的建立》，科隆 / 魏玛 / 维也纳，1998 年（*Der Löwe brüllt nebenan. Die Gründung Zoologischer Gärten im deutschsprachigen Raum 1833-1869*, Köln/Weimar/Wien, 1998），第 201 页。关于动物园研究的经典著作是贾雷德·米勒（Jared Miller）：《野兽的天性：帝国与东京帝国动物内的展陈》，伯克利 / 洛杉矶 / 伦敦，2013 年（*The Nature of the Beasts: Empire and Exhibition at the Tokyo Imperial Zoo*, Berkley, CA/Los Angeles/London 2013）（第 102—105 页提到老虎在日本皇军徽章中的出现）。一般的读物，参考克里斯蒂娜·卡特琳娜·梅（Christina Katharina May）：《动物园史》（Geschichte des Zoos），载罗兰·波尔加兹（Roland Borgards）主编：《动物：文化研究手册》，第 183—193 页。
② 参考伊丽莎白·翰逊（Elizabeth Hanson）：《动物魅力：美国动物园陈列的本质》，普林斯顿，2002 年（*Animal Attractions: Nature on Display in American Zoos*, Princeton, NJ 2002）。
③ 罗塔尔·狄特里希、阿纳洛尔·瑞克-穆勒：《狮吼》，第 202、207 页。英国女作家卡罗尔·伯奇（Carol Birch）的小说《亚姆拉赫的动物园》（*Jamrach's Menagerie*, 2011）（译按：中译本题名《男孩杰的动物园》），德译本题目是《世界的气息》（*Der Atem der Welt*, 2012），让卡尔·亚姆拉赫的声名远播。

与其他猎人一样的：导致了动物数量的降低。[1] 这个行当本身是高危的，因为很多动物熬不过长途运输。不过，通过走量可以抵消这部分损失。这里说的不是老虎，而是犀牛。在 1870 年代，犀牛在东非以 160 到 400 马克的价格收购，在欧洲市场上以 6000 到 12000 马克的价格售卖。到 1887 年，哈根贝克的公司已经转手了超过千头的狮子和三百到四百只的老虎。[2]

对于像哈根贝克家族这样的人而言，最不感兴趣的就是食人虎。但是也有另一类猎人盯上了食人虎。在英属印度，狩猎野老虎成了一种绅士运动，并且制定了狩猎规则，但是这种仪式性的节制并不适用于食人虎。消灭食人虎，是国家的任务。[3] 臣服的民众之所以接受殖民统治，很大程度上是寄希望于能够落实一定程度的权利和秩序。其中就包括保护民众不受肉食动物的侵扰。印度和印尼的殖民政府，早就开始悬赏神枪手来灭虎了。由于那些人往往都没有受过专业训练，所以一份简单的赏格，就足以让他们投身于猎杀大型猫科动物的行列中去，直到殖民时代结束之前仍然有人在从事这项职业。捕杀的任务，往往是针对特定的动物。爪哇的官员在 1920 年代记载，当地政府重金悬赏捉拿一只已经吃了 17 人的食人虎。[4] 在印度（但荷属东印

----

① 关于帝国主义诱捕动物的开端，参考尼格尔·罗特菲尔斯（Nigel Rothfels）:《猛兽与野兽：现代动物园的兴起》，巴尔的摩/伦敦，2002 年（*Savages and Beasts: The Birth of the Modern Zoo*, Baltimore, MD/London 2002），第 44—80 页，有关约翰·哈根贝克的内容，见第 51、76—80 页。

② 同上书，第 57、58 页。

③ 莎菲卡特·侯赛因（Shafqat Hussain）:《捕食的形式：殖民统治时期的老虎和捻角山羊的狩猎》（Forms of Predation: Tiger and Markhor Hunting in Colonial Governance），载《现代亚洲研究》（*Modern Asian Studies*）2012 年第 46 期，第 1212—1238 页，这里涉及的是第 1223—1225 页。

④ 彼得·布姆加德:《恐惧的边缘》，第 100 页。

度却不是这样），原则上每一名欧洲军队和警察人员，都要负责保护某一个区的百姓不受食人虎、野水牛或大象的侵扰。[1]1922年至1927年曾在印度和缅甸做过警官的乔治·奥威尔（George Orwell）在他的《射象》一书中形象地讲述了，这种境况能给一个欧洲年轻人带来多大的压力。当然也有不少殖民官员在印度度过了整个职业生涯，却从未与老虎碰过面。

如果情况变得很棘手，人们会召唤专家过来。据说印尼有一名农场主莱德博尔（A. J. M. Ledeboer），在1900—1940年之间猎获了数量惊人的老虎[2]；在印度有一位叫理查德·博尔顿（Richard Watkins Burton，1868—1963）的人，他的日记在不久前公布了，据说他射杀的最后一只老虎是在他70岁的那年。[3]当然，最有名的肉食猫科的猎杀者，是上文中提到的吉姆·科比特。他于1875年出生于印度，成长于喜马拉雅山脚下的森林里，开始是以铁路工程师的身份在印度工作的，后来被征召入伍。他早就成了一名狩猎爱好者，出于常年对猫科动物习性的准确认知，他练就了一套狩猎技术，足以让他识破隐藏的动物足迹，追击隐身于荒凉地带的动物，然后赤脚擒获它们（当然不包括威猛的大象）。科比特偶尔也组织上百人的围猎，他们用骇人的喧哗声把老虎从保护区中驱赶出来，但是他更偏好与老虎单打独斗。科比特对老虎的害怕程度，要低于他对参与围猎的印度人的射击

258

---

[1] 约翰·麦肯齐：《自然帝国》，第180页。
[2] 彼得·布姆加德：《恐惧的边缘》，第137页。
[3] 参考杰奎琳·图维（Jacqueline Toovey）主编：《拉吉的老虎：1894—1949年伯顿上校、狩猎爱好者和动物保护者的日记选编》，格洛斯特，1987年（*Tigers of the Raj: Pages from the Shikar Diaries – 1894 to 1949 – of Colonel Burton, Sportsman and Conservationist*, Gloucester 1987）。

水准的担忧，因此他从来不把武器交到他们手中。[①] 他很少吹嘘那些传奇性的狩猎行动，也不将其描述成惊悚的冒险，因为那是对理性解决方案的一种挑战，也就是说那是犯罪。在他把查姆帕瓦特母老虎逮住以后，他还在战胜一只鲁德拉普拉耶格（Rudraprajag）豹子的过程中再次展示了绝活。在科比特和其他猫科动物行家眼中，豹子甚至要比老虎还危险。在 1918 年至 1926 年期间，一只豹子盘踞在一条通往喜马拉雅山中一座神社的朝圣之路上，一共杀死了 125 人。这一事件被报纸大肆渲染，甚至在伦敦的下院内进行了辩论。虽然有人出高价悬赏，但还是没人能把肇事者捉拿归案。在被科比特擒获之前，这只豹子逃过了一次陷阱，从一个由 500 人围攻的洞穴中逃脱，逃了有毒诱饵、自射器和捕兽铁夹（在它已经中计的情况下）。科比特本人能够从险境中脱身的原因，是他始终对动物的袭击保持警惕。他反复提到，食人虎是如何试图绕到猎人身后去袭击的。同时，科比特也是第一批动物保护者。印度最重要的一处老虎保护区就是以他的名字命名的。

我们需要把这类技艺超群的猎手与统治者的狩猎区分开来。自从摩西《创世记》对两河流域宁录的传说有所记载以来，君王们始终位于狩猎征讨行列之首。人世间的君王要与动物界的国王一比高下。清朝皇帝在 17 世纪和 18 世纪，曾率领群臣前往木兰围场去狩猎西伯利亚虎。[②] 对于贵族和高官来说，这也是一个可以在皇帝眼前一展绝技

---

① 吉姆·科比特：《库马盎的食人虎》，第 2 页。

② 通过有插图的耶稣会书信，欧洲人对此有所了解，称为"皇帝木兰秋猎"。参考侯锦郎（Hou Ching-lang）、米歇拉·皮拉左里（Michèle Pirazzoli）：《乾隆皇帝在木兰的狩猎》（Les chasses d'automne de l'empereur Qianlong à Mulan），载《通报》（T'oung Pao）1979 年第 65 期，第 13—50 页。

的机会。不过，这并不是普遍的贵族传统。在爪哇，万丹省（Banten）的苏丹猎虎，但是邻近的马塔兰省（Mataram）的统治者却不猎虎，尽管那里的虎多为患。在马塔兰，猎虎成了一种仪式，换句话说，已经形式化了。爪哇用于狩猎的大象数量稀少，有助于解释为何那里的贵族猎虎很少见。20世纪早期，柔佛省（Johore）的苏丹——他是新加坡内地受制于英国人的一名首领，是有名的猎虎者，在他的宫廷里有35具老虎标本。但是，猎虎不是他从祖辈那里继承而来的传统。当地没有这一传统。他是为了面子，从印度王公那里学来的。[1]

荷属东印度的总督算不上是"宁录"，但印度的英国殖民政府——拉吉，却是一个"狩猎国家"。英国君主及其在殖民地的代理人（印度的副王）非常重视把自己塑造成野兽猎手的形象（追随莫卧儿君主的脚步）。狩猎行为所具有的贵族特权意义，通过全副武装的狩猎君王这一特殊形象得以传达：凶猛的野兽向皇帝臣服。16世纪和17世纪的莫卧儿苏丹就已经这样做了。传说莫卧儿王朝的阿克巴大帝——他是莎士比亚同时代的人，不仅用狩猎的长枪刺杀过老虎，还用他犀利的眼神伤过老虎。[2] 当然，在狩猎过程中，老虎对贵族人士构成的威胁必须要控制在安全的范围之内。康熙皇帝在一次遭遇135只老虎的狩猎之行中安然无事。承担风险的一方，总是老虎。[3]

① 彼得·布姆加德：《恐惧的边缘》，第111页。

② 马赫什·兰加拉詹：《拉吉与自然世界》，第5页；阿诺德·霍廷格（Arnold Hottinger）：《阿克巴大帝》，慕尼黑，1998年（*Akbar der Große*, München 1998），第108页。

③ 欧立德（Mark C. Elliot）、贾宁：《清朝在木兰的狩猎》（The Qing Hunt at Mulan），载米华健（James A. Willward）等主编：《新清史：清朝在承德肇建内亚帝国》，伦敦/纽约，2004年（*New Qing Imperial History: The Making of Inner Asian Empire at Qing Chengde*, London/New York 2004），第66—83页，引文出自第72页；托马斯·爱尔森（Thomas T. Allsen）：《欧亚皇家狩猎史》，费城，2006年（*The Royal Hunt in Eurasian History*, Philadelphia, PA 2006），第88页。

260　　　即使印度副王和大量英国贵族及印度掌权者猎虎的个人功绩不具
决定性，我们也不能低估这种国家狩猎行为的象征意义。英国当局对
大象的担心，显然是出于对子民安全的考虑，后来他们通过权力和秩
序来遏制老虎——殖民统治最后的反叛者——所带来的恐怖。① 在
官僚化的狩猎常态中，猎人一般都坐在有垫子的大象背上，受过训练
的大象本身也有追寻猎物足迹的任务，而尊贵的客人（包括女性）都
纷纷去拿武器（在国家狩猎活动中，一般是从象背上的轿子里拿）。
至于每头大象挪动的顺序，以及谁开第一枪、谁开第二枪等，都有严
格的等级制度。这种仪式化的狩猎行为一般都是围猎，是为了确保万
无一失。被制服的猎物当然还要称重。人们往往会想出极具创意的办
法，来保证地位最高的人是制服了最威猛老虎的那个人。② 欧洲人遭
遇意外事故的情况很少。当然，人们也津津乐道于这样的故事：一名
英国人的一只胳膊被老虎吃了，于是要向整个老虎界宣战——这是
上文中提到的小说《白鲸》里阿哈（Ahab）船长与白鲸作战母题的
一个变种。

① 特别要参考阿南德·潘迪安（Anand S. Pandian）：《捕食动物带来的焦虑：莫卧儿王朝和英属印度的帝国狩猎》（Predatory Care: The Imperial Hunt in Mughal and British India），载《历史社会学杂志》（Journal of Historical Sociology）2001 年第 14 期，第 79—107 页，引文出自第 84 页；约翰·麦肯齐：《自然帝国》，第 169—199 页，尤其是第 179—182 页。关于老虎在印度文化和政治中的含义，参考凯特·布里特邦克（Kate Brittlebank）《"萨克蒂"与"巴拉卡特"：蒂普老虎的魔力——迈索尔蒂普苏丹老虎符号的考察》（«Sakti» and «Barakat»: The Power of Tipu's Tiger. An Examination of the Tiger Emblem of Tipu Sultan of Mysore），载《现代亚洲研究》（Modern Asian Studies）1995 年第 29 期，第 257—269 页。关于环境史的背景，也请参考大卫·阿诺德（David Arnold）、拉玛昌德拉·古哈（Ramachandra Guha）主编：《自然、文化和帝国主义：南亚环境史文集》，德里，1995 年（Nature, Culture and Imperialism: Essays on the Environmental History of South Asia, Delhi 1995）。
② 约翰·麦肯齐：《自然帝国》，第 181 页。

这种狩猎活动也巩固了英国政府与本土贵族之间的联盟，对于殖民统治的稳定来说这绝对是必要的。一名印度王公和一名高级的殖民官员彼此之间或许没有什么话说，但是倘若他们都是野兽狩猎者，那么就能找到共同的话题。这种做法一直延续到殖民统治的结束。1877年当时的王储，即后来的爱德华七世，在印度射杀了老虎。[①] 对于副王（即总督）来说，猎虎也是他的公务之一。

1911年乔治五世在印度加冕，当然也伴有大型的国家猎虎仪式。印度1947年独立后的几年内，民意发生了大转变。在女王伊丽莎白二世1961年访问印度之际，菲利普亲王（爱丁堡郡王）在印度的猎虎活动引起了动物保护人士的愤怒，有损英国（包括在印度的）王室成员的形象。[②] 这归因于一种环保意识的兴起，在印度，一些热带自然生态开始受到重视，被视为可贵的财富。于是，对老虎的猎杀，失去了它天然的合法性。

老虎保护

如果说在殖民时代只有针对老虎的灭绝性杀戮，那是片面的。在亚洲本土的文明中，并没有出于自卫而把在同一环境中生存的某种威猛生物赶尽杀绝的意愿。欧洲人在老家就肆无忌惮了。他们把西欧和

---

① 参考史丹利·维恩特劳伯（Stanley Weintraub）:《爱德华七世的重要性：作为储君阶段，1841—1901年》，伦敦，2000年（*The Importance of Being Edward: King in Waiting, 1841-1901*, London 2000），第234页；大卫·康拿迪恩（David Cannadine）:《装饰主义：英国如何看待他们的帝国》，伦敦，2001年（*Ornamentalism: How the British Saw Their Empire*, London 2001），第115页。
② 约翰·皮尔森（John Pearson）:《王室的营销：英国君主的神秘性》，纽约，1986年（*The Selling of the Royal Family: The Mystique of the British Monarchy*, New York 1986），第185页。

中欧的狼都彻底地灭绝了。在印度，人们却不能在灭绝老虎这件事上
达成一致意见。殖民国家内部把老虎称为"肉食者"的人，反对那些
把老虎视作印度"文明化"不可分割的一部分（因为老虎可以让农业
不受那些破坏庄稼的野生动物的滋扰）的人。[1] 这并不是说要纵容老
虎，只是要让它的存在降低到可控的范围之内。

  19 世纪末出现了国有和私人的狩猎游说团体，他们很快把贵族
的猎虎活动给取代了。在 20 世纪 20 年代，舆论开始转向，至少在英
国和印度是如此。诸如吉姆·科比特这样的权威人士开始对老虎表达
敬意，这种事情具有重要的意义。像他这样的狩猎大师以及一些非常
温和的猎手，抱怨新技术可以让猎手在毫无危险的情况下击毙老虎。

262 那时出现了一股反对猎杀孕期母老虎的煽情造势活动。[2] 在大量著名
猎手的回忆录中，开始提到对猎杀雌性动物的反感。就是从这个时期
起，人们泛起了对"可爱的"幼狮和幼虎的怜悯之心。在此之前，幼
狮和幼虎都被视作潜在的食人者。我们可以从阿尔弗莱德·布雷姆
1876 年出版的《动物生活》中一幅老虎家族的插图中看出来。

  友善的舆论真正对老虎有利，是在它转化为保护法案的时候。
1921 年印度第一次在邦级层面限制狩猎活动所能猎杀的老虎数量。
1933 年制定的适用于印度全境的狩猎规则，明确把老虎归类为受法
律保护的野生动物，而不是不受法律保护的"肉食者"。此后，猎手
们都需要申请许可证，即便是在他们自己的领地之内。[3] 总之，对老
虎的保护早在殖民时代就已经开始了。印度的生态学家马赫什·兰加

---

[1] 马赫什·兰加拉詹：《拉吉与自然世界》，第 22 页。

[2] 同上书，第 55 页。

[3] 同上书，第 57 页。

拉詹（Mahesh Rangarajan）概括得很好，他说：开始了"老虎［的身份］从人类的猎物向人类的动物同胞的转变"。[1]

与老虎相关的仪式

最后，让我们再次回到老虎的政治符号上来。正如我们上面所讲，它代表了不同的含义：在蒂普苏丹的眼中，它是一个自豪的、尚武的印度的化身。1857 年印度大起义期间，这样一种爱国主义的象征，曾一度卷土重来。对于蒂普苏丹的英国对手而言，老虎则代表了野蛮的、要用武力驯服的东方。此外，还有第三种象征。

在爪哇，贵族很少亲自去追杀老虎，而是衍生出了一种对仪式的嗜好，在其中老虎扮演了核心的角色。把作恶者送到一只饥饿的大型猫科动物（或者一头尚未驯化的［锡兰或暹罗］大象）面前以示惩罚的旧式做法，在 1812 年就已经走进了历史。[2] 我们要区分两种仪式，一是老虎和犀牛之间的决斗，一是"斗虎"（rampog macan）。所谓"斗虎"，是在苏丹宫廷前面的空地上摆上诸多虎柙，外围有三到四圈持长枪的人。人们把虎柙打开，老虎试图突围出去，但是几乎不会成功。

263

上述两种仪式，一方面是为了戏谑取笑，另一方面很明显具有更深层的政治意义。首先，它们是基于老虎的消极面和非体育性的形

---

① 马赫什·兰加拉詹：《拉吉与自然世界》，第 57 页。同时也参考同一作者的另一部书，马赫什·兰加拉詹（Mahesh Rangarajan）：《围住森林：印度中央邦区的保护和生态变迁，1860—1914 年》，德里，1996 年（*Fencing the Forest: Conservation and Ecological Change in India's Central Provinces 1860-1914*, Delhi 1996）。

② 彼得·布姆加德：《恐惧的边缘》，第 150 页。

象，因为在这种仪式中老虎都不会存活下来。也就是说，那是仪式性的杀虎行为，也就只有在爪哇才有可能发生，那里人们对老虎的文化包容始终比苏门答腊和印度要低。那些不亲自去猎虎的贵族，以这种含蓄的方式来履行保护国土不受老虎侵扰的职责。同时，他也借此模仿了没落的莫卧儿宫廷的做法，并以此获得威望。在19世纪，尤其是1830年以后，这些仪式有了新的内涵。到1880年，它们才离奇地消失了。我们可以区分出一种官方的和一种民间的两个层面。从官方来看是很清楚的，就是荷兰殖民政府以"摄政王"的姿态去怂恿每个爪哇宫廷继续执行这些仪式。于是，人们要以此仪式来象征性地支持贵族们，因为他们的配合对于殖民体系的无缝运作是必不可少的。摄政王们总是会参与到仪式中来，甚至还亲自下令。[1]

非官方的意义，可以从围观群众身上找到。在老虎和水牛的决斗中，输的一方总是老虎。阿尔弗莱德·布雷姆早在1876年就已经指出"强悍的水牛相对轻松地把老虎给干掉了"。[2]若是结果与此相反，就会引起轩然大波。很明显，这些观众并不像蒂普苏丹那样认同老虎，反而是认同水牛。笨拙但稳健，且数量众多的水牛，是爪哇人顽强秉性的象征，而老虎则代表了具有攻击性、目的性，但终将被战胜的殖民势力。[3]因此，老虎与水牛的大战，是一种提振爱国主义情绪的大秀。

上文简单回顾了老虎和与之共处的人类之间的历史。我们不是爱虎人士，尽管我们当中有许多人是爱猫人士。这篇由一名历史学家

---

① 彼得·布姆加德：《恐惧的边缘》，第158页。
② 阿尔弗莱德·布雷姆：《动物生活》第1卷，第393页。
③ 彼得·布姆加德：《恐惧的边缘》，第161页。

写就的文章，显得有点隔靴搔痒。历史学家不是老虎研究的专家、老虎保护的专家或者老虎摄影的专家，更遑论大型动物狩猎者和驯兽师了。在历史学家和一只真正的老虎之间永远有一道栅栏或者水坑，而他却对此并不感到怅惜。他笔下的老虎，是从过去的历史和图像中发掘的，其中不少已经在一些试图对已逝动物世界进行重构之人（他们声名不算卓著）的书中发挥了无与伦比的价值，例如荷兰的彼得·布姆加德、印度的马赫什·兰加拉詹和瓦尔米克·塔帕尔（Valmik Thapar）、苏格兰的约翰·麦肯齐（John MacKenzie）。

一名动物学家或者研究动物与人类关系的学者，当然可以写出不同的、更鲜活的文章来。历史学家则指出了，在今天习以为常的事情，在历史上并不总是如此。他能够区分出动物与人类关系的不同阶段。于是，出于担忧老虎作为一个物种所面临的持续威胁，他带来了福音：一个在过去几十年内似乎很难逆转的老虎濒临灭绝的趋势，在 20 世纪末终于得到了遏制。昔日的丛林之王，受到了保护。它像一位拥有特权的病人，由专业的人士和专门的官员看护。这是史无前例的，把老虎变成了当下最受欢迎的动物之一。不过，这也取决于让老虎存续下去的政治愿景。这种政治愿景［的实现］，并不总是一帆风顺的。例如在印度——今天世界上有一半的老虎生活在那里，自 1980 年代以来在一种自由主义经济政策的影响下，以及随着国大党瓦解之后中央政府影响力的减弱，老虎的数量急剧减少。[①] 总之，老虎的保护，始终是与政治联系在一起的。

---

① 参考约翰·塞登斯迪克等人主编：《骑虎》，第 296、302 页。

人名索引

（译按：索引中的页码为德文原书页码，即本书边码）

图书在版编目（CIP）数据

全球史讲稿 ／（德）于尔根·奥斯特哈默著；陈浩
译. — 北京：商务印书馆，2021
　ISBN 978-7-100-20041-7

　Ⅰ.①全… Ⅱ.①于… ②陈… Ⅲ.①世界史－文集
Ⅳ.①K107-53

　中国版本图书馆CIP数据核字（2021）第114077号

全球史讲稿

〔德〕于尔根·奥斯特哈默　著

陈　浩　译

商　务　印　书　馆　出　版
（北京王府井大街36号　邮政编码 100710）
商　务　印　书　馆　发　行
三 河 市 尚 艺 印 装 有 限 公 司 印 刷
ISBN　978－7－100－20041－7

2021 年 10 月第 1 版　　　开本 880×1230　1/32
2021 年 10 月第 1 次印刷　　印张 9　3/4

定价：58.00 元